Helm auf!

Hans-Peter Widmer

Helm auf!

Hans-Peter Widmer

Das Wehrwesen im Aargau 1803–2003

200 Jahre Zeughaus Aarau 1804–2004

Baden Verlag, CH-5405 Baden-Dättwil

Herausgeber:
Zeughaus und Waffenplatz Aarau
Projektleitung Urs Müller

Autor:
Hans-Peter Widmer

Weitere Beiträge:
Ernst Hasler
Rudolf Zoller
Marcel Guignard
Bruno Vogel
Urs Müller

Titelblatt:
Peter Hegnauer

Buchgestaltung:
Paul Bieger

Korrektorat:
Anita Schnetzler

Satz und Druck:
buag, Grafisches Unternehmen AG,
Baden-Dättwil

Auflage:
1700

Die Herausgabe des Buches wurde
unterstützt durch:
Aargauische Kantonalbank
Aargauische Gebäudeversicherungsanstalt

IBSN 3-85545-134-6

Vorwort

Regierungsrat Ernst Hasler,
Militärdirektor des Kantons Aargau 7

**Militärisch wurde der Aargau zum Vorbild:
Das kantonale Wehrwesen 1803–2003**

Offen für militärische Einrichtungen 9

Traditionsreiche aargauische Truppenkörper 11

Der kantonale Beitrag zur Militärverwaltung 13

Aargauische Militärpersonen 17

Aarau, die Stadt der Kavallerie 18

Die Aargauer Truppen von 1803–2003

Aller Anfang war schwer (1803–1815) 20

Neuer Schwung
nach Napoleons Ende (1815–1848) 27

Die Zügel werden angezogen (1848–1874) 33

Der Bund übernimmt das Kommando
der Armee (1874–1914) 39

Der Erste Weltkrieg und danach (1914–1939) 44

Die bisher grösste
Herausforderung (1939–1945) 50

Vom Weltkrieg zum Kalten Krieg (1945–1990) 60

Kein Stein blieb auf dem andern (1990–2004) 71

**Das Zeughaus entwickelte sich
vom Magazin zum Dienstleistungsbetrieb**

Von der Festung in die Kantonshauptstadt 77

Ein dauerhaftes Provisorium 80

Auf die Waffengattung abgestimmte
Uniformierung 81

Das Zeughaus als Rüstungsbetrieb 81

Zwei Zeughäuser in den stillgelegten
Bergbahnen-Fabrikhallen 84

Mühe, das Material unterzubringen 88

Arbeitszeit von 6 Uhr früh bis 6 Uhr abends 91

Das neue Fabrikgesetz
und die 48-Stunden-Woche 92

Zuerst Teuerungszulagen,
dann Lohnkürzungen 94

Disziplinarische und strafrechtliche
Sanktionen 96

Titel, Amtskaution, Pensionskasse
und Pensionierung 98

Bund will kantonalen Zeughaus-Anteil
an der Rohrerstrasse übernehmen 99

Eile mit Weile auf dem «Rössligut» 100

Gratisschuhe aus dem Ersten Weltkrieg 102

Kriegsmüde, aber kämpferisch
in den Verhandlungen 104

Die Erstellung des neuen Zeughauses 105

Drehscheibe im Zweiten Weltkrieg 106

Quantensprung mit dem Kampfanzug
und Sturmgewehr 108

Heimarbeit – das Zeughaus
als wichtiger Auftraggeber 109

Öffnung des Zeughauses nach innen
und nach aussen 112

Umgruppiert und verschlankt 115

Zentralisierung bis zur
Zeughaus-Existenzfrage 117

Hervorragende Zusammenarbeit

Interviews mit Partnern und Kunden 122

**Persönliche Erfahrungen mit dem
Zeughaus und Waffenplatz Aarau**

Rudolf Zoller, Korpskommandant a D 126

**«Brauchen Sie noch Socken
oder sonst etwas?»**

Menschen und Mentalitäten
im heutigen Zeughaus 136

Mitdenken, mitwirken, mitlenken 138

Der «Laden» als Visitenkarte 138

Augenmerk auf Waffen 140

«Haute Couture» der Militärmusik 142

Materialausgabe per Computer 144

Munition, trocken im Berg gelagert 147

Kundenbewusstsein auch ausserhalb
des Zeughauses 149

Ausbildungschance im Zeughaus 151

Der Waffenplatz Aarau: Das Militär in einer zivilen Umgebung

Aus der «Flohhütte» in die neue Kaserne 153

Verlust der Artillerie, Konzentration
auf Infanterie und Kavallerie 154

Aarau als Hauptwaffenplatz 156

In ständigem Ausbau begriffen 157

Hygienische Verbesserungen
pressierten nicht 158

Erste Gedanken über eine
Kasernenverlegung 159

Das Ringen um die Verzinsung
der Investitionen 162

Der Schachen im Blickfeld 163

Die «Kasernenschlacht» im Aargauer Jura 165

Die Wende «fünf vor zwölf» 169

Aarau als Ausbildungsort der Durchdiener
und Kompetenzzentrum Militärmusik 173

Die Stadt Aarau, der Waffenplatz und das Zeughaus

Dr. Marcel Guignard, Stadtammann 176

An der Gehren kleben mehr als Erinnerungen

Der Truppenschiessplatz im Aargauer Jura 180

Parzelle um Parzelle zusammengekauft 182

Viel Aufwand um Trinkwasser- und
Stromversorgung 184

Schwere Waffen brauchten mehr Platz 187

Widerstand und Einigung 188

Für Feinschmecker und Naturfreunde 189

Für den Schiessplatz Gehren Flagge zeigen 191

Funktionierendes Neben- und Miteinander von Militär und Zivilbevölkerung

Bruno Vogel, Gemeindeschreiber, Erlinsbach 192

Die Armee hat viele Standbeine im Aargau

Brugg als naturgegebenes
Ausbildungszentrum der Genietruppen 197

Aus der Filiale wurde ein Waffenplatz
und Bremgarten zur Garnisonsstadt 200

Beim AMP Othmarsingen hat die Armee
Gleis- und Autobahnanschluss 202

Militärische Beteiligung am Schiesssport-
Zentrum im Lostorf in Buchs 204

«Militärdorf» im Fricktal
mit dem Namen Kiugoka 205

Das Festungswachtkorps Brugg
und seine (einst) geheimen Anlagen 206

Das Festungsmuseum Reuenthal/
Schweizer Militärmuseum Full bewahrt
militärische Zeitzeugen 207

Der militärische Start beginnt in Windisch 208

Nachwort

Urs Müller, Betriebsleiter Zeughaus
und Waffenplatz Aarau (ZWA) 210

Personengalerie

Die Mitarbeiterinnen und Mitarbeiter
des Zeughauses und Waffenplatzes 212

Autor/Literaturverzeichnis

214

Bilderverzeichnis

215

Das Militär als aargauisches Bindeglied

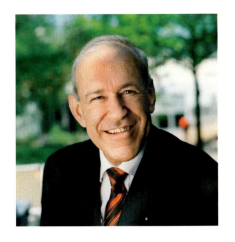

**Ernst Hasler, Regierungsrat
Militärdirektor
des Kantons Aargau**

Die Geschichte des Kantons Aargau, sein Wehrwesen und seine Armeestandorte sind eng miteinander verbunden. Besonders in der Anfangszeit, kurz nach der Kantonsgründung, hat die Armee die verschiedenen Aargauer Regionen näher zusammengebracht. Und als treues Mitglied im Bund der Eidgenossenschaft hat der Aargau von Beginn weg beträchtliche und überdurchschnittliche wehrpolitische Leistungen erbracht.

Unsere Kantonshauptstadt Aarau ist seit Generationen für Rekruten, Soldaten, Unteroffiziere und Offiziere die militärische Heimat. Für sie alle war und ist Aarau – vom ersten RS-Tag bis zum «Abgeben» – eine regelmässige Drehscheibe.

Die Armee hat sich im Verlauf der Zeit immer wieder auf neue Anforderungen eingestellt. Das ist auch heute der Fall. Verantwortlich dafür sind nicht nur die sicherheitspolitische Entwicklung ohne direkte kriegerische Bedrohung für die Schweiz, sondern auch die knappen Mittel der Bundeskasse. Die Umsetzung der neuen Armee auf Anfang 2004 hat, neben grossen Umstrukturierungen, auch den Abschied von den kantonalen Truppen bedeutet. Und die Veränderungen gehen weiter. Die Einführung einer neuen Logistikbasis der Armee hat auch für die Militärbetriebe im Kanton Aargau Auswirkungen. Unser Kanton verfügt jedoch über ausgezeichnete Voraussetzungen, um aufgrund seiner zentralen verkehrsgünstigen Lage weiterhin eine wichtige Rolle in der militärischen Logistik zu spielen – so wie es der Waffenplatz Aarau und das Zeughaus Aarau während 200 Jahren getan haben und hoffentlich auch weiter tun werden.

Das vorliegende Jubiläumsbuch will einen 200 Jahre umfassenden Bogen von den Anfängen des aargauischen Wehrwesens und des Zeughauses Aarau bis zur Gegenwart spannen. Diesem Anspruch werden der Autor Hans-Peter Widmer und die weiteren am Werk beteiligten Autoren und Interviewpartner in gelungener Weise gerecht. Erstmals überhaupt erfolgt die geschichtliche Aufarbeitung der Aargauer Miliz über die Dauer ihres 200-jährigen Bestehens sowie des Zeughauses und Waffenplatzes Aarau. Damit wird das Jubiläumsbuch zum Referenzwerk zu diesen Themen. Dargestellt werden auch der aktuelle Stand und die Veränderungen in der jüngeren Zeit, und zwar aus dem Blickwinkel von unmittelbar am Geschehen Beteiligten. Dadurch werden persönliche Erinnerungen und Eindrücke, die wesentlich zum späteren Verständnis einer bestimmten Zeit beitragen, als lebendige Geschichte an die nachfolgenden Generationen weitergegeben.

Mein Dank geht an alle, welche einen Beitrag zum Gelingen dieses schönen Jubiläumsbuches geleistet haben.

Zum Dienst bereit: Fahnenübernahme des Infanterie-Bataillons 23, Anfang der Sechzigerjahre.

Militärisch wurde der Aargau zum Vorbild

Das kantonale Wehrwesen von 1803–2003

Das eidgenössische Wehrwesen war nach dem Zwischenspiel der Helvetik (1798 bis 1803) weitgehend den Kantonen übertragen worden. Sie hatten für die Rekrutierung, Ausbildung und Ausrüstung zu sorgen. Allerdings mussten sie Truppenkontingente für ein Bundesheer bereit halten. Die Tagsatzung konnte über diese Armee verfügen und den General wählen. Doch gedachte der Bund nicht einmal das Kriegsmaterial zu verwalten. Eine Kommission beriet 1803 über die Verteilung der Waffen- und Munitionsvorräte. Immerhin kam sie zum Schluss, «dass es im Interesse des gesamten Vaterlandes läge, für die Bundestruppen eine wohlberechnete Gleichförmigkeit in Formation, Kaliber, Disziplin und Besoldung einzuführen».
Soweit wirkte das 1804 von der Tagsatzung beschlossene «Allgemeine Militärreglement für den Schweizerischen Bundesverein» jedoch noch nicht. Den Aargauer Abgesandten missfiel der Erlass sowieso, wie auch die Wahl des eidgenössischen Generalstabes.

Sie betrachteten die Entscheide als Einschränkung der kantonalen Souveränität und hofften auf die Unterstützung Frankreichs, das keinen starken, einheitlichen Bundesstaat duldete und scharf darüber wachte, dass die zentralistischen Tendenzen der aufgelösten Helvetischen Republik im umgemodelten eidgenössischen Staatenbund nicht erneut aufblühten. Prompt legte der französische Tagsatzungsvertreter sein Veto ein. Die Einrichtung der Bundestruppen verzögerte sich. Aber der Widerstand gegen eine minimale eidgenössische Militärhoheit hinderte den Aargau nicht daran, den Aufbau der eigenen Miliz entschlossen in Angriff zu nehmen.

Offen für militärische Einrichtungen

Praktisch aus dem Nichts stellte der Aargau ab 1803 die Instrumente für seine innere und äussere Sicherheit bereit. Die Aufgabe erwies sich als grosse Herausforderung. Sie strapazierte den neuen Kanton so stark, dass er die Militärausgaben kürzen und dadurch die Rekrutierung und Ausbildung vernachlässigen musste. Dies rächte sich rasch, weil die aargauischen Truppen von 1805 bis 1815 zu mehreren Grenzbesetzungen, aber auch zur Sicherung der inneren Ruhe und Ordnung in andern Landesgegenden sowie zu einem Feldzug gegen Frankreich aufgeboten wurden. Dazwischen hatten sie das eigene Kantonsgebiet gegen Berns Rückeroberungsgelüste zu schützen. Das junge Staatswesen reagierte bemerkenswert geschlossen auf äussere Gefahren. Länger dauerte die innere Festigung. Politische und konfessionelle Spannungen widerspiegelten sich im Militärwesen. Die Miliz gliederte sich in den ersten Jahrzehnten bezirksweise in reformierte und katholische Einheiten. Mit der neuen eidgenössischen Verfassung von 1815 wurde eine Militärreform eingeleitet. Sie gab dem Bund mehr Kompetenzen. Dennoch wertete man im Aargau die Absicht der eidgenössischen Behörden, die kantonalen Kontingente für das Bundesheer fortan zu inspizieren, erneut als Eingriff in die kantonale Militärhoheit. Man wollte «doch annehmen, das aargauische Wehrwesen seye so geordnet, dass es keinen gerechten Tadel der Eydgenossenschaft zu befürchten habe».

In militärischen Belangen galt der Aargau, trotz Mängeln, tatsächlich als Vorbild. 1818 war er als Standort für die geplante eidge-

nössische Zentralschule im Gespräch. Der begutachtenden Kommission gefiel «die ausserordentlich günstige Lage» der vorgeschlagenen Lenzburg. Den grössten Nachteil sah sie im engen Zugang. Kopfscheu machte sie zudem die Forderung nach einem Platzkommandanten und einer Polizeiwache. Die Aargauer Regierung wünschte diese Vorkehren, weil sie dem Einfluss der neuen Einrichtung auf das Umfeld misstraute. Thun machte das Rennen. Aber wiederholt wurden Verlegungswünsche laut. Man fasste dabei auch den Gebäudekomplex des 1841 aufgehobenen Klosters Muri ins Auge. Die kantonale Militärkommission lehnte den Vorschlag jedoch mit der Begründung ab, das Terrain sei zu klein. Noch mehr schien der «politische Bo-

Kavallerie und Infanterie, eidgenössische Ordonnanz 1852. Die kantonalen Truppen hatten ursprünglich eigene Uniformen. Langsam setzte sich im Bundesheer auch bei der Bekleidung eine Vereinheitlichung durch.

Aufkl. Bat 5 1965–1979

Epochen der schweizerischen Revolutionen

Die Alte Eidgenossenschaft war beim Einmarsch der Franzosen, 1798, zusammengebrochen. Die folgenden 50 Jahre gelten als Zeitalter der schweizerischen Revolutionen. Am Anfang stand die Helvetik (1798–1803). Sie war durch die zentralistische Ordnung geprägt, stärkte aber die Persönlichkeitsrechte. Weil sich jedoch Föderalisten und Zentralisten befehdeten, diktierte Napoleon I. den Eidgenossen 1803 die Mediationsakte, die zur Gründung des Kantons Aargau führte. Während der Mediationszeit (1803–1814) war die Schweiz den Macht- und Ränkespielen der europäischen Politik ausgeliefert. In der Restaurationszeit (1815–1830) kamen durch die Gründung von Schützen-, Turn-, Gesangs-, Wohltätigkeits- und Studentenvereinen Tendenzen zur verstärkten nationalen Einheit zum Ausdruck. Die Regenerationszeit (1830–1848) war vom Ringen zwischen Liberalen und Konservativen beherrscht, das 1848 zum Schweizerischen Bundesstaat heutiger Prägung führte.

den» dafür nicht geebnet: Denn kurz nach der Klosterschliessung wäre es unklug gewesen, die verjagten Klosterbrüder durch Kadetten zu ersetzen.

Seitdem er 1848 mit dem Kasernenneubau in Aarau ein Zeichen gesetzt hatte, unterstützte der Aargau beharrlich den Ausbau militärischer Einrichtungen auf seinem Gebiet. Er brachte es zu einer Belegungsdichte wie kein anderer Kanton: Drei Waffenplätze (Aarau, Brugg, Bremgarten), zwei Truppenschiessplätze (Gehren/Erlinsbach, Eichwald/Zeihen), zwei Zeughausbetriebe (Aarau, Brugg) mit Filialen, ein Armeemotorfahrzeugpark (Othmarsingen), eine Ortskampfanlage (Eiken), ein Festungswachtstandort (Brugg) und, im Zusammenhang mit der Armee XXI, das neue Nordwestschweizer Rekrutierungszentrum in Windisch. Mit diesem Engagement verbanden sich wirtschaftliche Vorteile und sicher einige Prestigeüberlegungen – aber auch die Überzeugung von der Notwendigkeit der militärischen Landesverteidigung. Der Aargau hatte als Grenzkanton vor und noch nach seiner Gründung die Qualen fremder Besetzungen erlitten und in zwei Weltkriegen besondere Aktivdiensterfahrungen gemacht.

Traditionsreiche aargauische Truppenkörper

Die traditionell enge Verbindung zwischen Militär und Zivilbevölkerung im Aargau wurde durch zwei beziehungsweise drei militärische Grossverbände geprägt: Von 1874 bis 2003 durch die 5. Division, in der sehr viele wehrpflichtige Kantonseinwohner eingeteilt waren, und von 1938 bis 1994 durch die Grenzbrigade 5, in der die statische Raumver-

teidigung und die «Abwehrhaltung bis zum Letzten» aus der Aktivdienstzeit des Zweiten Weltkrieges gelebt wurden. Dazu kam von 1995 bis 2003 die aus ehemaligen Territorialkreisen geschaffene Territorialdivision 2, die neben logistischen Dienstleistungen für das Feldarmeekorps 2 eine Bindegliedfunktion zu den zivilen Behörden erfüllte. Die aargauischen Infanterie-Einheiten rekrutierten sich aus einigermassen abgegrenzten Regionen. Jeder Kantonsteil hatte «sein» Bataillon. Das gab Kitt, ebenso der Umstand, dass Generationen von Aargauer Füsilieren, Kanonieren und Mitrailleuren in der Infanterie-Rekrutenschule Aarau «geschliffen» wurden. Dagegen war die Kavallerie-Rekrutenschule in Aarau bis 1972 ein «Schmelztiegel» für Rekruten aus mehreren Kantonen. Auf den Genie-Waffenplätzen Brugg und Bremgarten ging es seit eh und je «bilingue» zu und her mit Armeeangehörigen aus allen Landesteilen. So lernten neben Deutschschweizern nicht wenige Welsche und Tessiner durch das Militär den Aargau kennen.

Gewiss, auch im Aargau kollidierten militärische Ansprüche und zivile Bedürfnisse. Es gab Auseinandersetzungen um Kasernen, Schiess- und Übungsplätze. Solche Widerstände verhinderten in den Fünfzigerjahren einen Panzerübungsplatz im luzernisch-aargauischen Grenzbereich am Lindenberg, und in den Sechzigerjahren einen Übungsplatz für die Rekrutenschule Bremgarten im Weiler Rüti bei Hägglingen. Anderseits liessen sich betroffene Gemeinden von der Notwendigkeit neuer militärischer Einrichtungen überzeugen – insbesondere, wenn ihnen dafür Wünsche erfüllt werden konnten –, wie in Bettwil, wo sich Bund und Kanton 1962 für

Vier grosse Verbände prägten die «militärische Heimat» der meisten aargauischen Wehrpflichtigen: die Felddivision 5, die Grenzbrigade 5, die Territorialzone 2 und die Territorialdivision 2.

Regierungsrat Leo Weber, Militärdirektor von 1969–1976, gratuliert einem Soldaten, der legitim befördert wurde.

Aargauer Gefreitenkomödie warf hohe Wellen

Am letzten Arbeitstag in seinem Amt schritt der zurücktretende Aargauer Militärdirektor, Regierungsrat Leo Weber, zur Tat und beförderte den Fricktaler Wehrmann L. B. eigenhändig zum Gefreiten. Das überschritt allerdings seine Kompetenzen, denn die Verteilung von «Gefreitenschnüren» war ausschliesslich Sache von Truppenkommandanten. Auf militärischer Seite wurde darum die «Degradierung» verlangt. Das erfuhr die Öffentlichkeit. Die Geschäftsprüfungskommission des Nationalrates forderte von EMD-Chef Rudolf Gnägi «Gnade vor Recht», weil L.B. keine Schuld treffe. Der Militärminister wies den Waffenchef Genie und Festung an, eine Versetzung des Beförderten zu prüfen und einen Kommandanten zu finden, der ihn legal zum Gefreiten mache. Dem Waffenchef kam das etwas merkwürdig vor und er zögerte mit der Ausführung. Als ihn Gnägi schriftlich zurechtwies («Sie erhalten nochmals den Auftrag...!»), gewann der Gefreite die Schlacht endgültig.

die akzeptierte radargesteuerte Lenkwaffenstellung «Bloodhound», zwischen Bünz- und Seetal, bei der anstehenden Güterregulierung entgegenkommen zeigten.

Recht schwer tat sich der Kanton Aargau mit dem Aufbau des Zivilschutzes. Zweimal, 1965 und 1967, lehnten die Stimmberechtigten kantonale Vorlagen ab, die Zivilschutzmassnahmen von Gemeinden, Betrieben und Hauseigentümern regeln sollten. Der Regierungsrat musste, gestützt auf Bundesrecht, eine Übergangslösung treffen, bis im dritten Anlauf das Gesetz über Katastrophenhilfe und zivile Verteidigung angenommen wurde. Auch mit örtlichen Schutzorganisationen, der Rekrutierung und Ausbildung von Mannschaften und Kadern, harzte es. Aus der Militärdienstpflicht Entlassene waren wenig motiviert, noch für Jahre Zivilschutz zu leisten. Die Senkung des Dienstpflichtalters verjüngte die Formationen. Eine professionellere Führung durch die 1967 geschaffene Abteilung Zivile Verteidigung sowie praxisbezogene Änderungen in Einteilung, Ausbildung und Ausrüstung der Schutzdienstpflichtigen förderten die Akzeptanz. Naturkatastrophen bewiesen zudem die Nützlichkeit des Zivilschutzes. Auch in diesem Bereich entwickelte sich der Aargau zu einem Musterkanton. Er erfüllte die Schutzraumpflicht zu 130 Prozent. In der Mehrzahl der Gemeinden stehen den Einwohnern mehr als genügend geschützte Unterkünfte zur Verfügung. Die überdotierte Zahl von 35 000 Zivilschutzpflichtigen wurde auf 8500 gesenkt. Die Einsatzdoktrin verlagerte sich von der Betreuung der Bevölkerung im Kriegsfall («Einbunkern» in bombensicheren unterirdischen Anlagen) auf die Bewältigung von zivilen Katastrophen und Notlagen. Dafür

stehen ein kantonaler Führungsstab und regionalisierte Gemeindeführungsstäbe bereit. Vier Regionale Führungsstäbe als Zwischenstufe zwischen dem Kanton und den Gemeinden erwiesen sich mit der Zeit als überflüssig. Sie waren seinerzeit aus politisch-psychologischen Gründen gebildet worden, um den ausgeprägten aargauischen Regionalismus nicht zu strapazieren – und auch darum, weil man davon ausging, die verschiedenen Kantonsteile müssten ihre Selbständigkeit wenn möglich behalten können, wenn sie im Kriegs- oder Katastrophenfall von der Kantonsverwaltung in Aarau abgeschnitten würden.

Der kantonale Beitrag zur Militärverwaltung

Vor 200 Jahren war das Wehrwesen den Kantonen übertragen worden. Seither sind, Schritt für Schritt, die wesentlichsten Kompetenzen an den Bund übergegangen. Er ist für die Einheit des Heeres in Ausbildung und Aufstellung sowie für den Einsatz der Armee verantwortlich und für die Militärgesetzgebung zuständig. Die kantonale Militärhoheit im ursprünglichen Sinn existiert nicht mehr. Heute sind die Kantone weitgehend Vollzugsorgane. Aber in der Militärverwaltung besteht noch eine gewisse Aufgabenteilung zwischen Bund und Kantonen. Sie ist historisch begründet und auf das Milizsystem ausgerichtet. Deswegen hat sie auch die Armeereform XXI überstanden. Die Kantone sind bürgernahe Auskunfts- und Anlaufstellen. Sie registrieren die Stellungspflichtigen, bereiten sie auf die Aushebung vor und bieten sie zur Rekrutierung auf. Sie besorgen die Veranlagung und den Bezug des Militärpflichtersatzes. Sie

Kriegsdienstverweigerer vor den Toren der Kaserne

Am 27. August 1970, nach dem Hauptverlesen der LTr RS 219 in Aarau, verteilten Mitglieder der Internationale der Kriegsdienstgegner vor den Toren der Kaserne Flugblätter. Schulkommandant Oberst i Gst Wanner wies sie weg. Sie ignorierten die Aufforderung. Acht Aktionisten wurden darauf von Kavallerierekruten unter der Leitung eines Schwadronskommandanten gepackt und in einen Theorieraum gebracht. Dort nahm die Kantonspolizei ihre Personalien auf. Der Anführer, ein Aargauer Sekundarlehrer, weigerte sich, auf den Polizeiposten mitzukommen. Er wurde wegen Störung der militärischen Sicherheit (Aufforderung zur Verletzung der Dienstpflicht) angezeigt und hatte sich im Mai 1971 vor dem Bezirksgericht Aarau zu verantworten. Nach den 1968er-Jugendunruhen war besonders bei Mittelschülern eine armeekritische Stimmung festzustellen. Von 330 Kantonsschülern verlangten bei der Aushebung an acht Orten im Aargau 69 zur waffenlosen Sanität eingeteilt zu werden.

Im Aargau musste sich das Militär nie verstecken, es war immer Bestandteil des öffentlichen Lebens. Ein Defilee aargauischer Truppen in der Kantonshauptstadt Aarau am 7. Dezember 1978 beendete das 175-Jahr-Jubiläum des Kantons Aargau.

entscheiden über Dienstverschiebungen und handhaben das Disziplinarstrafwesen. Sie überwachen das ausserdienstliche Schiesswesen und führen mit den Zeughäusern die Wehrmänner-Entlassungen durch.

Alle diese Aufgaben nimmt die kantonale Abteilung Militär und Bevölkerungsschutz wahr. Sie ist Anlaufstelle für Sicherheits- und Katastrophenvorsorge. Der ebenfalls reorganisierte Bevölkerungsschutz gewährleistet bei Katastrophen, Notsituationen und im Fall eines bewaffneten Konflikts mit einem gemeinsamen Führungsorgan die Koordination und Zusammenarbeit der fünf Partnerorganisationen Polizei, Feuerwehr, Gesundheitswesen, technische Betriebe und Zivilschutz. Der Bestandesreduktion der Armee von 360 000 auf 120 000 aktive Dienstpflichtige trägt der Aargau mit einer Verringerung der Zahl der Militärsektionen von 133 auf 60 Rechnung. Die Sektionschefs – unter ihnen gibt es etliche Frauen – bleiben aber ein wichtiges Bindeglied zwischen Armee und Bevölkerung. Sie sind die ersten Ansprechpartner der Bürger in Militärfragen, erfassen die Stellungspflichtigen und betreuen sie bis zur Rekrutierung.

Zu den militärischen Traditionen im Aargau gehört der Habsburg-Rapport. Anfang Jahr empfängt der Regierungsrat Vertreter der obersten Armeeführung sowie abtretende und neue Truppenkommandanten. Hin und wieder waren auch Bundesräte dabei, wie 1990 EMD-Vorsteher Kaspar Villiger (am Ehrentisch Zweiter von links), begleitet von Generalstabschef Heinz Häsler (Zweiter von rechts).

Trotz mancherlei Lockerungen werden im Aargau die militärpolitischen Anliegen nach wie vor umsichtig wahrgenommen. Der Kanton pflegt auch militärische Traditionen, wie den alljährlichen Habsburg-Rapport – ein Empfang des Regierungsrates für neue und ausscheidende Truppenkommandanten sowie für aktive und ehemalige Armeeführer. Dass der Kanton vor Jahren das repräsentable Säulenhaus, eine ehemalige Villa der Frey-Bally-Familie an der Laurenzenvorstadt in Aarau, erwarb und der Felddivision 5 sowie der heutigen Infanteriebrigade 5 als Verwaltungssitz zur Verfügung stellte, ist ein weiteres Zeichen aargauischer Wertschätzung für das Militär.

Eine Stütze für das Wehrwesen im Aargau stellen seit Jahrzehnten auch die militärischen Verbände mit ihren örtlichen beziehungsweise Regionalen Sektionen sowie die zivilen Schiessgesellschaften dar: Die Aargauische Offiziersgesellschaft, der Aargauische Unteroffiziersverband, die Verbände der Fouriere, Feldweibel und Militär-Motorfahrer. Sie fördern mit ihrer ausserdienstlichen Tätigkeit die Fachkompetenz von Soldaten und Kader.

Der Aargau drückte seine Wertschätzung für das Militär auch damit aus, dass er das Säulenhaus in Aarau, die repräsentable ehemalige Villa einer Unternehmerfamilie, ab 1976 der Felddivision 5 und seit 2004 der Infanteriebrigade 5 als Sitz zur Verfügung stellt. Der letzte Kommandant der aufgelösten «Fünften», Divisionär Paul Müller, «verewigte» seinen KP mit dieser Pastellzeichnung.

Präsidenten des aargauischen Kriegsrates und der Militärkommission

1803–1806	Ludwig von May	Regierungsrat von 1803–1806
1806–1808	Karl Dominik von Reding	Regierungsrat von 1803–1808; 1811–1831
1808–1831	Johannes Herzog von Effingen	Regierungsrat von 1807–1831
	Karl Friedrich Zimmermann	Regierungsrat von 1806–1819
	Johann Heinrich Rothpletz	Regierungsrat von 1815–1831
	Johann Nepomuk von Schmiel	Regierungsrat von 1815–1831
	Johann Karl Fetzer	Regierungsrat von 1803–1837
	Karl Suter	Regierungsrat von 1803–1828
1831–1848	Daniel Lüscher	Regierungsrat von 1828–1852
	Gregor Lützelschwab	Regierungsrat von 1831–1835
	Ludwig Berner	Regierungsrat von 1836–1852
	Friedrich Frey-Herosé	Regierungsrat von 1837–1848

Aargauer in hohen militärischen Chargen

Eine Reihe von aargauischen Persönlichkeiten hat in den vergangenen 200 Jahren das Wehrwesen in Kanton und Bund geprägt, sei es als Kommandanten grosser Verbände – Brigaden, Divisionen, Armeekorps – oder als Chefs höherer Stäbe. Der Aargau stellte in General Hans Herzog bisher einen einzigen Oberbefehlshaber der Armee in Zeiten des Aktivdienstes (1871/72), aber mehrere Generalstabschefs: Friedrich Frey-Herosé als rechte Hand von General Dufour im Sonderbundskrieg (1847) und in der Loslösung Neuenburgs von Preussen (1856), Hermann Siegfried (1866–1879) als den eigentlichen Begründer der Generalstabsabteilung, Arnold Keller (1890–1905), Jakob Huber (1940–1945) als hervorragenden, stillen Organisator im Schatten von General Guisan, Hans Senn (1977–1980), Eugen Lüthy (1986–1989). Mit der Armeereform XXI ist der Generalstabschef durch den Chef der Armee ersetzt worden: Der erste Inhaber dieses Postens, Korpskommandant Christophe Keckeis, besitzt ein aargauisches Bürgerrecht.

Der Kriegsrat (1803–1819) und die Militärkommission (1820–1848) waren die massgebenden Militärorgane des jungen Kantons Aargau. Ihnen gehörten jeweils 1 bis 3 Regierungsmitglieder an. Sie lösten sich zeitweise im 3-Monats-Turnus im Präsidium ab.

Militärdirektoren des Kantons Aargau

1849–1866	Samuel Schwarz	Regierungsrat von 1848–1868
1867–1872	Hans von Hallwyl	Regierungsrat von 1866–1875
1873	Arnold Küenzli	Regierungsrat von 1868–1873
1874	Emil Imhof	Regierungsrat von 1873–1885
1875–1880	Adolf Fischer	Regierungsrat von 1868–1887
1880–1885	Emil Imhof	Regierungsrat von 1873–1885
1885–1895	Karl Franz Sebastian Fahrländer	Regierungsrat von 1885–1906
1895–1901	Arnold Ringier	Regierungsrat von 1880–1919
1901–1909	Hans Müri	Regierungsrat von 1895–1912
1909–1919	Arnold Ringier	Regierungsrat von 1880–1919
1919–1945	Emil Keller	Regierungsrat von 1909–1945
1945–1965	Ernst Bachmann	Regierungsrat von 1945–1965
1965–1969	Ernst Schwarz	Regierungsrat von 1953–1969
1969–1976	Leo Weber	Regierungsrat von 1965–1976
1976–1988	Hans Jörg Huber	Regierungsrat von 1976–1988
1988–1993	Peter Wertli	Regierungsrat von 1988–2001
1993–1999	Stéphanie Mörikofer-Zwez	Regierungsrätin von 1993–2001
1999– ...	Ernst Hasler	Regierungsrat von 1999– ...

Verschnupft über verregnete, vergraute Kapute

Ende 1913 meldete das «Aargauer Tagblatt» aus Bern, es werde über die Verlegung einer Kavallerie-Rekrutenschule von Aarau nach Bière verhandelt, weil der Aargau dem Bund mehr als andere Waffenplätze verrechne – und überdies sei man in Bern wegen eines Vorfalls verschnupft. Zeughausdirektor Brack erwiderte in der Zeitung, er sei sich keines besondern Vorkommnisses bewusst. Der «Tagblatt»-Bundesstadt-Redaktor berichtete tags darauf, im EMD habe man ihm die Geschichte erzählt, dass beim Abgeben der Aargauer Kavallerie-Schwadronen 15 und 23 nasse Kapute in Kisten verpackt, ins Zeughaus spediert und dort zehn Tage liegen gelassen worden seien. Für die Reinigung der vergrauten Kleider habe die kantonale Militärverwaltung nachher dem Bund zwei Franken pro Stück verrechnet, was das EMD nicht akzeptierte. Wer in dem Fall im Recht sei, könne er nicht beurteilen, fügte der Redaktor bei. Er konstatiere lediglich, «dass wegen dieser Vorgänge hier in Bern an militärischer Stelle eine gewisse Verschnupfung eingetreten ist»...

Aarau, die Stadt der Kavallerie

Seit er für die eigene Miliz verantwortlich war, also praktisch von seiner Gründung an, rüstete der Aargau neben Infanteristen und Artilleristen auch Kavalleristen aus. Aarau bildete für alle ein zentraler Sammelort. Die Berittenen waren unter anderem mit langen Spiessen bewaffnet, man sprach von den «Aargauer Kosaken». Nach der Errichtung des Bundesstaates, 1848, bekam die Reiterwaffe im verstärkten Bundesheer zunehmende Bedeutung. Auf dem Waffenplatz Aarau mit der 1849 errichteten neuen Kaserne wurde die Dragonerausbildung fortgesetzt und intensiviert. 1850 begann hier die erste eigentliche Kavallerie-Rekrutenschule. Für den

Bau einer gedeckten Reitbahn scheute man die Kosten von 5378 Franken nicht. Damit war der Grundstein für eine lange Aarauer Dragonertradition gelegt, die bis zur Auflösung der Kavallerie im Jahre 1972, und darüber hinaus, dauerte.

Die Kavallerie wurde aber, wie die anderen Truppengattungen, erst durch die Militärorganisation von 1874 eidgenössisch verankert. Im Aktivdienst 1870/1871 hatten sich die Kavalleriepatrouillen im taktischen Aufklärungs- und Sicherungsdienst bei der Überwachung entlegener Grenzgebiete im Jura bewährt. Zur Ausbildung von Pferden und Reitern errichtete der Bund nun an mehreren Orten, auch in Aarau, Remonten-Depots.

Remonten waren junge Pferde, vorzugsweise kräftige Halbblutpferde, die für den dienst-

Die Nostalgie-Einheit «Schweizer Kavallerieschwadron 1972 SKS» hat als ausserdienstlicher Verband der Schweizer Armee das gesamte Korpsmaterial im Zeughaus eingelagert. Auf diesem Bild ist die Sattelkammer zu sehen.

Die unbekannten Filzläuse des Kavallerierekruten R.

Im Dezember 1928 beschwerte sich Johann R. aus dem Bernbiet, sein Sohn sei mit Filzläusen, vermutlich wegen ungenügend gereinigter Bettwäsche und Exerzierkleider, aus der Kavallerie-Rekrutenschule heimgekehrt. Die Aarauer Zeughausverwaltung und die Abteilung für Kavallerie gingen der Sache nach und stellten fest, dass der Filius seinem Vater einiges verschwiegen hatte. Etwa, dass die Bettwäsche während der RS nicht nur ein einziges Mal, wie behauptet, sondern alle 14 Tage gewechselt und gewaschen wurde. Hingegen habe der reklamierende Rekrut der Kasernenverwaltung für seinen ausserordentlich beschmutzten Matratzenbezug am Ende der Rekrutenschule eine Vergütung bezahlen müssen. Die Exerzierkleider andererseits seien zugegebenermassen dem äusseren Ansehen nach nicht mehr schön, aber in kochender Sodalauge gewaschen und nachher repariert worden. In sanitarischer Hinsicht seien sie einwandfrei gewesen. Somit könne die Infektion weder durch die Bettwäsche noch die Exerzierkleider verursacht worden sein. Dem Schularzt sei während der ganzen RS kein Fall von Filzläusen gemeldet worden. Der angesteckte Rekrut wäre verpflichtet gewesen, seine Ansteckung zu melden. Dadurch, dass er es nicht tat, habe er sich sogar strafbar gemacht. Auf diesen Bescheid hin kapitulierten Vater, Sohn und Filzläuse.

lichen Einsatz «zugeritten» wurden. Sie mussten gleichzeitig den Anforderungen für den zivilen Gebrauch, als Zugpferde, genügen. Der erste Waffenchef der Kavallerie, Oberst Gottlieb Zehnder, ein gebürtiger Aargauer aus Birmenstorf, mit Wohnsitz in Aarau, reorganisierte die Truppe und festigte die Dragonerausbildung in Aarau. Durch den Bau einer ersten und, Jahrzehnte später, zweiten Kavallerie-Kaserne mit ausgedehnten Stallungen auf dem Kasernenareal, mitten in der Stadt, behauptete Aarau seine Rolle als schweizerische Hochburg der Kavallerie.

Die Reiterei prägte die Kantonshauptstadt noch in anderer Weise: Ab 1921 organisierte der Kavallerieverein Suhrental Jagdrennen für Armee- und Dienstpferde auf einer improvisierten Bahn im Aarauer Schachen. Der Organisator und der Reitclub Aarau taten sich bald zum Rennverein Aarau zusammen. Dieser machte Aarau bis auf den heutigen Tag zu einem Mekka des Pferderennsports, mit der nach dem Zweiten Weltkrieg erstellten ersten permanenten Rennbahn der Schweiz. Nach der Auflösung der Kavallerie hielt der Zentralschweizerische Kavallerieverein, dem die aargauischen Sektionen angehören, die Tradition der Reitertruppe aufrecht. Er bildete die Nostalgie-Einheit «Schweizer Kavallerieschwadron 1972 SKS» (Ausrüstungsordonnanz 1972). Überall, wo sie bei festlichen Gelegenheiten auftritt, löst sie Sympathiekundgebungen aus. Sie hat ihren Stützpunkt – wo denn sonst? – in Aarau, mit einer voll ausgerüsteten Sattelkammer und einem Kavallerie-Stübli im Zeughaus.

Erinnerungen an die traditionsreiche Vergangenheit der Kavallerie: Aufgalopp der Kavallerieschwadron 1972.

Die Aargauer Truppen von 1803–2003

Aller Anfang war schwer 1803–1815

Der Kleine Rat, die neunköpfige Regierung des von Napoleon am 19. Februar 1803 in Paris proklamierten neuen Kantons Aargau, stand nach der konstituierenden Sitzung am 27. April 1803 neben vielen andern Herausforderungen vor der Aufgabe, eine brauchbare Miliztruppe aufzubauen. Dem jungen Staat fehlte auch in militärischer Hinsicht jede Organisation. Dass er in seiner stürmischen Gründungszeit im Wehrwesen rasche Fortschritte machte und sich damit den Respekt anderer Kantone holte, verdankte der Aargau herausragenden Militärpersonen. Bei der ersten Ressortverteilung der Regierung wurde der Patrizier Ludwig Bernhard von May zum Chef des Kriegsdepartementes bestimmt. Er war ehemaliger Offizier in französischen, später in bernischen Diensten. Beim letzten Aufbäumen des Alten Berns hatte er gegen die eindringenden Franzosen gekämpft.

Neben von May waren Johann Nepomuk von Schmiel, Spross eines Hauptmanns der königlich-kaiserlichen Truppen Österreichs, und Friedrich Hünerwadel aus Lenzburg, Sohn von Regierungsrat Gottlieb Hünerwadel, massgebend am Aufbau des aargauischen Wehrwesens beteiligt. Die drei gehörten dem 1804 gebildeten Kriegsrat an. Von May leitete ihn. Zu den frühen Militärsachverständigen zählten ferner Regierungsrat und Oberst Johannes Herzog von Effingen, Onkel von General Hans Herzog, Oberst David Zimmerli, Aarauer Platzkommandant, Chef der Infanterie-Instruktion, Hauptmann Johann Jakob Plüss, Instruktor der Standeskompanie und Verfasser der ersten Ausbildungsreglemente, sowie August Eduard Rothpletz, erster kantonaler Milizinspektor. Später spielten noch viele aargauische Persönlichkeiten massgebende Rollen in der Armee. Nicht umsonst hiess es im Laufe der Zeit, jeder Korporal im Aargau trage den Marschallstab im Tornister.

Etlichen Einwohnern des neuen Kantons mangelte es nicht an militärischer Erfahrung: Sie hatten – gezwungenermassen oder freiwillig – in Berner Regimentern oder als Söldner in ausländischen Armeen gedient. In den ehemals von Bern beherrschten reformierten Bezirken Aarau, Brugg, Kulm, Lenzburg und Zofingen existierte eine gewisse Militärtradition, ebenso im Fricktal, das bis 1802 österreichisch war. Dagegen waren die Einwohner in der ehemaligen Grafschaft Baden und im Freiamt wenn nicht ganz, so doch weitgehend «des Kriegsdienstes ungewohnt». Nun mussten andere Saiten aufgezogen werden. Denn nach der neuen Verfassung konnte «jeder Einwohner des Kantons Aargau, der Schweizerbürger ist», zum Militärdienst angehalten werden. Von der praktisch durchgeführten allgemeinen Wehrpflicht war man freilich noch weit entfernt.

Der Berner Patrizier Ludwig Bernhard von May übernahm in der Regierung des neuen Kantons Aargau, 1803, die Leitung des Kriegsdepartementes und baute das Wehrwesen tatkräftig aus.

Rekrutierungen für Eigenbedarf und für Frankreich

Die Rekrutierung der Standeskompanie, des ersten «Berufsheeres» im Aargau, stiess auf Skepsis. Laut Kommandant J.N. von Schmiel waren viele junge Leute «im Wahne, man gebe sie von der Standeskompanie in französische Dienste ab». Da zögen es manche vor, sich direkt für fremde Armeen anwerben zu lassen, weil sie dann 10 und mehr Louis d'Or Handgeld bekämen. Im Aargau mussten neben den eigenen Rekrutierungen intensiv Soldaten für Napoleons Schweizerregimenter angeworben werden. Denn Frankreich hatte das Recht, in der Eidgenossenschaft 20000 Mann plus je 4000 Mann für die holländischen und italienischen Tochterrepubliken auszuheben. Weil sich die Lust, den französischen Feldherrn auf Kriegsschauplätze zu begleiten, in Grenzen hielt, griff man bei der Rekrutierung zu Zwangsmassnahmen.

Das Aargauer «Berufsheer»

Die Mediationsakte, die Bonaparte den 1803 nach Paris zitierten eidgenössischen Vertretern diktierte, erlaubte den Kantonen bis zu 200 Mann starke stehende Truppen. Schon im Mai 1803 legte Kriegsminister von May den «Entwurf für die Schaffung eines bleibenden Corps zur Bewachung des Regierungssitzes und Verrichtung des Garnisonsdienstes auf der Festung Aarburg» vor. Danach sollte eine Standeskompanie mit 86 Mann gebildet werden. Die Regierung durfte sie bis auf 150 Mann aufstocken. Im ersten Anlauf misslang die Offizierswahl, weil der ernannte Kommandant Benedikt Hässig seine Funktion mit dem angebotenen Sold und Hauptmannsgrad nicht annahm. Daraufhin wählte die Regierung Hauptmann Johann Nepomuk von Schmiel zum «Trüllmeister». Er verschaffte der am 10. September 1803 vereidigten Truppe eine schmucke Montur, bemühte sich um ihre Bewaffnung und gute Haltung, liess sie die Regierung schützen sowie Staatskasse, Archiv und Zeughaus bewachen. Zur Bewaffnung der Standeskompanie lieferte Bern 150 Gewehre aus dem für den Aargau reservierten Vorrat. Dazu bekamen die Soldaten eine Patronentasche und ein Bajonett, und die Unteroffiziere einen Säbel mit Messinggriff. Es zeigte sich rasch, dass 86 Mann für den gleichzeitigen Wachtdienst in Aarau und Aarburg nicht genügten. So beschloss man schon nach einem Monat, die Kompanie um 34 Soldaten und Unteroffiziere zu vergrössern. Auf von Mays Vorschlag wurden ihr im Februar 1804 noch 14 Artilleristen zugeteilt. Zwischen August 1803 und März 1804 desertierten acht Kompanieangehörige.

Für Repräsentationsaufgaben, wie Ehrenwachen bei den Besuchen des eidgenössischen Landammanns und ausländischer Gesandter im Aargau, unterstützte ein Freiwilliges Reiterkorps die Standeskompanie. Es rekrutierte sich aus Leuten vermöglicher Kreise und trug die Kosten für Uniformen, Waffen und Pferde selber. Der Staat übernahm lediglich den Sold und die Rationen für Reiter und Pferde. Die «Freiwilligen» sollten nicht jünger als 18- und nicht älter als 40-jährig sein. Erster Rittmeister war Oberstleutnant Friedrich Hünerwadel aus Lenzburg. Er hatte militärische Erfahrung, stand er doch schon als 17-jähriger Freiwilliger 1796 an der Rheingrenze und 1798 im Solothurnischen den ins Land eingefallenen Franzosen als Artillerie-Wachtmeister gegenüber.

Erster Ernstfall mit Toten und Verwundeten

Am 17. März 1804 erhielt der Kleine Rat in Aarau von der Zürcher Regierung den Bescheid, einige Gemeinden am Zürichsee verweigerten ihr die Huldigung. Der Widerstand richtete sich gegen die straffen Zügel der Obrigkeit und die der armen Bevölkerung auferlegten Lasten. Die andern Kantone wurden um «getreues, bundesgemässes Aufsehen», also um Unterstützung, ersucht. Vom Aargau erwartete man 100 Infanteristen und 40 Reiter. Die aargauische Standeskompanie traf am 23. März, nachmittags um 14.30 Uhr, in Zürich ein. Ihre hellblaue Uniform mit schwarzen Aufschlägen machte grossen Eindruck. Mit den Zuzügen anderer Kantone trat sie unter dem Kommando von Oberst Ziegler, dem späteren eidgenössischen Divisionär und

Bei ihrem ersten Kriegseinsatz am 28. März 1804 beklagte die aargauische Standeskompanie sieben Tote und neun Verletzte. Sie verlor auch ihre im Morast eingesunkene Kanone.

Wehrpflichtige bei der Stange gehalten: Trauung nur in Uniform

Der zielstrebige Aufbau des Militärwesens belastete die Staatskasse erheblich – und der junge Kanton hatte auch noch andere Aufgaben. Darum zog die Regierung die Sparbremse an. Zu den rigorosen Massnahmen gehörte die den Elitesoldaten auferlegte Pflicht, für Bewaffnung und Uniformierung selber aufzukommen. Damit ihr keiner durch die Latten ging, verlangte die Regierung von den Pfarrherren, Ehen nur einzusegnen, wenn der elitepflichtige Bräutigam in voller Uniform zur Trauung erschien.

holländischen General, am 28. März den Aufständischen bei Bocken (Gemeinde Horgen) entgegen – darum bekam die Aktion den Namen Bockenkrieg. Das 820-köpfige Bundesheer vermochte sich im ersten Aufmarsch nicht durchzusetzen. Nach dem Urteil der Vorgesetzten hielten sich die Aargauer tapfer, sie hatten aber den grössten Blutzoll, sieben Tote und neun Verwundete, zu beklagen. Zudem fiel ihre Kanone den Gegnern in die Hände. Das Geschütz sank bei einem Stellungswechsel ein und konnte nicht mehr flott gemacht werden. Der eidgenössische Landammann würdigte die Hingabe des aargauischen Kontingentes. Dem Lob schloss sich die Kantonsregierung im offiziellen Regierungsbulletin an. Sie zeichnete einige Krieger durch Beförderung aus. Weil er, wie andere Kantone auch, das erwartete erste Kontingent nicht ganz erfüllte, wurde der Aargau angehalten, für eine schnelle zweite Massregelung der Widerspenstigen ein 500-köpfiges Milizbataillon zu stellen. Doch davon war noch nichts vorhanden.

In drei Tagen ordnete der Kleine Rat die Einberufung eines 550 Mann starken Milizkorps an. Jeder der 11 Bezirke hatte 50 Mann zu stellen. Daraus wurden fünf Kompanien zu 100 Mann und eine Abteilung Artillerie zu 36 Mann gebildet. Die Mannschaft wurde aus dem Zeughaus mit Gewehren ausgerüstet. Für Patronentaschen und Habersack hatte jeder selber aufzukommen und in eigener Uniform oder wenigstens guter Kleidung einzurücken. Die erste Einheit marschierte schon am 30. März Richtung Zürich los. Am Tag danach folgten zwei weitere Kompanien. Es waren Truppen aus dem Berner Aargau und dem Fricktal. Zwei Kompanien aus den Bezirken

Muri, Bremgarten und Baden behielt man in Aarau zum Exerzieren zurück. Sie erschienen noch nicht kriegstauglich. Anfang Juni 1804 wurde das Aargauer Aufgebot wieder entlassen. Die zusammengetrommelte Truppe bekam abermals Lob: Sie sei «unerschrocken» der Gefahr entgegen getreten. Feindkontakt hatte sie allerdings nicht mehr, die Aufständischen streckten die Waffen, ihre Anführer wurden zum Tod oder zu langen Gefängnisstrafen verurteilt. Die aargauische Truppenhilfe sicherte dem jungen Kanton primär die Zuneigung der Zürcher Regierung und förderte sein Ansehen auch bei andern altbestandenen Kantonen, was ein Jahrzehnt später wesentlich zu seinem Überleben beitrug.

Der Aufbau der Miliz

Nach den turbulenten Anfangsmonaten samt der Feuertaufe der Aargauer Truppen kamen Regierung und Grosser Rat endlich dazu, das Militärwesen rechtlich zu verankern. Wehrpflicht und Dienstpflicht, die Organisation der Miliz, ihre Bekleidung und Bewaffnung, die Ausbildung und das Militärstrafrecht wurden geregelt. Unter allgemeiner Wehrpflicht verstand man nicht das Erfüllen der persönlichen Dienstpflicht, sondern der militärischen Kontrollpflicht. Jeder 16- bis 45-jährige Einwohner hatte sich in die Militärkontrolle eintragen zu lassen. Die Pfarrherren mussten mit Unterstützung der Gemeindevorsteher jeweils bis zum 1. Februar Auszüge aus den Taufregistern abgeben und ohne Ausnahmen die 16-Jährigen mit Namen und Wohnort den Bezirkskommandanten melden.

Johann Nepomuk von Schmiel
Aargauer Militärpionier

Die herausragendste Militärperson im jungen Kanton Aargau war Johann Nepomuk von Schmiel – ein eingebürgerter Ausländer. Er wurde 1774 im mährischen Leipnik geboren. Als 14-jähriger Kadett begann er in der k.k. Armee die Offizierslaufbahn. Nach einem Duell wegen einer unglücklichen Liebe emigrierte er in die Schweiz. Er kam 1798 in den Aargau, wurde Verwalter bei der Familie von Effinger auf Wildegg, fand durch Johann Rudolf Dolder Kontakt zu führenden Leuten der Helvetischen Republik, erwarb 1801 das Bürgerrecht von Leibstadt und liess sich zum Hauptmann ernennen. Er diente dem Aargau 47 Jahre in militärischen und politischen Funktionen als Truppenkommandant, Chef der Militär-Instruktionsanstalt, Redaktor des «Aargauischen Amtsblattes», Regierungsrat, Gerichtspräsident und Oberamtmann. Früh wurden auch die eidgenössischen Behörden auf von Schmiel aufmerksam, weil er bereits 1803 einen «Vorschlag zur gleichförmigen Milizorganisation im schweizerischen Bundesstaat» verfasste. Er empfahl – zunächst freilich ohne Echo – die Vereinheitlichung der Gewehr- und Geschützkaliber, Besoldung, Verpflegung, Kleidung und Exerzierübungen.

Die diensttaugliche Mannschaft wurde in Elite, Reserve und Stammkompanien eingeteilt. Die Elite umfasste die 20- bis 25-Jährigen. Wer diesen Dienst vollendet hatte, trat bis zum 36. Altersjahr in die Reserve über. Die Ältesten und Jüngsten, die 37- bis 46-Jährigen sowie die 16- bis 19-Jährigen, bildeten gemeinsam die Stammkompanien. Sie wurden jährlich zu Musterungen aufgeboten. «Trüll»-Meister mussten ihnen an sonntäglichen Übungen Unterricht erteilen sowie ihre Armatur und Montur überprüfen. Daher sollten die Instruktoren «gediente Männer seyn, gut schreiben, lesen und rechnen können, durch anständiges Betragen die Liebe und Achtung ihrer Untergebenen sich erwerben, und sich in Ausübung ihrer Amtspflichten stets der grössten Unpartheylichkeit befleissen».

Noch kannte man die Grösse der Miliz bis zur ersten umfassenden Aushebung nicht. Im April 1805 nahmen die Bezirkskommandanten die Einschreibung der Eliten vor. Sie ergab eine unerwartet grosse Einteilung von 5794 Wehrpflichtigen (etwa 4,5 Prozent der Bevölkerung). Die Regierung bewilligte deshalb acht statt fünf Jäger- und vier statt drei Artilleriekompanien. Zudem wurden 31 Infanteriekompanien gebildet sowie bezirksweise in reformierte und katholische Kompanien und Bataillone eingeteilt. Die Zahl der Kader, Spezialisten und Mannschaften variierte je nach Waffengattung. Wo ausgebildete Offiziere fehlten, wurden sie nach ihrem bürgerlichen Ansehen ausgesucht. Oft waren die in fremdem Söldnerdienst erworbenen militärischen Kenntnisse hilfreich. Viele Gewählte nahmen ihre Funktionen allerdings nicht an oder mussten wegen Untauglichkeit nach kurzer Zeit ausgewechselt werden.

Die Instruktionsanstalt vom Spardruck betroffen

Kriegsminister von May fasste zur Verbesserung der militärischen Ausbildung eine kantonale Instruktionsanstalt ins Auge. Doch die auf 85 000 Franken angestiegenen Militärausgaben waren der Regierung zuviel. Der Kriegsrat fing die vermehrten Ausbildungskosten durch anderweitige Einsparungen auf. Er verkleinerte die Standeskompanie. Die Instruktionsschule wurde im Juni 1805 in Aarau eröffnet. Sie kann als Vorläuferin des Waffenplatzes gelten. Wenige Wochen danach begann der Artillerieunterricht auf der Festung Aarburg. Zum Instruktionschef wurde Oberstleutnant Johann Nepomuk von Schmiel bestimmt. Viel Zeit zur Ausbildung blieb jedoch nicht. Schon Ende September wurden vier Aargauer Kompanien – denen weitere folgten – in das Bundesheer zur ersten Grenzbesetzung der Mediationszeit aufgeboten. Der französische Kaiser stiess durch Süddeutschland Richtung Osten vor. Die der Form nach neutrale, faktisch unter dem Einfluss Napoleons stehende Eidgenossenschaft schützte die Nordgrenze mit den nunmehr aargauischen Rheinbrücken Rheinfelden und Laufenburg. Der Einsatz verlief glimpflich. Wegen des Spardrucks ging der Instruktionsanstalt schon 1807 der Schnauf aus. Der Kleine Rat versuchte eine Kriegskasse zu errichten, um sowohl Einsparungen zu erzielen wie Mehreinnahmen für das Militärwesen zu gewinnen. Unter anderen sollten sich Angehörige der Elite und der Reserve vorzeitig von der Militärpflicht loskaufen können. Der Grosse Rat verwarf die Vorschläge, weil nicht der Eindruck entstehen sollte, «als ob der Militärdienst fürs Vaterland eine Feudallast wäre».

Viele Dispensierte in der ersten Aargauer Miliz

Wer mit einem ärztlichen Zeugnis ein Gebrechen nachwies, galt als dienstuntauglich. Mit einer Kriminalstrafe Behaftete wurden für dienstunwürdig erklärt. Zahlungsunfähige Unteroffiziere und Offiziere verloren ihre Funktion. Wer sich dem Dienst absichtlich entzog, wurde als Deserteur hart bestraft. Vom Dienst im Elitekorps waren anderseits viele Leute dispensiert: Pfarrer, Mitglieder des Grossen und des Kleinen Rates, Staatsschreiber, Staatsbuchhalter, vereinzelte Beamte, die Richter, Gemeindeammänner mit «zwey Beygeordneten», Gemeindeschreiber, Postdirektor, Bezirksärzte, Bezirksverwalter, Salzfaktoren, Lehrer, Förster, Bannwarte und Wegknechte. Nicht einzurücken hatten sodann junge Leute, die sich «der Erlernung einer Wissenschaft oder eines Handwerks» widmeten. Des Milizdienstes enthoben waren auch der einzige Sohn eines Vaters von 60 und einer Mutter von 50 Jahren, sowie pro Mühle ein Mahlknecht und Karrer. Die Aushebung, Einteilung und Ausbildung wurde dezentralisiert. Man teilte den Kanton in elf Militärbezirke ein, damit alle Landesteile ungefähr gleich viele Mannschaften stellten. An der Spitze standen die Bezirkskommandanten. Sie hatten die Militärvorschriften zu vollziehen, die Mannschaftskontrollen zu führen, Ergänzungsmusterungen zu leiten und die Exerziermeister zu beaufsichtigen.

Das bernische Salzhaus an der Nordostecke der Aarauer Altstadt (dort steht heute das Kultur- und Kongresshaus) war ab 1804 bis 1848 die Kaserne für die kantonale Infanterie, Artillerie und Kavallerie. Als unbequeme Truppenunterkunft bekam sie den Namen «Flohhütte».

Darauf reduzierte die Regierung den Kriegsrat auf fünf Mitglieder. Ein Mitglied bestimmte sie zum Zahlmeister, ein anderes zum Zeughausdirektor. Das Militärpflichtalter betrug neu 18 bis 36 Jahre. Die 18- und 19-Jährigen bildeten Rekrutenkompanien, die 20- bis 25-Jährigen die Elite, die 26- bis 36-Jährigen die Reserve. Die 37- bis 46-Jährigen wurden ausgemustert. Landesabwesende, die nach dem 30. Altersjahr zurückkehrten – in der Regel Söldner –, hatten ihrer Gemeinde eine Montur und dem Staat eine Infanteriearmatur zu vergüten. Für die vom Militärdienst nach dem kurzen helvetischen Zwischenspiel wieder ausgeschlossenen Israeliten mussten die damaligen Korporationen Lengnau und Ober-Endingen der Militärkasse jährlich pauschal 1000 Franken abliefern. Durch die Abrüstung sanken die Militärausgaben auf 38000 Franken. Nicht einmal die vom Grossen Rat bewilligten 48000 Franken wurden ausgeschöpft.

Einsätze am laufenden Band

Mit den Ausgaben sanken die militärischen Leistungen. Das zeigte sich bei der nächsten Grenzbesetzung im Frühjahr 1809. Der Tiroler

ACTE DE MÉDIATION

*Fait par le PREMIER CONSUL de la République
française, entre les Partis qui divisent la Suisse.*

BONAPARTE, premier Consul de la République,
Président de la République italienne, AUX SUISSES.

*Übersetzung: «Bonaparte. Erster Konsul
der fränkischen und Präsident der italienischen Republik, an die Schweizer!
Helvetien, der Zwietracht preisgege-
ben, war mit seiner Auflösung bedroht.
In sich selbst konnte es die Mittel nicht
finden, um wieder zu einer verfassungs-
mässigen Ordnung zu gelangen. Die alte Gewogenheit der fränkischen Nation
für dieses achtungswerthe Volk, welches sie vor kurzem noch durch ihre
Waffen vertheidigt und durch ihre Verträge als unabhängige Macht hatte an-
erkennen lassen; das Interesse Frankreichs und der Italienischen Republik,
deren Grenzen die Schweiz bedeckt;
das Ansuchen des Senats; das der de-
mocratischen Kantone; der Wunsch
endlich des gesamten helvetischen Volkes haben es Uns zur Pflicht gemacht,
als Vermittler aufzutreten zwischen den
Parteien, die es trennen.»*

*Die Reservisten der Aargauer Miliz
wurden ab 1805 alljährlich zu Musterungen aufgeboten. «Trüll»-Meister mussten ihnen an sonntäglichen Übungen
Unterricht erteilen sowie ihre Montur
und Armatur prüfen.*

Volksaufstand trug die Kriegsgefahr an die Schweizergrenze. Das Bundesheer und der Aargau konnten nicht verhindern, dass die französische Division Lagrange auf dem Heimmarsch vom Feldzug unter groben Exzessen das Fricktal durchquerte. Für Unterkunft, Verpflegung und Schäden hatten die Gemeinden aufzukommen. Die Tagsatzung lehnte eine Vergütung ab. Die Verlotterung des Wehrwesens rächte sich bald nochmals: Napoleon verlor im Herbst 1813 die Völkerschlacht bei Leipzig. Er musste sich nach Frankreich zurückziehen. Die Gegner rückten ihm an den Rhein nach und bedrohten auch die Schweiz, die zu spät und zu zögerlich mobilisierte. Von Basel bis Schaffhausen standen 200 000 Mann zum Einmarsch bereit.

General von Wattenwyl, der sein Hauptquartier in Aarau aufgeschlagen hatte, zog sich vor der Übermacht zurück. Freilich hatte die Mehrheit der Kantone, unabhängig von der militärischen Schwäche, keineswegs die Absicht, sozusagen mit verkehrter Front gegen die offensichtlich siegreichen Alliierten anzutreten. Das Ergebnis war, dass aus allen Richtungen fremde Heere ins Land fluteten. Endlose Einquartierungen, Lebens- und Futtermittel-Lieferungen sowie eingeschleppte Krankheiten marterten die Bevölkerung.
Die klägliche Rolle des Bundes nährte Unruhen. Anhänger der alten Ordnung witterten Morgenluft. Uri erhob seinen Anspruch auf die Leventina wieder, Bern auf die 1798 verlorenen Gebiete im Aargau und in der Waadt.

Die letzte Besetzung und Weiterexistenz des Kantons Aargau

Napoleons Armeen wurden in der Völkerschlacht bei Leipzig, 1813, geschlagen. Österreichische, russische und deutsche Truppen warfen die Verlierer nach Frankreich zurück und drangen bei ihrer Verfolgung am 21. Dezember 1813 auch in den Aargau ein, der dabei seine letzte, schmerzliche Besetzung erlebte. Am Wiener Kongress, 1815, versuchten die massgebenden europäischen Regierungen die territorialen Verhältnisse in Europa nach dem Sturz Napoleons neu zu ordnen. Für die Zukunft des Kantons Aargau war das von existenzieller Bedeutung. Denn die Mächte bestätigten die Unversehrlichkeit der bestehenden eidgenössischen Kantone und wiesen dadurch Berns Ansprüche auf sein ehemaliges aargauisches Untertanengebiet ab. Massgebend für diesen Entscheid zugunsten des Aargaus trug eine Rede des aargauischen Staatsmannes, Theologen und Arztes Albrecht Rengger bei.

Die Aargauer Regierung machte die Aarburg verteidigungsbereit und liess die Hauptstadt Aarau bewachen. Kaum war die Gefahr im eigenen Kanton verebbt, kamen aargauische Milizen wegen Unruhen im Tessin und Kanton St. Gallen zum Einsatz. Eine im September 1814 nach Lugano geschickte Aargauer Kompanie wurde nachts beschossen. Die Mannschaft konnte ihre Quartiere in Bürgerhäusern zum Teil nicht verlassen, weil die Türen verschlossen waren. Andere fanden die versteckten Gewehre nicht mehr. Die Attacke misslang zwar. Sieben Angreifer kamen ums Leben. Aber als Sturm geläutet wurde, geriet die Ordnungstruppe in Panik. Sie floh mit dem Schiff nach Mendrisio. Ein Kriegsgericht wertete dies als Mutlosigkeit und Pflichtvergessenheit. Es drückte der Mannschaft «das ernste Missfallen» aus und degradierte den Kompaniekommandanten Landolt.

Mit Napoleons Absetzung glaubten die Eidgenossen vom französischen Joch befreit zu sein. In Tat und Wahrheit mussten sie nun nach der alliierten Pfeife tanzen. Als im März 1815 die überraschende Nachricht von Bonapartes Rückkehr aus der Verbannung eintraf, wurde mit dem bisher grössten Aufgebot von 41000 Mann und 118 Geschützen unter dem Kommando von Niklaus Bachmann die Grenze von Genf bis Basel besetzt. Der Aargau stellte 3500 Infanteristen, Artilleristen und Kavalleristen. Die Tagsatzung war sich uneinig, ob man in die Auseinandersetzung zwischen Napoleon und den Alliierten eingreifen solle. Die Aargauer Regierung war für eine neutrale Haltung. Als aber französische Freischaren in den Pruntruterzipfel einfielen, drohte General Bachmann mit Vergeltung. Er lancierte nach Napoleons vernichtender Niederlage bei Waterloo am 18. Juni 1815 ziemlich eigenmächtig einen Feldzug Richtung Burgund. Truppen aus dem Aargau und aus andern, ebenfalls vorwiegend «jungen» Kantonen unter dem Kommando J. N. von Schmiel weigerten sich, die Landesgrenze zu überschreiten. Gegen die Meuterer wurde ein kriegsgerichtliches Verfahren eröffnet. Von Schmiel betraf es nicht persönlich: Loyal, wenn auch contre cœur, war er mit dem Rest seiner Truppe dem General nach Frankreich gefolgt. Der Feldzug brach kläglich zusammen. Doch die Grenzbesetzung endete glimpflich und damit die bewegte aargauische Militärgeschichte der Mediationszeit.

**Schlechter Uniformschnitt,
«eigenthümliche» Gewehre**

Der Grosse Rat hiess im Juni 1834 ein Montierungsgesetz gut, das sich in den ersten Jahren bewährte. Die Eliten wurden zweckmässiger und vollständiger, aber anscheinend weniger elegant als die Truppen anderer Kantone ausgerüstet. So glaubte die Militärkommission, bei aargauischen Mannschaften ein Minderwertigkeitsgefühl wegen des schlechten Schnittes der Uniformen festzustellen. Wie offenbar die Montur, liess auch die Bewaffnung zu wünschen übrig. Den Grund deutete ein Inspektionsbericht an: Während die andern Kantone ihre Truppen einheitlich aus den Zeughäusern bewaffneten, sei die Aargauer Infanterie wegen der Selbstbewaffnung mit den «eigenthümlichsten Gewehren» im ganzen Bundesheer ausgerüstet. Die Anschaffung von 5000 neuen Gewehren der gleichen Art hätte den Kanton aber 130 000 Franken gekostet. Das lag nicht drin.

Neuer Schwung
nach Napoleons Ende
1815–1848

Napoleon war besiegt. Die europäische Kriegsszene beruhigte sich vorübergehend. Der Moment schien günstig, das Wehrwesen zu reorganisieren. Im Herbst 1816 löste der Aargau seine Berufstruppe auf. Dafür wurde die Rekrutierung der Miliz ausgedehnt und ihre Ausbildung durch die wiedereröffnete Militärschule verbessert. Neu dauerte die Wehrpflicht vom 17. bis 50. Altersjahr: Von 17 bis 19 in der Depotmannschaft, von 20 bis 35 in der Elite, von 36 bis 50 in der Reserve. Für die Dienstpflicht der Offiziere gab es weiterhin keine Order. Die Militärersatzpflicht für Dienstuntaugliche und Unwürdige wurde verschärft. Erlaubt blieb die Befreiung von der Dienstpflicht durch Stellvertretung, obschon sie Bundesanweisungen widersprach. Die Waffe mussten die Wehrmänner weiterhin selber beschaffen. Das Zeughaus gab Gewehre günstig ab. Der Kanton trug neu einen Teil der Uniformkosten. Finanziell überforderten Dienstpflichtigen hatten die Gemeinden beizustehen. Die Schuldner durften aber nicht

heiraten, bis sie die Beiträge zurückerstattet hatten.

Der Aargau stellte nun eine über 20 000-köpfige Miliz auf die Beine. Er gliederte diese bis dahin stärkste Armee in acht Infanteriebataillone mit 48 Kompanien, 11 Scharfschützen-, acht Artillerie-, fünf Train- und drei Kavalleriekompanien – und in die neue Waffengattung der Genie mit drei Pionierkompanien und einer Pontonierkompanie. Die strenge Aufteilung der Truppe nach Bezirken und Konfessionen wurde gelockert. 1820 ersetzte die Regierung den Kriegsrat durch eine Militärkommission. Dass ihr drei Regierungsräte angehörten, unterstrich ihre Bedeutung. Führende Persönlichkeiten wie Johannes Herzog von Effingen, genannt «Le roi de l'Argovie», und Oberst Johann Nepomuk von Schmiel büssten allerdings mit der Zeit an Einfluss ein. Die späteren starken Militärminister Friedrich Frey-Herosé und Samuel Schwarz standen noch nicht zur Verfügung. Je länger die Friedensphase dauerte, desto lauter wurden – damals insbesondere von konservativer Seite – die Stimmen gegen «Dünkel, Hoffart und kostspielige Grillen im Militärwesen». Umgekehrt spielte das Militärische eine wesentliche Rolle im Zusammenwachsen des Bundes. Dem Aargau kam aufgrund seiner stets betont eidgenössischen Gesinnung und seiner geographischen Lage in diesem Integrationsprozess eine wichtige Rolle zu. Es sei nur an wegweisende Ereignisse wie das erste eidgenössische Übungslager in Wohlen, 1823, oder das später zu literarischer Unsterblichkeit gelangte eidgenössische Schützenfest in Aarau, 1824, erinnert. Die Aargauer Truppen selbst wurden in dieser Phase der Kantonsgeschichte primär benötigt, um inneren Un-

Kopfbedeckung Artillerieoffizier Aargau, 1842.

Wohlausgerüstete, schöne, aber dienstunfertige Leute

Ein Ziel der neu geschaffenen militärischen Zentralschule in Thun war die Zusammenführung der Offiziere und Unteroffiziere verschiedener Landesgegenden und die Förderung des militärischen Geistes. Die Berichte teilnehmender Aargauer waren meistens sehr positiv. Weniger schmeichelhaft beurteilte das Instruktionspersonal mit der Zeit die lückenhafte Vorbildung der aargauischen Kader. Der eidgenössische Kavalleriekommandant Major Anderegg mokierte sich, wieso die aargauische Kantonsregierung ihre «wohlausgerüsteten, gut berittenen, schönen Leute in solcher Dienstunfertigkeit in den eidgenössischen Dienst stellen mag und darf».

Dass das erste Übungslager des Bundesheeres 1820 in Wohlen stattfand, war ein Beweis für das militärische Ansehen, das der Aargau in der Eidgenossenschaft besass.

ruhen im Kanton zu wehren. Das Volk forderte mehr Rechte. Der Regierung eilte es aber nicht mit Reformen – bis sie in die Enge getrieben wurde.

Kapitulation vor «General» Fischer

Unter der Führung von Heinrich Fischer, Grossrat und Wirt des «Schwanen» Merenschwand, zogen am Morgen des 6. Dezember 1830 mehrere tausend Freiämter von Wohlen und Villmergen Richtung Aarau, um den Anliegen der Bevölkerung Nachdruck zu verleihen. Die vom Kleinen Rat mobilisierte «disponible Elitemannschaft» erwies sich als schwach. Und ihre Disziplin liess zu wünschen übrig. Von 220 Eingerückten desertierten etliche bei erster Gelegenheit. Diszipliniert rückte hingegen das Heer der Aufständischen gegen Lenzburg vor. Angesichts der Übermacht traten die Regierungstruppen auf höheren Befehl widerstandslos den Rückzug an. «Generalleutnant» Fischer marschierte ungehindert in Aarau ein, umzingelte das Regierungsgebäude, besetzte das Zeughaus und entliess danach den grössten Teil seiner Mannschaft. Die im Hauptort verbliebenen 600 Mann machten der Regierung immer noch gehörig Eindruck. Sie versprach die Einberufung des Grossen Rates. Darauf zog sich Fischer mit seinen Getreuen wieder nach Lenzburg zurück. Sicherheitshalber nahm er noch vier Sechspfünderkanonen samt Munition und anderes Material, immerhin gegen Quittung, aus dem Zeughaus mit. Der Grosse

Verpflegung und Unterkunft: 250 Gramm Fleisch, anständiges Quartier

Ab 1833 wurden die Wehrpflichtigen endlich etwas besser gestellt. Der Kanton übernahm nun wenigstens die Kosten für die notwendigen Kleidungsstücke. Die Waffen lieferte er weiterhin «zu billigem Preis». Die Truppe hatte Anspruch auf Sold, Mundportion und Fourage-Ration. Eine Mundportion bestand aus 250 Gramm Fleisch (die Hälfte Ochsen- und Kuhfleisch) und 750 Gramm halbraues Brot. Vom Feldweibel abwärts musste die Dienstmannschaft beim Kompaniekommandanten einen Batzen Sold stehen lassen. Damit wurden Reparaturen für Kleidungsstücke und «mutwillig verdorbene Waffen» bezahlt. Auf Instruktionsmärschen gab es eine Zulage für besondere Erfrischungen. Zusätzliche fünf Rappen pro Mann und Tag wurden vergütet, wenn die Mannschaft in Bürgerhäusern untergebracht und verpflegt wurde – mit der Erwartung, dass die Einquartierten dafür «gehörig bewirtet» würden. Die Offiziere aller Waffengattungen hatten Anspruch auf «anständiges Quartier, Feuer und Licht».

Rat ging auf die Volkswünsche ein. Die Aufrührer schickten die Kanonen ins Zeughaus zurück und kehrten befriedigt heim. Sie hatten das Ziel einer Verfassungsänderung erreicht.

Im Anschluss an die Verfassungsrevision 1831 revidierte der Kanton 1833 auch erneut sein Militärgesetz – «zur Verminderung aller jener Belästigungen und Plagereien der Bürger und der Gemeinden, wodurch im Aargau leider der Militärdienst verhasst worden ist». Die Dienstpflicht wurde reduziert, das Dienstalter gekürzt. Es erstreckte sich jetzt vom 20. bis zum 45. Altersjahr: Von 20 bis 21 im Depot, von 22 bis 31 in der Elite, von 32 bis 40 in der Landwehr I und von 41 bis 45 in der Landwehr II. Die Wehrpflichtigen hatten nur noch 84 statt 165 Tage Dienst zu leisten.

Der Aargau bildete freiwillig die ersten Genietruppen aus

Freiwillig – er wäre dazu vom Bund nicht verpflichtet gewesen – bildete der Aargau eine Sappeur- und eine Pontonierkompanie, weil er als gewässerreicher Kanton eine solche Waffengattung für nötig hielt. Oberste Instanz für das Wehrwesen im Kanton blieb die Militärkommission. Ihr war der Milizinspektor unterstellt. Er leitete die Instruktionsanstalt. Der Zeughausverwalter besorgte Ankauf, Verfertigung und Aufbewahrung von Waffen, Kriegsfuhrwerken und Munition. Er war sozusagen der Rüstungschef. Dem Kommandanten auf der Aarburg war die Bewachung der Festung mit Kriegsmaterial, Geschützen und Munition anvertraut. Der Montierungsverwalter nahm

In aufblühendem vaterländischem Geist fand 1824 in Aarau das erste Eidgenössische Schützenfest statt. Es erlangte durch Gottfried Kellers Novelle «Das Fähnlein der sieben Aufrechten» literarische Unsterblichkeit.

Feldprediger im Sonderbundskrieg

Der reformierte Feldprediger Gustav Feer, zunächst Pfarrer in Veltheim und ab 1849 in Meisterschwanden (gestorben 1895), machte mit dem Aargauer Bataillon 15 den Feldzug gegen den Sonderbund mit und erlebte die heftigsten Kämpfe bei Gisikon am 23. November 1847 buchstäblich im Kugelhagel. Vor diesem entscheidenden Gefecht war seine Einheit einen Monat lang in den aargauischen Südtälern – Wiggertal, Wynental, Seetal, Freiamt – bald dahin, bald dorthin verlegt worden, um erwartete Attacken der Sonderbundstruppen vom Luzernischen her abzuwehren. In einem persönlichen Bericht an Verwandte und Freunde schilderte Feer die Märsche, die Zwischenhalte, die Unterkünfte, die Befindlichkeit der Truppe und das gesellschaftliche Leben der Stabsoffiziere – samt allerlei derben Spässen und erfolglosen Versuchen, den Feldprediger aufs Glatteis zu führen. Feer liess sich meistens in Pfarrhäusern einquartieren. Vom katholischen Seelsorger in Auw im Freiamt fühlte er sich freilich kühl und widerwillig aufgenommen. Beide beklagten indes aus tiefstem Herzen, «dass Brüder und Eidgenossen einander wohl bald mit mörderischen Waffen begegneten». Als er sich verabschiedete, schien es Feer, der Hausherr habe jemanden bei sich versteckt: «War es etwa sein Nachbar, der Pfarrer Tanner aus Sins, der wegen Einverständnis mit denen vom Sonderbund und wegen verräterischer Umtriebe hatte die Flucht ergreifen müssen?» Obwohl Feldprediger Feer «das politische Treiben römischer Priester nicht billigen mochte», hatte er für ihre Stellung ein gewisses Verständnis und behielt den geschöpften Verdacht für sich.

die Kleidungseffekten in Empfang. Alle ins Zeughaus und Montierungsmagazin gelieferten Gegenstände wurden von einer Untersuchungskommission kontrolliert.

Der theoretische und praktische Unterricht in allen Waffengattungen verteilte sich auf die von April bis Oktober geöffnete Unterrichtsanstalt, auf bezirksweise Zusammenzüge der Eliten an vier Sonntagnachmittagen im Jahr und auf kantonale Truppenlager, die jedoch aus Spargründen bald ausgesetzt wurden. Neue Dienstpflichtige absolvierten jetzt statt der früheren Trülltage eine Rekrutenschule in der Militärunterrichtsanstalt. Um deren Standort gab es einiges Geplänkel. Die Kantonshauptstadt setzte sich durch, weil die zur Instruktion eingerückten Truppen eine Zeit lang auch den Schutz der Regierung sowie die Bewachung von Staatskasse, Archiv und Zeughaus zu gewährleisten hatten. Dass Baden nicht in die Kränze kam, schien aber einen speziellen Grund zu haben. Jedenfalls protestierte 1836 der Stadtrat, es sei ihm zu Ohren gekommen, die Kur- und Bäderstadt falle für die Übernahme der Instruktionsschule ausser Betracht, weil sie als «eidgenössische Lästerpfüze» gelte.

Unruhiges Freiamt hielt die Miliz auf Trab

Schon 1835 waren Truppen in die Bezirke Bremgarten und Muri geschickt worden, weil katholische Geistliche den Treueid für den Staat verweigerten. Die Gemüter erhitzten sich erneut bei der Verfassungsrevision 1841. Die katholische Seite sah ihre Forderung nach der Beibehaltung der paritätischen Zusammensetzung des Grossen Rates nicht erfüllt und

rebellierte. Der Kleine Rat beauftragte sein Mitglied Franz Waller, die im «Bünzer Komitee» ausgemachten Rädelsführer zu verhaften. Doch die Aktion in Muri verlief umgekehrt: Die Opponenten, von einem mit Keulen, Messern, Beilen und Pistolen bewehrten Volkshaufen unterstützt, steckten den Regierungsmann ins Gefängnis. Auch Klosterverwalter Lindenmann und der Bremgarter Bezirksamtmann Wey wurden traktiert.

Ohne Zögern mobilisierte die Regierung Elite- und Landwehrmannschaften aus den fünf reformierten Bezirken – 5898 Mann mit 272 Pferden, aber zu wenig Munition. Die Patronen trafen nicht rechtzeitig von der Festung Aarburg auf den Mobilmachungsplätzen Aarau und Lenzburg ein. Der Oberkommandierende Friedrich Frey-Herosé wartete aber nicht zu, da ihm eine «gewaltige Anzahl Aufständischer» in Villmergen gemeldet wurde. Mit unzureichenden Mitteln nahm er den Kampf auf. Artilleriechef Remigius Sauerländer und seine Kanoniere wendeten das Blatt: Ein gezielter Kanonenschuss in den Villmerger Kirchturm brachte das Sturmläuten zum Verstummen. Die Rebellen stoben auseinander. Die Niederwerfung der Unruhen begleitete ein Eklat. Auf Antrag von Augustin Keller verfügte der Grosse Rat im Januar 1841 die Schliessung der Klöster im Aargau, weil sie als «Brutstätten der politischen Unruhen» vermutet wurden. Das betraf die Abteien Muri und Wettingen, die Kapuzinerklöster Baden und Bremgarten sowie die Frauenklöster Fahr, Hermetschwil, Gnadenthal und Mariä Krönung Baden. Dem Kanton drohten in- und ausländische Sanktionen. Er gestand die Weiterführung der Frauenkonvente Fahr, Mariä Krönung, Gnadenthal und schliesslich auch Hermetschwil zu. Die Tag-

General G. H. Dufour bemühte sich, den Sonderbundskrieg 1847, den letzten Bruderkrieg in der Eidgenossenschaft, mit möglichst wenig Blutvergiessen zu beenden.

Zweimal versuchten Freischaren mit überwiegender aargauischer Beteiligung im Dezember 1844 und im März 1845 den in der Jesuitenfrage unterlegenen Luzerner Liberalen militärischen Beistand zu leisten. Die beiden Freischarenzüge endeten mit einem Fiasko für den Aargau. Eine zeitgenössische Karikatur verdeutlichte die Situation der Verlierer. Nicht grundlos trägt die Tasche eines Freischaren-Anführers die Aufschrift «Zeughaus Aarau»: Es ging das Gerücht durchs Land, die Freischaren seien vom Zeughaus unterstützt worden.

satzung schwankte. Es ging weniger um religiöse Differenzen, sondern letztlich um einen Machtkampf zwischen Radikalen und Konservativen mit ihren unterschiedlichen Ansichten über die Erneuerung des Bundes. Bevor dieser Durchbruch gelang, erschütterten die Freischarenzüge und der Sonderbundskrieg nochmals die Eidgenossenschaft. In beiden Fällen spielte der Aargau eine wichtige Rolle.

Hoher Preis im letzten Bruderkrieg

Einige hundert Aargauer Radikale – keine offizielle Regierungstruppe, sondern Freischärler, aber offenkundig im Einverständnis mit radikalen Mitgliedern der Regierung – wollten im Herbst 1844 den Luzerner Liberalen zu Hilfe eilen, als diese die Berufung von Jesuiten an die Schulen nicht verhindern konnten und darum die an die Macht gelangten katholischen Demokraten wegzuputschen versuchten. Das Unterstützungsunternehmen scheiterte. Zwar befanden sich die Aargauer Freischaren in guter Ausgangslage vor den Toren Luzerns. Aber statt den Angriff zu wagen, zogen sie sich nach Sursee zurück, um Verstärkung abzuwarten. Unterdessen organisierten sich die Luzerner und jagten die Eindringlinge über die Grenze zurück. Einige wurden gefangen genommen. Der Misserfolg dämpfte die antijesuitische Stimmung nicht, im Gegenteil. Bestandene Männer wie der kantonale Militärinspektor Eduard Rothpletz sannen auf einen neuen Kriegszug. Die Regierung schaute grosszügig weg, als 1300

Der Sonderbundskrieg führte zur modernen Schweiz

In den 1830er-Jahren drängten die Liberalen auf Reformen. Die von ihnen erarbeitete moderne Verfassung wurde aber 1833 abgelehnt. Das war ein Sieg der Konservativen. Sie gaben ihre Errungenschaften nicht kampflos preis und formierten sich. Die liberale Seite antwortete mit einem Radikalisierungsprozess. Das politische Kräftespiel wogte hin und her. Provokationen häuften sich. Sieben konservative Kantone (Uri, Schwyz, Unterwalden, Luzern, Zug, Freiburg, Wallis) gründeten den Sonderbund. Die Mehrheit der Tagsatzung verlangte dessen Auflösung. Die Sonderbundskantone gaben nicht nach. Im November 1847 kam es zur Bundesexekution, zum Sonderbundskrieg. Dank der klugen Führung von General Henri Dufour dauerte der Bürgerkrieg nur knapp drei Wochen. Er forderte 98 Tote und 493 Verwundete. Der Aargau beklagte 22 Tote und 31 Verletzte. Nach dieser Ausmarchung war der Weg frei für eine tiefgreifende Verfassungsreform. Sie führte vom Staatenbund zum Bundesstaat – zur modernen Schweiz.

Aargauer mit vier aus der Festung Aarburg abgeholten Kanonen in einem 4000-köpfigen Korps die Grenze zu Luzern überschritten. Der von der Tagsatzung für illegal erklärte Feldzug missglückte erneut. 54 Aargauer kamen ums Leben, 765 wurden gefangen genommen. Ihre Auslösung kostete den Kanton 218 000 Franken.

Der Konflikt eskalierte weiter. Sieben katholisch-konservative Kantone schlossen sich zum Sonderbund zusammen. Der Aufforderung, den Sonderbund aufzulösen, leisteten sie keine Folge. Im Herbst 1847 war der Bruderkrieg nicht mehr zu stoppen. Der Aargau stellte dem Bundesheer für den Aufmarsch gegen den Sonderbund 9712 Mann und 600 Pferde – mehr als das Kontingent verlangte – zur Verfügung. General Dufour tat sein Bes-

tes, um das Blutvergiessen zu begrenzen. Trotzdem beklagte der Aargau 23 Tote und etliche Verwundete. Die Sonderbundstruppen starteten vom Luzernischen aus mehrere Attacken in den südlichen Aargau, vor allem ins Freiamt. Als Dufour sein Hauptquartier nach Aarau verlegte, begrüsste ihn die Bevölkerung stürmisch. Mit wenigen Ausnahmen leisteten auch die aargauischen Katholiken dem Militäraufgebot Folge. Allerdings kamen 114 Mann des «Freiwilligen Freiämter-Corps», die auf Sonderbundseite kämpften, vor Kriegsgericht. 74 wurden zu Kettenstrafen und ihr Hauptmann Xaver Wiederkehr zum Tod verurteilt. Doch setzten die Sieger ein weises Zeichen der Versöhnung: Sie vollstreckten das Todesurteil und den grossen Teil der Kerkerstrafen nicht.

Die Truppen des (konservativen) Sonderbundes unternahmen vom Luzernischen aus Attacken auf aargauisches Gebiet. General Dufours Bundestruppen waren besonders im Freiamt wachsam. Die Division Ziegler markierte bei Muri Präsenz.

**Heimatkunde
dank der Rekrutenschule**

Aargauische Kavalleristen, Pontoniere, Parkartilleristen, der Parktrain – und natürlich die als kantonale Truppe geltenden Infanteristen – absolvierten die Grundausbildung und Repetierkurse meistens in Aarau und Brugg. Sappeure und Scharfschützen dagegen mussten nach Luzern, Thun, Zug oder auf die Luziensteig einrücken. So kamen junge Aargauer erstmals von zu Hause weg, lernten andere Landesgegenden und deren Bewohner kennen. Den Rekrutenschulen für Scharfschützen ging eine Vormusterung in Aarau mit Probeschiessen und theoretischer Prüfung voraus. Wer sie bestand, rückte ein paar Tage später in die sechstägige Vorinstruktion, ebenfalls nach Aarau, ein und bekam den militärischen Schliff. Nachher ging es in straffer Marschordnung, auf einer vom Bund bezeichneten Route, auf den vorbestimmten ausserkantonalen Ausbildungsplatz. Mit Material und Munition wurden die Rekruten in umständlichem Hin und Her vom aufbietenden Kanton versorgt. Das entnervte die Aargauer Militärbehörden: Sie forderten den Bund zu mehr Effizienz auf.

Die Zügel
werden angezogen
1848–1874

Von der Kantonsgründung, 1803, bis zur Schaffung des Bundesstaates, 1848, waren die Aargauer Wehrpflichtigen in einer kaum abreissenden Kette von Grenzbesetzungen, Kriegszügen und Ordnungsdiensten zum Einsatz gekommen. Die Militärpflicht forderte ihnen hohe persönliche Leistungen ab, mussten sie doch lange Zeit für ihre Ausrüstung mehr oder weniger selber aufkommen. Die neue Bundesverfassung von 1848 grenzte die kantonalen Befugnisse und Eigenwilligkeiten ein. Artillerie, Kavallerie, Genie und Scharfschützen wurden eidgenössische Waffengattungen. Das Bundesheer umfasste jetzt 104 354 Mann, 252 Feld- und 48 Parkgeschütze. Der Organisationsgrad reichte aber nicht über Bataillone hinaus. Die Bildung von Brigaden und Divisionen blieb dem General beim Aktivdiensteinsatz überlassen. Die höhere militärische Schulung unterstand nun dem Bund. Den Kantonen verblieb die Ausrüstung, Bewaffnung und Bekleidung der Milizen, die Ausbildung der Infanterie, die Bereithaltung von

Kriegsmaterial und Munition, der Vorunterricht für alle Spezialwaffen, die Rekrutenaushebung sowie die Organisation der kantonalen Militärverwaltungen. Diese Organe hatten für die Erfassung, Einteilung und Entlassung der Wehrpflichtigen sowie für die Bereitstellung von militärischen Anlagen, Zeughäusern, Kasernen, Exerzier- und Schiessplätzen zu sorgen.

Der Bund setzte die Rekrutenausbildung für Genietruppen, Artillerie, Kavallerie und Parkkompanien auf sechs Wochen, für den Train auf fünf und für die Scharfschützen auf vier Wochen fest. Die kantonale Rekrutenschule für Jäger dauerte fünf Wochen, für Füsiliere vier Wochen. Auch die Wiederholungskurse wurden vereinheitlicht. Die Dienstzeit für Offiziere blieb den Kantonen überlassen. Militärdirektor Schwarz hob die Dispensation für Juden auf: Israelitische Wehrmänner konnten ab 1852 ausgehoben werden, obschon sie noch nicht als vollwertige Kantonsbürger mit uneingeschränktem, freiem Niederlassungsrecht galten. Die volle Gleichberechtigung wurde in letzter Konsequenz erst durch die Bundesverfassung von 1874 erreicht. Die Israeliten kamen aber bereits vorher der Rekrutierung anstandslos nach. Meinungsverschiedenheiten gab es über die Urlaubsregelung an jüdischen Feiertagen wie Sabbat und Laubhüttenfest. Die kantonalen Behörden zeigten sich entgegen der Empfehlung der eidgenössischen Instanzen wenig entgegenkommend. Überhaupt verfolgte der Aargau in militärischen Belangen eine strenge Tour. So setzte er beispielsweise die Mindestgrösse der Stellungspflichtigen für die Diensttauglichkeit über den eidgenössischen Richtlinien an.

Zwei Aargauer am Anfang des Eidgenössischen Militärdepartementes

Im 1848 geschaffenen schweizerischen Bundesstaat übernahmen in den ersten Jahren zwei Aargauer die Leitung des Eidgenössischen Militärdepartementes: Friedrich Frey-Herosé, Bundesrat von 1848–1866, und sein Nachfolger Emil Welti, Bundesrat von 1866–1891. Beide waren zuvor Mitglieder der Aargauer Regierung. Frey-Herosé verfügte als Oberbefehlshaber der Aargauer Truppen in den Freiämter Unruhen 1841 und als Generalstabschef an der Seite von General Dufour im Sonderbundskrieg, 1847, sowie bei der Trennung Neuenburgs von Preussen, 1856, über militärische Erfahrung. Er bewahrte möglicherweise die Schweiz 1860 vor einem nicht zu gewinnenden Krieg gegen Frankreich, indem er auf eine der Eidgenossenschaft zustehende Besetzung Savoyens verzichtete. Es fiel ihm aber schwer, sich zum richtigen Zeitpunkt aus der Landesregierung zurückzuziehen. Der möglichen Nichtwiederwahl kam er im letzten Moment durch seine Demission zuvor.

Die Aargauer Liberalen hielten im ehrgeizigen, hochbegabten und einflussreichen Emil Welti – der sich als einer der bedeutendsten schweizerischen Staatsmänner des 19. Jahrhundert entpuppte – schon den geeignetsten Nachfolger bereit. Welti, ebenfalls Oberst, setzte sich für die bessere Bewaffnung und die Reform der Armee ein. Das gelang ihm durch die Revision der Bundesverfassung und die neue Militärorganisation von 1874. Er förderte auch den Erlass des Schweizerischen Obligationenrechts sowie die Übernahme des Post- und Eisenbahnwesens durch den Bund.

Aargauer, die den militärischen Ton angaben

Zwischen 1848 und 1874 prägten namentlich fünf aargauische Persönlichkeiten das Militärwesen in Kanton und Bund: Die Bundesräte Friedrich Frey-Herosé aus Aarau und Emil Welti von Zurzach, Regierungsrat Samuel Schwarz von Mülligen, General Hans Herzog aus Aarau und Instruktionschef Friedrich Wilhelm Gehret von Teufenthal. Gehret (1815–1857) galt als begnadeter militärischer Ausbildner. Von grossem Wuchs und schlanker Figur, «war er in seinem ritterlichen Wesen das Musterbild eines schneidigen Offiziers» – streng, aber kein Pedant und gerecht im Umgang mit den Soldaten. Sein Sinn für Ordnung, Sauberkeit und Ehrgefühl prägte die Untergebenen bis ins Zivilleben. Wegen eines schweren Herzleidens suchte er in einem Schweizerregiment im Krimkrieg den Soldatentod, kam aber zurück und liess sich 1856 in die eidgenössische Infanterieinstruktion nach Bern berufen. Durch seine angeschlagene Gesundheit glaubte der pflichtbewusste Offizier seiner Aufgabe nicht gewachsen zu sein und schied freiwillig aus dem Leben.

Der Politiker und Militär Samuel Schwarz (1814–1868) war wohl als Sohn eines Grossrates und Obersten «erblich vorbelastet». In der Grenzbesetzung gegen Preussen wegen des Neuenburger Konflikts kommandierte er 1856 die 24. Brigade. Mehrere Male leitete er Manöver-Divisionen, und als sich im Preussisch-Österreichischen Krieg, 1866, erneut eine Grenzbesetzung abzeichnete, wurde Schwarz vom Bundesrat als General ins Auge gefasst. Zur Wahl kam es nicht, weil sich der Einsatz schliesslich erübrigte. Doch der nächs-

te General war ein Aargauer: Hans Herzog (1819–1894). Beim Ausbruch des Deutsch-Französischen Krieges, 1870, nahm er die Berufung zum schweizerischen Oberbefehlshaber nur zögernd an. Bescheiden und äusserst pflichtbewusst wie er war, zweifelte er, der Aufgabe gewachsen zu sein. EMD-Vorsteher Bundesrat Emil Welti suchte ihn persönlich in Aarau auf und überwand in einem mehrstündigen Gespräch Herzogs Bedenken.

Ehre für ihren Heimatkanton legten auch die beiden frühen Chefs des Eidgenössischen Militärdepartementes ein, die Aargauer Bundesräte Friedrich Frey-Herosé (1801–1873) und Emil Welti (1825–1899). Frey-Herosé versuchte zunächst die Mängel des kantonalen Militärwesens auszumerzen. Als Oberst kommandierte er jene Milizen, die den Widerstand im Freiamt gegen die Verfassungsrevision 1841 zu brechen hatten. Und als Landstatthalter vollzog er persönlich in Muri, Wettingen und Fahr die vom Grossen Rat diktierte Aufhebung der Klöster. Doch beteiligte er sich nicht, obwohl liberal und antiklerikal eingestellt, am Freischarenzug gegen Luzern. 1848 wurde er in den ersten Bundesrat gewählt. Er leitete das Handels- und Zolldepartement, nachher das Politische Departement und ab 1854 das Militärdepartement. Hier beurlaubte ihn die Bundesversammlung vorübergehend, damit er – wie im Sonderbundskrieg von 1847 – als Generalstabschef an der Seite von General Dufour die brenzlige Situation bei der Trennung Neuenburgs von Preussen lösen konnte. Frey-Herosés Nachfolger im Bundesrat wurde 1866 der dem Aarauer spürbar ins Amt nachdrängende, brillante Aargauer Regierungsrat aus Zurzach Emil Welti. Er hatte, wie General Hans Herzog, entscheidenden

Samuel Schwarz,
Müllerssohn, Politiker und Militär

Der Politiker und Militär Samuel Schwarz (1814–1868) wuchs in Mülligen auf, wo seine Familie an der Reuss eine traditionsreiche Mühle betrieb. Nach der Bezirksschule Lenzburg, der Kantonsschule Aarau und dem Studium der Jurisprudenz in Zürich und Heidelberg machte er eine glänzende Karriere. Schon als 28-Jähriger gehörte er, gleichzeitig mit dem Vater, dem Grossen Rat an. Als 34-Jähriger wurde er Nachfolger des in den ersten Bundesrat gewählten Regierungsrates Friedrich Frey-Herosé. Er übernahm die Leitung des Militärdepartementes und drückte dem kantonalen und eidgenössischen Wehrwesen den Stempel auf. Mit Augustin Keller und dem späteren Bundesrat Emil Welti gehörte er zu den führenden Köpfen der Aargauer Regierung. Er wirkte daneben als Ständerat, Ständeratspräsident und Vorsitzender der Militärkommission. Später wechselte er in den Nationalrat, weil dort sein militärpolitischer Sachverstand gefragt war. Als Oberst und Truppenkommandant war er für seine Aufgabe prädestiniert.

Anteil an der Revision der Bundesverfassung von 1874, die zur Vereinheitlichung des Rechts und der Armee führte.

Eidgenössischer Truppenzusammenzug auf dem Birrfeld

Die Militärorganisation von 1850 verpflichtete den Bund, alle zwei Jahre eidgenössische Truppenzusammenzüge zu organisieren. Mehrfach beschränkte er sich aus Kostengründen auf Kadertreffen, so 1853 an der Kreuzstrasse bei Zofingen, oder er liess sie wegen Krankheiten, vor allem wegen akuter Choleragefahr, ausfallen. Aargauer Offiziere erwogen, die Lücke durch ein kantonales Treffen auszufüllen. Doch Militärdirektor Samuel Schwarz weigerte sich, für den Bund die Kastanien aus dem Feuer zu holen, obschon er ebenfalls von der Notwendigkeit der Übungen überzeugt war. Im Herbst 1860 konnte der Aargau endlich eine zweiwöchige eidgenössische Heerschau im Raum Brugg-Birrfeld-Mellingen-Lenzburg organisieren. Kommandant Denzler lobte die Militärfreundlichkeit des Gastkantons. Verdruss bereiteten ihm das zu spät oder am falschen Ort eingetroffene Zeltmaterial, fehlende Wagen und Pferde, saumselige Lebensmittellieferanten, 52 Absenzen bei der Kavallerie und 100 bei der Infanterie sowie mangelhaft ausgerüstete Mannschaften – die Berner rückten ohne Gamelle ein, so dass die Menüpläne geändert werden mussten. Der Truppenzusammenzug begann mit Waffendrill. Geübt wurden Formationen, Rück-

1849 wurde die neue Kaserne in Aarau bezogen. Sie setzte einen neuen Akzent ins Stadtbild (Laurenzenvorstadt) und in den Betrieb des Waffenplatzes.

**General Hans Herzog
war die beste Wahl**

Die Ernennung des Aarauers Hans Herzog (1819–1894) zum General während des Deutsch-Französischen Krieges, 1871/72, war die beste Wahl, die der Bundesrat und die Bundesversammlung treffen konnten. Eingefädelt hatte sie der Chef des Eidgenössischen Militärdepartements, der Aargauer Bundesrat Emil Welti. Nach natur- und militärwissenschaftlichen Studien in Genf musste Herzog vorzeitig die Leitung des väterlichen Handels- und Industrieunternehmens übernehmen. Er war als Milizoffizier der führende Artilleriefachmann der Schweiz. Die Artillerieausbildung in Aarau unter seiner Leitung genoss einen ausgezeichneten Ruf. Seine Arbeiten über Schiesspulver machten ihn auch im Ausland bekannt. 1860 wurde er Berufsoffizier. Bescheiden nahm er 1870 den Vorschlag zum Oberkommandierenden der Armee erst nach langem Zögern an. Aber er erfüllte die schwierige Aufgabe als General während des Deutsch-Französischen Krieges hervorragend. Von der Liebe der Familie und der Verehrung des Volkes getragen, erlebte er nach dem Dienst für das Vaterland einen langen und glücklichen Lebensabend.

zugsbewegungen und eine Flussüberquerung über die Reuss. Den Abschluss bildeten Feldmanöver zwischen einem Ost- und Westkorps. Auch ein Vorbeimarsch auf einem frisch gepflügten Acker bei Brunegg – vor viel Volk, dem Generalstab und zwei Bundesräten – fehlte nicht.

Nach der innenpolitischen Auseinandersetzung im Sonderbundskrieg sah sich der neue Bundesstaat bald wieder zur Abwehr äusserer Gefahren gezwungen. 1849 musste General Dufour mit einem Bundesaufgebot in den Badisch-Württembergischen Wirren den Übertritt von Aufständischen auf Schweizerboden abwehren. Und 1856/57 bot der Bund, wieder unter Dufour, 30 000 Mann an die Rheingrenze auf, als der König von Preussen angebliche Rechte auf das ehemalige Fürstentum Neuenburg, das seit 1848 vollberechtigter Schweizer Kanton war, geltend machte. Die entschlossene Haltung von Volk und Armee trug zur Stärkung des eidgenössischen Selbstvertrauens bei. An beiden Neutralitätsschutzaktionen war der Aargau als Grenzkanton interessiert und mit eigenen Truppen beteiligt.

Bravourleistung des «Aargauer Generals»

Die nächste Herausforderung war die Grenzbesetzung 1870/71. Oberbefehlshaber Hans Herzog standen für die Bewachung von Genf bis Basel relativ wenig und, wie er erbittert feststellte, schlecht vorbereitete Truppen zur Verfügung. Im ersten Aufgebot waren es 37 400 Mann und 44 Geschütze, im zweiten Aufgebot 21 300 Mann und 54 Geschütze. Der Aktivdienst gipfelte in einem Eklat, mit dem der Bundesrat nie gerechnet hatte: Die Deut-

schen drängten die 84 000 Mann starke französische Bourbaki-Armee mit 11'000 Pferden und 260 schweren Geschützen auf Schweizerboden ab. Demoralisiert fand das Heer – zum Glück für die Schweizer Abwehr – nicht mehr die Kraft, den Durchmarsch durch das Land zu erzwingen. Mit grossem Geschick, welches ihm internationale Anerkennung eintrug, ordnete General Herzog die improvisierte, korrekte Entwaffnung und Internierung der ausländischen Soldaten an. Sie wurden auf viele Ortschaften verteilt, auch in den Aargau. Mehrere Dutzend geschwächte Internierte kamen nach Bad Schinznach, wo 22 verstarben. Ihre letzte Ruhestätte fanden sie auf dem Friedhof Birr, unter dem Bourbaki-Denkmal, der schwebenden Siegesgöttin Viktoria, des Elsässer Bildhauers Frédéric Auguste Bartholdy, der als Schöpfer der Freiheitsstatue in New York Weltruhm erlangte. Neben dem Eingang zur Klosterkirche Königsfelden erinnert eine Tafel an weitere, im dortigen Spital gestorbene Soldaten der Armée de l'Est. Auch in Aarau, Aarburg und Muri gibt es Gedenkzeichen für Angehörige der internierten französischen Armee.

Die Grenzbesetzung 1870/71 und General Herzogs harte Kritik an Ausbildung, Ausrüstung und Disziplin des Bundesheers hatten Folgen. Man sah ein, dass die weitgehenden Befugnisse der Kantone in Militärfragen die Kriegstauglichkeit schmälerten. Den kantonalen Kontingenten fehlte der innere Zusammenhang. In mehreren Kantonen lagen die militärischen Dinge im Argen. Doch scheiterte 1872 eine Revision der Bundesverfassung, die eine Zentralisierung des Wehrwesens gebracht hätte. Ein zweiter Versuch, der mehr auf die Souveränität der Kantone achtete,

Arrest für einen unschuldigen Kriegskommissär

1873, ein Jahr vor der wegweisenden Reform, die zur Bildung der gesamtschweizerischen Armee führte, fand im Raum Fribourg-Murten nochmals ein Truppenzusammenzug mit drei Brigaden des «alten» Heeres statt. Ein Detachement Offiziere, Unteroffiziere und Soldaten wurde in einen Neubau einquartiert, der noch keine Fenster hatte. Darüber beschwerte sich ein Stänkerer – nicht die betroffene Mannschaft – beim Divisionschef. Dieser verknurrte den Kriegskommissär kurzerhand zu Arrest. Bei näherer Prüfung stellte sich heraus, dass er weder verantwortlich noch schuldig war. Aber die Strafe wurde nicht sistiert, «weil ein vom Divisionär einmal ertheilter Arrest nicht aufgehoben werden kann, selbst wenn er irrthümlich erfolgt ist», wie die «Blätter für Kriegsverwaltung» vermerkten. Entsprechend bissig fiel ihr Kommentar aus: «Offiziere, die solchen Grundsätzen der Unfehlbarkeit huldigen, können unserer Armee nicht zum Nutzen gereichen.»

wurde im April 1874 angenommen. Bereits im Herbst 1874 genehmigten die eidgenössischen Räte eine neue Militärorganisation, die in manchen Teilen bis heute gültig blieb. Darin wurde der Grundsatz der allgemeinen Wehrpflicht durchgesetzt. Für die Aushebung war nicht mehr eine nach Prozenten der Wohnbevölkerung berechnete Skala massgebend, sondern allein die Diensttauglichkeit des einzelnen Mannes. Die gesamte Ausbildung, selbst der Infanterie, wurde Sache des Bundes. Er verfügte auch über Waffen und Munition. Die Kantone hatten die Bekleidung und sonstige Ausrüstung zu beschaffen und das Korpsmaterial zu verwahren. Sie verfügten weiterhin über kantonale Truppenkontingente, aber von nun an war die Schweizer Armee einheitlich organisiert, ausgerüstet, ausgebildet und geführt. Eine neue schweizerische Militärepoche begann.

84000 Mann der französischen Ostarmee unter General Bourbaki, mit 10000 Pferden, wurden im Deutsch-Französischen Krieg 1870/71 am 1. Februar 1871 über die Schweizergrenze abgedrängt, entwaffnet und interniert.

Die Internierung der Bourbaki-Armee

Die französische Ostarmee, nach ihrem Oberbefehlshaber «Bourbaki-Armee» genannt, wurde im Deutsch-Französischen Krieg 1870/71 beim Versuch, einem deutschen Vorstoss auszuweichen und sich nach Lyon zurückzuziehen, an die Schweizer Grenze abgedrängt. General Charles Denis Bourbaki beging einen Selbstmordversuch, und sein Nachfolger, General Clinchant, beschloss den Übertritt in die Schweiz. Ende Januar 1871 wurde an der Grenze mit Vertretern der Schweizer Armee ein Internierungsvertrag abgeschlossen. Der überstürzte Übertritt der demoralisierten französischen Armee war für die zahlenmässig schwachen schweizerischen Truppen eine gewaltige Herausforderung. Insgesamt wurden 83 301 Bourbaki-Soldaten interniert, entwaffnet und auf die Kantone verteilt. Rund 1700 Soldaten verstarben während der kurzen Internierungszeit an den Folgen von Verletzungen und Krankheit. Die französische Kriegskasse mit 1,6 Mio. Franken wurde nach Bern verbracht. Nach Kriegsschluss zahlte Frankreich der Schweiz 12,1 Mio. Franken an Internierungsentschädigungen aus.

Neben der Kirche Birr erinnert das vom weltberühmten Künstler Frédéric Auguste Bartoldy geschaffene Denkmal an verstorbene Soldaten der Bourbaki-Armee.

Die starke aargauische Position in der «Fünften» wurde durch den Umstand gestärkt, dass sich Aarau als Infanterie-Hauptwaffenplatz gegen solothurnische sowie baslerische Konkurrenz durchsetzte und der erste nebenamtliche Divisionskommandant von 1875 bis 1883 ein Aargauer war: der vielseitig begabte, von General Hans Herzog geförderte Christian Emil Rothpletz (1824–1897), jüngster Sohn des Aarauer Bezirksamtmanns, Dozent an der neuen Kriegswissenschaftlichen Abteilung am Polytechnikum (ETH) Zürich.

**Christian Emil Rothpletz,
erster Kommandant der 5. Division**

Erster Kommandant der 1874 neu geschaffenen «Aargauer»-Division 5 wurde der Aarauer Christian Emil Rothpletz. Er studierte nach der Kantonsschule Jurisprudenz. Die Ausbildung musste er wegen eines Brustleidens – dem zwei seiner Brüder zum Opfer fielen – unterbrechen. Zur Genesung ging er nach Helgoland. Dort erfuhr er vom Ausbruch des Sonderbundskrieges. Kaum geheilt, kehrte er heim und machte als

Der Bund übernimmt das Kommando 1874–1914

Das im Zeichen der Bundesverfassung von 1874 neu organisierte Heer des Bundes bestand aus 215 063 Mann, verteilt auf den Auszug der 20- bis 32-Jährigen (119 947 Mann) und die Landwehr der 33- bis 44-Jährigen (95 116 Mann). Die Militärreform schuf acht Divisionen. Davon deckte die 5. Division die Nordwestschweizer Kantone Aargau, Solothurn, Basel-Land und Basel-Stadt ab. Sie wurde während 130 Jahren zur «militärischen Heimat» der meisten aargauischen Wehrpflichtigen. Zunächst bestand sie aus den Infanteriebrigaden 9 und 10 sowie der Artilleriebrigade 5. In der Ordre de Bataille erschienen zum ersten Mal die Nummern der Füsilierbataillone 55 («Zofinger Bataillon»), 56 («Wynentaler Bataillon»), 57 («Aarauer Stadtbataillon»), 59 («Fricktaler Bataillon») und 60 («Badener Bataillon»). Zum Divisions-Etat gehörten überdies das Schützenbataillon 5 (das spätere «Schützen-Vieri») und für den Anfang das Bataillon 99 (das spätere «Freiämter Bataillon» 46).

Fortschritte in der Waffentechnik

Es war höchste Zeit, dass der Bund für die Bewaffnung zuständig wurde, denn durch die Vereinheitlichung profitierte die Truppe rascher von den Fortschritten in der Waffentechnik. Im Sonderbundskrieg 1847 hatte sich der Nachteil der unterschiedlichen Bewaffnung der kantonalen Kontingente bestätigt. Überdies war die Schweiz zu lange von der französischen Waffenproduktion abhängig gewesen. Noch waren die Waffengattungen mit verschiedenen Gewehren ausgerüstet: Mit dem Infanteriegewehr, dem Jägergewehr mit kürzerem Lauf sowie mit dem Artillerie- und Geniegewehr. Anstelle einer zentralen Waffenfabrik gab es überall im Land Büchsenmacher. Sie fertigten die einzelnen Bestandteile nach Normen an, doch hatte jeder Hersteller seine eigenen kleinen Fabrikationsgeheimnisse, so dass Laufdicke, Kaliber und Visierform variierten. Zu den bekannten Büchsenmachern im Land zählten die Familie Gränicher und der Waffenschmied Rychner in Aarau, sowie ab 1863 die Firma von Schlos-

Freiwilliger den Feldzug mit. Diese Erfahrung gab seinem Leben eine Wendung: Er widmete sich der Reihe nach dem Militär, der Politik, der Justiz, der Malerei und wieder dem Militär. Dabei versah er Ämter als Stadtrat, Gerichtspräsident, Oberrichter sowie Vorsitzender des neuen Aargauer Kriminal- und Schwurgerichtes. Nach dem Tod der Mutter zog er nach München, in Schule und Atelier des Historienmalers Berdelle. Dort erreichte ihn 1864 der Auftrag des Eidgenössischen Militärdepartementes, den Deutsch-Dänischen Krieg zu beobachten. Das führte ihn in den Heeresdienst zurück. Seine künstlerische Leidenschaft hängte er freilich als Präsident des von ihm 1860 gegründeten Aargauischen Kunstvereins und später als Präsident der eidgenössischen Kunstkommission nicht an den Nagel. Mittlerweile war er auch enger Mitarbeiter seines Freundes General Hans Herzog. Der wollte ihn 1870 zum Generalstabschef machen, aber EMD-Chef Bundesrat Emil Welti aus Zurzach wehrte ab: Aus staatspolitischer Raison ertrage es nicht drei Aargauer an der Spitze der Armee. Rothpletz übernahm 1875 nebenberuflich das Kommando der 5. Division und behielt es bis 1883.

sermeister Johann Ulrich Hämmerli in Lenzburg, die Pionierarbeit in der Entwicklung der Gewehrläufe leistete und damit den Grundstein für ihren späteren Weltruhm in der Präzisionswaffenherstellung legte.

Ein erster Durchbruch bei den Handfeuerwaffen gelang mit dem Wechsel vom Steinschloss- zum Perkussionsgewehr (Schlagbolzensystem). Anstelle der Zündpfanne wurde ein Schrägstollen in den Lauf gebohrt und ein stählerner Zündstift, das Piston, eingeschraubt. Vor jede Patrone legte man ein Zündhütchen, das vom Hammer durchschlagen und gezündet wurde. Viele Schüsse gingen bei feuchtem Wetter nicht los. Der nächste technische Fortschritt war die Ersetzung des Vorderladers durch den Hinterlader. Danach wurde das Mehrladergewehr entwi-

ckelt, das die Abgabe mehrerer Schüsse ermöglichte und die Feuerkraft wesentlich erhöhte. Die Schweiz sattelte als erstes Land auf präzisere kleinkalibrige Handfeuerwaffen um. Dem 12,5-mm-Stutzer für Scharfschützenkompanien folgten der 10,5-mm-Feldstutzer, dann das Vetterligewehr als beste schweizerische Neuentwicklung für Repetiergewehre, sowie ab 1881 der 7,5-mm-Karabiner, der besonders durch die Modelle 1911 und 1931 als Armee-Ordonnanzwaffe weiterentwickelt wurde, bis er Ende der 1950er-Jahre vom Sturmgewehr 57 verdrängt wurde.

Auch bei den Artilleriewaffen war die grössere Wirkung in Reichweite und Treffsicherheit vor allem neuen gezogenen anstatt glatten Kanonenläufen zuzuschreiben – eine französische Verbesserung. Sofort stieg der Bundes-

Zum neuen Korpsmaterial des Bundesheeres gehörte der Fourgeon, Ordonnanz 1889.

Mit dem neuen Bundesheer änderte sich einiges

Im 1874 neu organisierten Bundesheer waren bedeutend weniger Leute als in der früheren kantonalen Miliz von der Dienstpflicht befreit, nämlich nur noch Beamte und Angestellte von Post und Telegraf, Zoll, Bahn, Kriegsmaterial- und Pulververwaltung, Militärwerkstätten und Zeughäusern sowie Spitalverwalter und Gefängnisdirektoren. Die nun in eidgenössischer Obhut stehenden Rekrutenschulen dauerten sechs Wochen für Feuerwerker und Train, sechseinhalb Wochen für Infanterie, Sanität und Verwaltungstruppen, sieben Wochen für die Genietruppen, acht Wochen für die Artillerie und achteinhalb Wochen für die Kavallerie. Der Einrückungs- und der Entlassungstag galten nicht als Dienstzeit. Die Reitertruppen mussten jährlich zu einem zehntägigen Wiederholungskurs, die übrigen Waffengattungen alle zwei Jahre für 14 bis 18 Tage einrücken. Der Bund verfügte die Aufgebote, die Kantone vollzogen sie. Sie waren für die Kontrollführung der in ihrem Gebiet rekrutierten Einheiten verantwortlich. Der Tagessold für Rekruten- und Mannschaftsgrade betrug zwischen 50 Rappen und 1 Franken. Ein Major erhielt 12 Franken, das entsprach bereits einem mittleren Beamtengehalt. Die Gemeinden mussten die in ihrem Gebiet stationierten Truppen unterbringen und in Kriegszeiten die Pferdestellung besorgen.

Den Abschluss der verregneten Manöver 1897, mit einem Armeekorpsangriff von 30 000 Mann auf das «Maiengrün» bei Hägglingen, bildete ein Vorbeimarsch, bei dem die Truppe im Morast versank. Vom «Dreckdefilee» Dottikon war noch lange die Rede.

rat darauf ein: Er stellte 10 000 Franken für Versuche zur Verfügung. Zeughausverwalter Oberst Albert Müller in Aarau konstruierte eine Werkbank zur Herstellung gezogener Läufe und sorgte dafür, dass schweizerische Waffenhersteller den technischen Fortschritt umsetzen konnten. Die bessere Bewaffnung der Truppe und die Einlagerung des Korpsmaterials für die 5. Division erforderten mehr Platz im Zeughaus Aarau. Zusammen mit

dem Bund wurde eine erste Lösung gefunden: An der Rohrerstrasse konnten 1882 die leerstehenden Fabrikgebäude der zusammengebrochenen «Internationalen Gesellschaft für Bergbahnen» erworben werden. Hier hatte Ingenieur Nikolaus Riggenbach, der Erfinder der Rigi-Zahnradbahn, mit seinem Partner Zschokke mehrere Bahnen gebaut. Die weiträumigen Gebäude boten viel Platz für das Militärmaterial.

Das 19. Jahrhundert war geprägt durch technische Erfindungen, durch den Ausbau der Verkehrswege und der Mobilität, den Aufschwung der Eisenbahnen und der Industrie, den Übergang von handwerklicher zu industrieller Tätigkeit – begleitet von einem erheblichen Wachstum und neuen Bedürfnissen der Bevölkerung. Es herrschte Aufbruchstimmung. An den Staat wurden neue Anforderungen gestellt. Um die Ausgestaltung rangen fortschrittliche und bewahrende, liberal-radikale und konservative Kräfte, Föderalisten und Befürworter einer stärkeren Vereinheitlichung. Missernten lösten Hungersnöte aus. Wirtschaftliche Krisen verschärften die Situation. Kinderarbeit wurde lange vorbehaltlos bejaht. Später als andere Kantone, erst 1862, führte der Aargau ein Fabrik-Polizeigesetz ein. Es verbot Fabrikarbeit für unter 13-Jährige und setzte die Arbeitszeit für unter 16-Jährige auf höchstens 12 Stunden täglich fest. Die Einkommens- und Vermögensunterschiede zwischen Armen und Reichen waren gross. Der Bevölkerung, die kein Auskommen mehr fand, blieb oft nur die Auswanderung. Allein von 1851 bis 1855 kehrten 8000 Personen oder 4 Prozent der Kantonsbevölkerung, und von 1880 bis 1885 rund 5000 Personen dem Aargau den Rücken zu.

Links: Bei den Manövern auf Gegenseitigkeit, 1901, zwischen der 3. und 5. Division überquerten erstmals Automobile auf einer Pontonbrücke die Aare.

Rechts: Der Karabiner Modell 1911 mit den Beiwaffen Stichbajonett (Mitrailleure), Sägebajonett (Spezialwaffen) und Dolchbajonett.

Armeekorps und neue Zentralisierungsbemühungen

Mit der Eröffnung der Gotthardbahn, 1882, wurde es möglich, grosse Truppenmassen rasch zwischen Italien und Deutschland zu verschieben. Da sich diese beiden Länder, zusammen mit Österreich-Ungarn, im gleichen Jahr zu dem gegen Frankreich gerichteten Dreibund zusammenschlossen, musste unser Land reagieren. Dies erklärt unter anderem,

weshalb 1886 die Armee um eine dritte Heeresklasse, den zuvor abgeschafften, nun wieder hergestellten Landsturm, verstärkt wurde. Dadurch vergrösserte sich der Truppenbestand um weitere 200000 Mann. Die Tendenz wuchs, mehr Aufgaben von den Kantonen auf den Bund zu verlagern. 1891 wurden ihm das Banknotenmonopol zugesprochen (allerdings erst 1907 praktisch umgesetzt) und ein erster Verstaatlichungsversuch der Eisenbahn lanciert. Der Zentralisierungstrend kam auch in der Schaffung von vier Armeekorps mit je zwei Divisionen zum Ausdruck.

Die Berner 3. Division und die Aargauer 5. Division bildeten das Feldarmeekorps (FAK) 2. Aber die Neugliederung war umstritten. Ulrich Wille, der spätere General, und der Aargauer Divisionär Christian Emil Rothpletz gehörten zu den schärfsten Kritikern. Der Bundesrat und die Mehrheit der eidgenössischen Räte versprachen sich von der Zusammenfassung der acht Armeedivisionen in vier Armeekorps eine Vereinfachung der Kommandostruktur. Die Skeptiker befürchteten genau das Gegenteil.

Bis zum Ersten Weltkrieg beschäftigte sich die Armeeführung vor allem mit drei operativen Problemen: Konnte im Kriegsfall mit ausländischer Hilfe gerechnet werden? Sollte der Kampf grundsätzlich beweglich und da-

Aargauer Oberst regierte den Kanton Tessin

Im Tessin kam es 1890 zu einem Putsch – es war das letzte revolutionäre Ereignis in der Schweiz vor dem Generalstreik von 1918. Tessiner Radikale, die bei den Wahlen 1889 verloren hatten und deswegen die Einführung des Proporzwahlsystems verlangten – was ihre Gesinnungsfreunde in andern Kantonen übrigens strikt ablehnten –, rotteten sich in Bellinzona und Lugano zusammen und besetzten die öffentlichen Gebäude. Der Bundesrat bot zwei bernische Bataillone auf und ernannte den aargauischen Obersten und Nationalrat Arnold Künzli zum eidgenössischen Kommissär. Künzli liess, im Tessin angekommen, die Gefangenen laufen, bewog die provisorische Regierung zum Rücktritt, setzte aber die rechtmässige Regierung nicht in ihr Amt ein, sondern nahm die Leitung der Staatsgeschäfte in die eigenen Hände. Hierauf erzwang er eine Abstimmung über die Einführung des Wahlproporzes. Künzlis Haltung wurde, je nach Partei, heftig begrüsst oder bestritten. Die Kontroverse schadete ihm persönlich nicht, denn von 1894 bis 1902 wurde ihm das Kommando des 4. Armeekorps übertragen.

mit offensiv oder primär statisch vorbereitet und unmittelbar an der Landesgrenze oder, je nach Lage, erst im Landesinnern aufgenommen werden?

1893 wagte man erstmals Armeekorpsmanöver im Jura mit der 5. gegen die 3. Division. Offenbar bot das Gefechtsbild einen zweifelhaften Anblick: «11 Bataillone wurden in einen engen Geländestreifen gepresst, die Parteien standen sich 10 Glieder tief gegenüber.» Noch immer galt die Truppenmassierung als beste Hauptkampfformation und nicht als tödliches Fehlverhalten. Man war von Truppenmassen beeindruckt, die in Entscheidungsschlachten auf engstem Raum aufmarschierten. Dem Infanteristen machte das Exerzierreglement von 1887 Mut, dass eine «kaltblütige, mit dem Repetiergewehr ausgerüstete Truppe» nichts zu befürchten habe. Aus der Tatsache, dass 1870/71 in 20 Minuten 8000 deutsche Soldaten im konzentrierten Abwehrfeuer französischer Schützen gefallen waren, wurden kaum Lehren gezogen.

Umgruppierung zur 4. Division

Die veränderte Armeeorganisation rief nach einer Anpassung der Bundesverfassung. Sie war auch nötig, um dem wirtschaftlichen, sozialen und gesellschaftlichen Wandel Rechnung zu tragen. Die Eisenbahn schuf eine neue Mobilität. Die konfessionellen Differenzen milderten sich, der Kulturkampf verlor an Brisanz. Dafür gewann der Klassenkampf an Schärfe. Eine neue Fabrikarbeiterschaft wehrte sich für bessere Arbeits- und Lebensbedingungen. Die Parteienlandschaft formierte sich in drei Lager: Radikal-Liberale, Konserva-

tive und Sozialdemokraten. Initiativ- und Referendumsrecht verbesserten die Mitsprache des Souveräns. Aber der Versuch, dem Bund durch eine Verfassungsrevision weitere militärische Befugnisse zuzuweisen, scheiterte am Argwohn der Föderalisten. Sie wollten die letzten wehrpolitischen Befugnisse der Kantone nicht aus der Hand geben. Das Volk befürchtete auch eine grössere Militärbürokratie. Die Kompetenzabgrenzung musste auf dem Gesetzesweg gesucht werden. In einer Referendumsabstimmung wurde die neue Militärorganisation 1907 gutgeheissen; der Aargau nahm die Vorlage mit 24 869 Ja gegen 18 120 Nein an. Sie bildete die Grundlage für die Truppenordnung (TO) 1911.

Nun wurde die Armee von vier in drei Armeekorps sowie von acht in sechs Divisionen umgruppiert. Für die «Fünfte» hatte das Folgen: Sie mutierte zur 4. Division und bestand nun aus drei Infanteriebrigaden sowie einer Artilleriebrigade. Die solothurnischen Bataillone verliessen die Division. Neu hinzu kamen luzernisch-zugerische Bataillone. Die aargauischen Füsilierbataillone 55, 56, 57, 58, 59, 60 vereinigten sich in den Infanterie-Regimentern 23 und 24 zur Brigade 12. Das Freiämter Bataillon 46 bildete mit baslerischen Bataillonen die Brigade 11. Die neue Division zählte über 20 000 Mann. Die Armeekorps hatten keine operative Bedeutung mehr – ausser wenn es der Oberbefehlshaber im Aktivdienst für nötig hielt –; sie wurden zum organisatorischen Rahmen für die Ausbildungskontrolle degradiert. Zur Erprobung der neuen Ordnung blieb wenig Zeit. Die 4. Division führte gerade noch zwei WKs durch, dann musste sie zur Generalmobilmachung des Ersten Weltkrieges einrücken.

zum General. Er galt als begabter militärischer Taktiker, aber auch als eigensinnig, eigenmächtig und deutschfreundlich. Er wurde als einziger nie dem Generalstab angehörender Offizier Oberbefehlshaber der Armee.

In Tuchfühlung mit den Kriegsführenden

Sehr rasch musste sich die 4. Division in den Raum Basel-Jura verschieben, weil vom Elsass her Gefahr drohte. Die Einheiten bezogen sofort Vorposten an der Grenze, betrieben intensive Gefechtsausbildung und bauten Befestigungen, die allerdings nicht sehr widerstandsfähig waren. Es haperte auch mit der befohlenen Geheimhaltungspflicht der Truppenstandorte: Bei erstbester sonntäglicher Gelegenheit brachten die Morgenzüge «ein ganzes Heer von Angehörigen aller Art» zu den Kantonnementen. Man registrierte Kriegslärm ennet der Grenze; aber die Ungewissheit, was sich «drüben» tatsächlich abspielte, bedrückte die Wachtposten. Nach sechs Wochen Grenzbesetzung wurde die «Vierte» ins Bernbiet verlegt. Die Division bekam Anfang Oktober zehn Tage Urlaub. Als die Soldaten wieder eingerückt waren, ging es sofort an die Grenze zurück. Schon begann man sich mit einer Soldatenweihnacht abzufinden, als Ende November die «Entlassung auf Pikett» angeordnet wurde. Im März 1915 mobilisierte die Division erneut.

Ihre Operationsräume lagen weiterhin in der Nordwestschweiz, insbesondere im Pruntruter Zipfel. Auf der ins elsässische Largetal hinausragenden Landzunge bei Bonfol standen die Aargauer Füsilierbataillone 55 und 59 auf exponierten Grenzposten, wenige Meter

General Ulrich Wille, Oberbefehlshaber im Ersten Weltkrieg, galt als begabter Taktiker, aber auch als eigensinnig.

**Der supponierte Feind
vor einem Wald von Bajonetten**

Bevor die «Aargauer Division» im Frühjahr 1917 wieder für ein paar Wochen aus dem Grenzschutzdienst entlassen wurde, beteiligte sie sich an einer grossen Truppenübung, bei der es Bundesrat und General darum ging, skeptischen

Der Erste Weltkrieg und danach
1914–1939

Nach Jahren schwerer Krisen und Spannungen, vor allem im Balkan und in den überseeischen Kolonien der europäischen Mächte, brachte die Ermordung des österreichischen Thronfolgers und seiner Gattin in Sarajevo im Juni 1914 das Pulverfass zur Explosion. Österreich stellte Serbien – wohin Spuren der Tat führten – ein Ultimatum und ordnete die Mobilmachung an. Das Deutsche Reich mobilisierte ebenfalls, Franzosen und Russen taten das Gleiche. Serbien war nicht bereit, das österreichische Ultimatum bedingungslos zu erfüllen. Nun begann die Bündnispolitik zu spielen. Der deutsche Kaiser Wilhelm II. erklärte Russland und dem mit Russland verbündeten Frankreich den Krieg. Das mit Frankreich verbündete England zögerte nicht mit der Kriegserklärung gegen die Deutschen, als diese das neutrale Belgien überfielen. Europa stand in Flammen. Der Bundesrat verfügte auf den 3. August die Generalmobilmachung der Armee. Die Bundesversammlung wählte den wenig beliebten Ulrich Wille

ausländischen Stimmen zu zeigen, dass die Schweiz sehr wohl in der Lage sei, ihre Neutralität zu verteidigen. Der Show-Effekt wurde auf die Spitze getrieben. Die Brigade 12 musste sich bei Pleigne im Jura einem supponierten Angreifer entgegenstellen. Sie tat dies in massierter Formation mit Tausenden von aufgepflanzten Bajonetten, worauf der ebenfalls supponierte französische General auf den Einmarsch «verzichtete»...

Der rätselhafte Flobertschuss auf den Brigadestab

Während der fünften Grenzbesetzungsphase im Juli 1917 ereignete sich in der Aargauer Brigade 12 ein rätselhafter Vorfall: Als sich der Brigadestab im Esssaal seiner Unterkunft in Tramelan versammelte, waren plötzlich ein Flobertschuss und ein Knall gegen das Fenster zu vernehmen. Der Brigadekommandant vermeinte etwas ganz nahe am rechten Ohr vorbeisausen zu hören. War es ein Anschlag oder ein Missgeschick? Die Abklärungen ergaben nichts. Die Gemeinde Tramelan verlangte eine militärgerichtliche Untersuchung, um den Verdacht der Militärfeindlichkeit zu entkräften. Man verzichtete darauf.

Aargauer Truppen leisteten im Ersten und im Zweiten Weltkrieg im Jura Grenzschutzdienst. Beide Male gehörte die Ortschaft Courgenay zum Unterkunftsrayon. Der Ort erlangte durch die im Soldatenlied besungene «Gilberte» nationale Berühmtheit. Der Stab des Inf Rgt 23 verewigte den Abschied von Courgenay im Aktivdienst 1914–1918 im Bild.

neben französischen Artillerieanlagen. Im Schwester-Bataillon 60, dessen Auftrag anscheinend weniger aufregend war, beneidete man die 59iger um die spannende Aufgabe. Immerhin fanden die 60iger auch Trost, denn die Soldatenmutter in der Soldatenstube – einer von der Journalistin Else Spiller 1914 aus dem Boden gestampften Institution – war «jung, hübsch, fröhlich und gefühlvoll». Im Juni 1915 marschierte die 4. Division von der «Front» an den Mobilmachungsort zurück. Nach einem Defilee vor General Wille in Aarau wurde sie bis Oktober entlassen. In der nächsten Dienstphase bis zum März 1916 erlebte die Truppe «Winterkrieg» und Soldatenweihnacht. Das Ganze wiederholte sich ein Jahr später beim Einsatz vom Dezember 1916 bis Frühjahr 1917.

Unrühmliche Zwischenfälle

Anfang Februar 1918 wurde die Brigade 12 der 4. Division zum sechsten Ablösungsdienst aufgeboten. Die Vorgesetzten beobachteten, dass die Mannschaften in gedrückter Stimmung einrückten. Not sowie soziale und politische Spannungen waren spürbar. Unter dem Eindruck, in der Schweiz seien «revolutionäre Kräfte an der Arbeit», bot der Bundesrat Militär zum Ordnungsdienst auf. Die Aargauer Einheiten wurden am Rand von Zürich stationiert. Je eine Kompanie übernahm die Stadtwache. Es kam bald zu internen Vorfällen. Brigadekommandant Otto Senn berichtete dem neuen Divisionskommandanten Emil Sonderegger von Demonstrationen, Gehorsams- und Dienstverweigerungen, Bedrohung

Kein Rekruteneinsatz für die Rote Badenfahrt

Im Mai 1930 luden BBC-Lehrlinge auf Betreiben der kommunistischen Jugendorganisation Zürich zu einer Kundgebung nach Baden ein. Der Regierungsrat nahm die Provokation ernst und erliess ein Versammlungsverbot. Die Gegenseite beharrte «unter allen Umständen und wenn nötig mit Gewalt» auf der Demonstration. Das veranlasste die Kantonsbehörden, beim Bundesrat telegrafisch Ordnungsdiensttruppen anzufordern. Ins Auge fasste man das Kader der Kavallerie-Rekrutenschule Aarau sowie Mannschaften der Pontonier-Rekrutenschule Brugg und der Infanterie-Rekrutenschulen Luzern und Zug. «Bern» gab dem Begehren nach, verfügte aber richtigerweise nicht den Einsatz von unerfahrenen Rekruten, sondern von bestandenen Wehrmännern. Das «Schützen Vieri», das am Ende des Wiederholungskurses stand und seit der Truppenordnung 1924 wieder als Aargauer Bataillon galt, wurde nach Baden befohlen. Die «Rote Badenfahrt» endete mit der Rückspedierung der Aktivisten. Rund drei Dutzend Personen wurden festgenommen, allen voran der damalige Kommunist Walter Bringolf, ab 1933 Schaffhauser Stadtpräsident, später sozialdemokratischer Nationalrat – und Bundesratskandidat.

von Vorgesetzten, Verleumdung der Armee. Betroffen waren mehrere Aargauer Truppenkörper, am wenigsten das Bataillon 55, das von Major Emil Keller, dem damaligen Landammann, kommandiert wurde. Rädelsführer und Mitläufer wurden vom Divisionsgericht 4 in Aarau mit bis zu zweieinhalb Jahren Gefängnis bestraft. General Wille setzte sich für exemplarische Sanktionen ein und kritisierte die Aargauer Milizen aufs schärfste. Sein Pauschalurteil – dem in einem anderen Fall die Bündner zum Opfer gefallen waren – trug den Umständen und Ursachen zu wenig Rechnung.

Hatten die unbestreitbaren disziplinarischen Fehltritte mit den vielen Kommandowechseln der Brigade zu tun? Oder auch damit, dass Divisionskommandant Wilhelm Schmid ein Berner sowie der Chef der 12. Brigade und die beiden Regimentskommandanten Basler waren und vielleicht die «Aargauerseele» zu wenig verstanden, wie der spätere Divisionär Eugen Bircher mutmasste? Am Missmut war wohl auch Willes wenig erfindungsreiche und anpassungsfähige Führung in der Ausbildung schuld. Dieser Fehler schlug auf die Moral der Truppe zurück, umso mehr, als die Männer an der Grenze zusehen mussten, wie das Geschäft daheim zugrunde ging oder die Familie Not litt, weil der Vater Soldat war – mit einem Tagessold von 80 Rappen (ab 1918 waren es 2 Franken). Der kasernenmässige Dienst-

Die Landsturmkompanien I/45 und II/45 rückten am 1. August 1914 zur Generalmobilmachung im Kasernenhof Aarau ein. Im Hintergrund der Turm der früheren katholischen Kirche von Aarau.

Die Spanische Grippe
wütete auch im Aargau

Als ob die Bevölkerung durch Krieg, wirtschaftliche Sorgen und soziale Spannungen nicht genug geplagt gewesen wäre, wurde sie 1918 noch von der «Spanischen Grippe» heimgesucht. Im Aargau starben rund 750 Menschen an der Epidemie. Nach diesen schweren Zeiten normalisierte sich das zivile Leben nur langsam. Vom Militär hatte man einstweilen genug. Der Turnus der Wiederholungskurse wurde erst wieder 1921 fortgesetzt.

Sechsspännig zog die Feldartillerie ins Feld. (Das an einer Wehrvorführung aufgenommene Bild ist eine historische Darstellung aus dem Ersten Weltkrieg.)

betrieb bot kaum Anregung. Alles beruhte auf dem deutschen Vorbild des Drills. Die nicht unmittelbar zum Grenzdienst eingesetzte Truppe übte nach den Programmen einer Rekrutenschule. Wenn sie damit zu Ende war, fing alles wieder von vorne an. Gewehrgriff, Taktschritt und Gruss üben füllten halbe Tage aus. Den einzelnen Mann erfüllte das Exerzieren mit wachsender Unlust.

Dragoner sperrten Streiktrupps in Kapelle ein

Auf die diffizilste Probe wurde die Truppe erst am Ende des Krieges, beim Ausbruch des Landes-Generalstreiks, gestellt. Obschon im

Ordnungsdienst Fehler passierten – die bis heute ein Misstrauen zurückliessen –, erwies sich das Militär in der Streiksituation als verlässlich. Die Hoffnung der Streikführer auf fahnenflüchtige Milizen erfüllte sich nicht. Zu den Truppen, die der Bundesrat Anfang November 1918 aufbot, «um Ordnung im Land zu halten», gehörten nach den vergangenen disziplinarischen Problemen keine Einheiten aus der Aargauer Brigade 12. Gestreikt wurde in Aarau, Baden und teilweise in Brugg. Zum Schutz der Zeughäuser erwog der Regierungsrat ein Landsturm-Aufgebot. Das Armeekommando liess ihn jedoch wissen, die Sicherung sei gewährleistet; auf Gesuch hin stehe in Lupfig eine Kavallerieschwadron zur

*Vor der Entlassung am 20. Juli 1915 de-
filierte die Brigade 12 mit den Aargauer
Infanterie-Regimentern 23 und 24 vor
dem Regierungsgebäude in Aarau vor
General Ulrich Wille und vor dichten
Zuschauerreihen. In den Reihen der
Truppen lief auch ein Soldatenhund mit
(zweitletztes Glied). Drei Jahre später
rüffelte Oberbefehlshaber Wille die 12.
Brigade wegen disziplinarischen Vergehen im Generalstreik-Ordnungsdienst
aufs schärfste.*

Verfügung. In Baden fingen Kavalleristen
Streiktrupps, die aus Zürich anrückten, ab
und sperrten sie vorübergehend in den Tanz-
saal des «Roten Turmes» sowie in die Krypta
der Sebastianskapelle ein. Das «Freiämter
Bataillon» 46 wurde dringend nach Aarau
aufgeboten. Abgesehen von Geplänkeln zwischen Regierung und Exponenten der politischen Linken verlief der militärische Einsatz
im Aargau ohne grössere Friktionen – anders

in Zürich, wo es Verletzte und anders als in
Grenchen, wo es Tote gab. Der Bundesrat be-
fahl daraufhin auch das «Fricktaler Bataillon»
59 zum Ordnungsdiensteinsatz.
In der Landesverteidigung auferlegte man
sich nach dem Krieg Zurückhaltung. Während des Krieges hatte sich aber in der Bewaffnung und Ausrüstung einiges geändert.
Das neue Maschinengewehr «Maxim» und
mit ihm die neu gebildeten Mitrailleur-Kom-

Auf die als patriotische Feier gedachte Einweihung des aargauischen Grenzbesetzungsdenkmals fiel der Schatten des Klassenkampfes: Der vom Generalstreik aufgewühlten sozialistischen Arbeiterschaft wurde empfohlen, dem Anlass demonstrativ fernzubleiben. Statt das Geld «mit vaterländischem Klimbim und einem wertlosen Stein zu vergeuden», würde man es besser für die Hinterbliebenen der Verstorbenen ausgeben, schrieb der «Freie Aargauer».

panien sowie die Stielhandgranate verstärkten die infanteristische Kampfkraft. Die Truppenordnung 1924 und Änderungen der Militärorganisation trugen dem Ausbau der Gebirgstruppen, des Motorwagendienstes, der Militärfliegerei und Nachschubeinrichtungen Rechnung. Der 4. Division wurde eine Gebirgsbrigade zugeführt. Zu ihrem Kernbestand gehörten weiterhin die Infanteriebrigaden 11 und 12, jetzt mit je drei statt zwei Re-

gimentern, sowie die Artilleriebrigade 4 und eine Reihe von Spezialeinheiten. Damit erreichte der Divisions-Sollbestand 33 953 Mann. Das «Riesengebilde» wuchs also. Von langer Dauer war diese Gliederung allerdings nicht: Mit der 1936 erneut revidierten Truppenordnung wurde die 4. Division wieder zur 5. Division sowie kleiner und beweglicher gemacht. Sie umfasste jetzt noch 15 717 Mann, halb soviel wie vorher.

**Weihnachten 1939
Jeder gibt, was er hat**

Die Grenzschutzsoldaten am Rhein waren auf alles gefasst und achteten auf jede Bewegung am deutschen Ufer. Auf den Brücken kamen sich Schildwachen in der Flussmitte ziemlich nahe. Meistens herrschte eisiges Schweigen als Zeichen gegenseitiger Abneigung. Man wusste der Antipathie aber auch mit subtilen Mitteln der psychologischen Kriegsführung Ausdruck zu geben. An Weihnachten 1939 stellten Deutsche einen Kübel voll Kuhdreck «für die Kuhschweizer» auf die Zurzacher Brückenmitte. Diese revanchierten sich mit einem Kübel voll Butter und der Widmung: «Unseren deutschen Freunden – jeder gibt, was er hat».

Die bisher grösste Herausforderung 1939–1945

Vom Deutsch-Französischen Krieg, 1870, bis zum Ausbruch des Ersten Weltkrieges, 1914, war fast ein halbes Jahrhundert verstrichen – jetzt, nach weiteren 25 Jahren, braute sich über Europa neues Unheil zusammen. Zündmaterial lieferten schwelende Glutnester in der europäischen und in der Kolonialpolitik, die Weltwirtschaftskrise mit Massenarbeitslosigkeit und Entwertung der Ersparnisse breiter Schichten durch Inflation, der Fehlschlag des Völkerbundes, die Aggressivität des Bolschewismus, das Aufkommen des Nationalsozialismus mit der Machtübernahme Hitlers in Deutschland sowie der Frontenfrühling, die schweizerische Erscheinungsform des Faschismus. Die politischen Meinungen polarisierten sich an Bürgerwehren und vaterländischem Aktionismus auf bürgerlicher Seite und klassenkämpferischer Agitation bei der politischen Linken. Wie im Ersten Weltkrieg erwies sich auch im Zweiten Weltkrieg die «Vorwarnzeit» für die Erstellung der vollen rüstungstechnischen Bereitschaft als zu kurz.

Die Rückkehr zur «Fünften»

Die Ausrüstungslücken der Armee konnten vor Kriegsausbruch nur teilweise geschlossen werden. Immerhin brachte es der Aargau fertig, 1933 an der Rohrerstrasse in Aarau ein neues kantonales Zeughaus zu beziehen. Volk und Stände hiessen ab 1934 Millionenkredite für die Landesverteidigung gut. Rekrutenschulen und Wiederholungskurse wurden verlängert. Neu dauerte die RS der Infanterie, Artillerie und Genie 13 Wochen, der Kavallerie 15, der Flieger- und der Motorwagentruppen 11, der Sanität und des Trains 9 Wochen. Die WKs erstreckten sich über drei statt zwei Wochen. Die Zahl der Divisionen wurde auf neun erhöht. Die 4. Division verwandelte sich wieder in die «Fünfte». Sie bestand jetzt aus dem Westaargauer Infanterie-Regiment 23, dem Ostaargauer Regiment 24, dem Stadtzürcher Regiment 4 und dem Artillerie-Regiment 5. Im Regiment 24 wurden die Bataillone 58, 59, 60 «selbständig» und als Auszugstruppen den neuen Grenzbrigaden zugeteilt. Dafür bildeten nun das «Schützen Vieri», das «Freiämter Bataillon» 46 und das Füsilierbataillon 102 (damals noch ein Landwehrverband aus dem Raum Baden-Lenzburg) das Regiment 24.

Die 5. Division bekam mit dem Chefarzt, Politiker und Militär Eugen Bircher einen vielseitig begabten, populären, aber auch angefochtenen Kommandanten. Er gehörte zu den ersten, die einen besser organisierten Grenzschutz sowie den Ausbau der Geländeverstärkungen forderten. Die Festung Full-Reuenthal an der exponierten Eingangspforte im unteren Aaretal, heute ein vielbeachtetes Festungs- und Militärmuseum, entstand beispiels-

**An Eugen Bircher
schieden sich die Geister**

Er war ein international geachteter, innovativer Arzt und medizinischer Forscher, ein talentierter Offizier, Truppenführer und Militärwissenschafter – und ein polarisierender Politiker der bürgerlichen Rechten. Die Aargauer «Soldatenseele» war ihm als Kommandant der Infanteriebrigade 12 vertraut. Er schickte als einziger Divisionär seine Heereseinheit an die Landesausstellung nach Zürich und schaffte für seine Leute an diesem unbeschwerten Tag auf dem «Landi»-Gelände die militärische Grusspflicht ab. Als geistiger Vater der gut gemeinten, jedoch rechtlich schlecht verankerten Bürgerwehren und als Leiter einer umstrittenen, einseitig auf der Seite der deutschen Wehrmacht handelnden Ärztemission an der Ostfront bot er Angriffsflächen.

Der Bundesrat verfügte auf den 29. August 1939 die Kriegsmobilmachung der Grenzschutztruppen. Sie hatten die Mobilmachung der übrigen Armee am 2. September 1939 zu sichern.

Armée suisse   Schweizerische Armee   Esercito svizzero

KRIEGSMOBILMACHUNG
AUFGEBOT DER GRENZTRUPPEN

MOBILISATION DE GUERRE   MOBILITAZIONE DI GUERRA
MISE SUR PIED DES TROUPES FRONTIÈRES   CHIAMATA ALLE ARMI DELLE TRUPPE DI FRONTIERA

1. Die Grenztruppen werden hiemit aufgeboten.
a) **Alle Wehrpflichtigen,** deren Dienstbüchlein einen **roten** Mobilmachungszettel enthält, haben **sofort** an den im Mobilmachungszettel angegebenen Orten einzurücken.
b) **Pferdestellung:** Die für die Stellung von Pferden und Maultieren an die Grenztruppen bestimmten Gemeinden haben diesen Befehl **sofort** auszuführen.
c) **Stellung der Motorfahrzeuge:** Alle Motorfahrzeuge (Personenwagen, Lastwagen, Motorräder etc.), deren Fahrzeugausweis mit einem **roten** Aufgebotszettel versehen ist, sind **sofort** an dem im Aufgebotszettel angegebenen Orte zu stellen.

2. Es sind ferner ebenfalls aufgeboten und haben sofort einzurücken:
a) Die Territorialkommandostäbe 1–12, die Mobilmachungsfunktionäre, das Personal des Munitionsdienstes;
b) Die Organe des Flieger-Beobachtungs- und Meldedienstes;
c) Die Organe des passiven Luftschutzes;
d) Die Mineurdetachemente.   **Eidgenössisches Militärdepartement.**

1. Les troupes frontières sont mises sur pied.
a) **Tous les militaires** dont le livret de service est muni de la fiche **rouge** de mobilisation entrent **immédiatement** au service aux endroits prescrits par la fiche de mobilisation.
b) **Fourniture des chevaux:** Les communes ayant été désignées pour fournir des chevaux et mulets aux troupes frontières exécutent **immédiatement** l'ordre de fourniture.
c) **Fourniture des véhicules à moteur:** Tous les véhicules à moteur (voitures, camions, motocyclettes, etc.) dont le permis de circulation est muni d'un ordre de marche **rouge** sont à remettre **immédiatement** à la troupe à l'endroit indiqué par l'ordre de marche.

2. Sont également mis sur pied et entrent au service immédiatement:
a) Les états-majors territoriaux 1–12, les fonctionnaires de la mobilisation, le personnel du service des munitions;
b) Les organes de repérage et de signalisation d'avions;
c) Les organes de la défense aérienne passive;
d) Les détachements de mineurs.   **Département militaire fédéral.**

1. Le truppe di frontiera sono chiamate alle armi.
a) **Tutti i militari,** il cui libretto di servizio è munito dell'avviso di mobilitazione di color **rosso,** devono entrare **immediatamente** in servizio giusta le istruzioni contenute in detto avviso.
b) **Consegna dei cavalli:** I comuni che sono stati designati per la consegna dei cavalli o muli alle truppe di frontiera devono eseguire **subito** questo ordine.
c) **Consegna degli autoveicoli:** Tutti gli autoveicoli (autovetture, autocarri, motociclette, ecc.), la cui licenza di circolazione è munita di un ordine di marcia di color **rosso,** devono essere presentati **subito** giusta le istruzioni contenute in detto ordine.

2. Sono parimente chiamate alle armi e entrano in servizio immediatamente:
a) Gli stati maggiori territoriali 1–12, i funzionari della mobilitazione, e il personale del servizio delle munizioni;
b) Gli organi del servizio d'avvisamento e di segnalazione antiaereo;
c) Gli organi della protezione antiaerea;
d) I distaccamenti minatori.   **Il Dipartimento militare federale.**

BUNDESARCHIV
BERN

Pfingsten 1940:
Zum Kampf bereit

In der Nacht auf Pfingstsonntag 1940 spitzte sich die Lage an der Rheingrenze dramatisch zu: Der Einmarsch deutscher Truppen schien unmittelbar bevorzustehen. Auf der Meldezentrale Klingnau musste Telefon-Hilfsdienstsoldat A. Richard um 23.30 Uhr dem Kommando des Grenz-Regimentes 50 die Meldung übermitteln, es sei sofort «volle Kriegsbereitschaft zu erstellen». Um 2.30 Uhr hörte er einen Kompaniekommandanten dem Bataillonskommando melden: «Meine Leute stehen schussbereit in den Linien». Worauf der Bataillonskommandant antwortete: «So, jetzt sind alle in Stellung. Hoffen wir, dass die Nacht ruhig bleibt. Sollten sie uns aber angreifen, wollen wir der Welt zeigen, was sie von uns verlangt.»

Ein Detachement im Aktivdienst 1939–45 rückt mit Helm, Pickel, Schaufel, umgehängtem Regenschutz und Gewehr zum Bau von Abwehrstellungen im Bezirk Baden aus.

weise wesentlich auf seine Initiative. Mit beachtlichem Effort wurden entlang des Rheins und an denkbaren Einmarsch-Achsen Tanksperren und Bunker, Unterstände und Waffenstellungen, Drahtverhaue und Gräben gebaut. Das betraf vor allem die Gebiete Kaiserstuhl–Fisibach, Mellikon–Tägerbachtal, Zurzach–Surbtal, Koblenz–Aaretal, Etzgen–Mettauertal, Laufenburg–Sisseln–Stein–Wallbach–Möhlin. Im «Hinterland» entstanden bedeutsame Abwehrstellungen entlang der Limmatlinie, von Zürich bis ins Wasserschloss bei Brugg, und im Raum Bözberg. Der grössere Teil war beim Ausbruch des Krieges noch nicht fertig; die Grenzbesetzungstruppen vervollständigten die Anlagen in den ersten Aktivdienstmonaten. Zum Teil sind Bauten und Denkmäler heute noch im Gelände anzutreffen.

Grenzschutz in Stellung und Generalswahl

Eine wichtige Rolle in der Abwehrstrategie wurde den neuen Grenzbrigaden zugeteilt. Sie hatten mit ersten Grenzschutz-Massnahmen die Mobilisierung der Feldarmee zu sichern. Der Grenzbrigade 5 unter dem Kommando von Oberst Karl Renold, Direktor der Aargauer Gebäudeversicherungsanstalt und – wie Bircher – später BGB-Nationalrat, war der Abwehrraum vom Städtchen Kaiserstuhl (exklusive) bis Stein zugewiesen. Die Einheiten rekrutierten sich aus Wehrpflichtigen und Hilfsdienstkräften der Grenzregion – also mit dem Einsatzgebiet vertrauten Leuten. In den Grenzformationen waren alle drei Altersklassen – Auszug, Landwehr, Landsturm – vertreten, ebenso mehrere Waffengattun-

Im Winter/Frühling 1940 von Innerschweizer Truppen erstellter, grosser Bunker für Infanteriekanonen, Maschinengewehre und Beobachter im Gebiet Allmend, Baden.

Augenzeuge sah,
was mit Flüchtenden geschah

Franz Schmidbauer aus Koblenz, später senkrechter Gewerkschafter und SP-Grossrat, half als Grenzschutzsoldat auf Patrouillengängen entlang dem Rhein Flüchtende – «die es geschafft hatten, rüberzukommen» – aus dem Stacheldraht zu befreien und wegzutragen, weil sie keine Kraft mehr hatten. Eines Nachts, 1943, stand er Wache mitten auf der Brücke in Zurzach, neben der Grenzlinie. Plötzlich vernahm er vom deutschen Rheinheim her Lärm und Schüsse: «Im Wasser draussen sah man eine Gruppe von dunklen Punkten, die sich bewegten. Dann hörte man ab und zu einen Schrei, und ein Punkt verschwand. Von dieser Gruppe Flüchtender kam keiner ans Schweizer Ufer. Ich sah auch diejenigen, die schossen: Es waren SS-Leute. Es hätte mich schon gejuckt, zum Gewehr zu greifen, aber zwei Meter neben mir stand der deutsche Wachsoldat.»

Oben: Im Sommer 1940 angefangener Stollenbau mit mehreren Nebenkavernen für eine vorgesehene unterirdische Regiments-Sanitätshilfsstelle im Gebiet Bergwald bei Fislisbach.

Unten: Küchenbetrieb der Luzerner Mitrailleurkompanie IV/43 in Obersiggenthal.

54

Alliierte Bomber
im Aargau abgeschossen

Am Weihnachtstag 1944, kurz vor 1 Uhr nachmittags, stürzte bei Würenlingen ein von der schweizerischen Fliegerabwehr getroffener grosser amerikanischer «Librator»-Bomber ab. Dass das Dorf unversehrt blieb, schrieben Augenzeugen dem Piloten zu, der die brennende Maschine im letzten Moment an den Rand des Ruckfeldes steuerte und zu spät absprang. Er fand neben dem abgestürzten Kampfflugzeug den Tod. Ein weiteres Besatzungsmitglied kam in den Trümmern ums Leben. Acht Mann waren mit dem Fallschirm abgesprungen; sie landeten, vom Ostwind abgetrieben, links und rechts der Aare. Ein Unglücklicher versank in den Fluten. Die jungen Amerikaner zeigten trotz des Unglücks grosse Freude, als sie vernahmen, dass sie in der Schweiz seien.
«Aargauer Volksblatt»
vom 26. Dezember 1944

Der Aargau erlebte während des Zweiten Weltkrieges noch einen andern Bomberabsturz, und auch in diesem Fall hatte die Umgebung Glück im Unglück: In der Nacht auf den 15. April 1943 zerschellte bei Birmenstorf, ebenfalls in Dorfnähe, ein britischer «Wellington»-Bomber. Die Besatzung, fünf Mann, konnte sich mit dem Fallschirm retten.
Berichte zur Heimatkunde,
1993, Birmenstorf

Batteriestellung zwischen Reuss und Birrfeld, im Weiler Inlauf bei Birrhard. G 1 bis G 4 markieren Geschützstände, M 1, M 2 und S waren Unterstände für Mannschaft und Schiessoffizier. Die ganze Anlage war durch einen unterirdischen Stollen verbunden.

gen: Eine bunte Heerschar mit gelben, roten und braunen Patten, Langgewehr und verschiedenen Karabinermodellen, Säbeln, Bajonetten, Faschinenmessern, je nach Herkunft. Die personelle Mischung, der ortsgebundene Auftrag mit hohem Bereitschaftsgrad, die verborgenen Festungsanlagen mit ihren diskreten Verbindungen sowie die Verschmelzung von Militär und Zivilbevölkerung während der langen Aktivdienstzeit prägten den Geist der Grenztruppen und formten sie zu einer verschworenen Gemeinschaft. Im Wesentlichen bestand die Grenzbrigade 5 aus den Grenz-Regimentern 50 (Aare) und 51 (Bözberg).
Den Zweiten Weltkrieg hatte man kommen sehen; Hitler entfesselte ihn im Spätsommer 1939 mit dem Angriff auf Polen. Der Bundesrat verfügte auf den 29. August die Mobil-

machung des Grenzschutzes. 4758 Mann der Grenzbrigade 5 traten unter die Fahnen. Schon am Abend waren die rekognoszierten Stellungen bezogen. Noch in der gleichen Nacht begann die Truppe mit dem Bau von Feldbefestigungen. Am Tag darauf wählte die Vereinigte Bundesversammlung den Waadtländer Henri Guisan zum Oberkommandierenden. Den aargauischen Stäben und Milizen war er nicht unbekannt. Als früherer Kommandant des Feldarmeekorps 2 hatte er 1933 auch über die Aargauer Infanterie-Brigade 12 verfügt. Seine rechte Hand vom Kriegsjahr 1940 an – aber nicht willfähriger Handlanger, sondern nach Guisans Worten «ein grosser Soldat mit völlig unabhängigem Geist und unerschütterlicher Ruhe» – wurde Generalstabschef Jakob Huber, ein waschechter Aargauer aus Jonen.

In Koblenz wurden Militärbaracken bombardiert

Am Freitag, 16. Februar 1945, um Viertel vor drei Uhr nachmittags, bombardierten und beschossen amerikanische Flugzeuge Waldshut. Dabei gingen auch drei Bomben auf das aargauische Koblenz nieder. Getroffen wurden Mannschaftsbaracken des Rheinpostens Koblenz. «Inmitten der Baracken ein riesiges Loch und ein Bombenkrater, etwa 2 Meter tief und 8 Meter Durchmesser», schrieb Leutnant Kurt Wächter seinem Vater. Er und seine Leute hatten sich in Deckung geworfen. Wie durch ein Wunder wurde niemand verletzt.

Ausser in Koblenz wurden im Aargau während des Krieges noch an je drei Orten – ohne wesentliche Schäden – Abwürfe von Sprengbomben und Beschiessungen durch Flugzeug-Bordwaffen registriert.

An der Nordfront und im Réduit

Auch die Mobilisierung der 5. Division am 2. September ging ohne grössere Friktionen vor sich. Das Fassen des Korpsmaterials aus den Zeughäusern klappte tadellos. Allerdings waren etwelche Materialmängel, vor allem bei requirierten zivilen Geräten und Fahrzeugen, festzustellen. Nach der Vereidigung wurde die «Fünfte» in die Neutralitätsaufstellung in den Raum Brugg und westlich davon befohlen. Nach einigen Tagen bezog sie das Dispositiv Nordfront I. Das Regiment 4 verteidigte das Aaretal von Siggenthal-Villigen bis zum Bruggerberg; das Regiment 23 richtete sich auf breiter Front auf den Jurahöhen zwischen Bürersteig und Zeihen ein; das Regiment 24 schloss links an, später bildete es als Divisionsreserve das «Kernwerk Bözberg». Auf dem Bözberg stand auch die Masse der Artillerie und zuvorderst die Grenzbrigade. Die Truppe war mit der Bewachung ihrer Abschnitte, der Einübung des Abwehrkampfes und dem Ausbau der Stellungen beschäftigt. Der felsige Juraboden und bald auch eisiger Frost leisteten schon beim Ausgraben einfacher Schützenlöcher harten Widerstand. Im Januar 1940 wurden am Rhein 30 Grad unter Null gemessen. In jenen Wochen sorgte ein «Handschuhbefehl» bei gewissen Truppen für Ärger: Den «Höheren» wurden Lederhandschuhe befohlen. Die «Gewöhnlichen» warteten auf gestrickte Handschuhe.

Am 10. Mai 1940 überfiel die deutsche Wehrmacht Belgien, die Niederlande und Luxemburg, um Frankreich anzugreifen. Ein Angriff durch die Schweiz schien nicht ausgeschlossen. Darum wurde wieder die ganze Armee

Zur Bekämpfung feindlicher Flugzeuge setzte die Flab im Aktivdienst Maschinengewehre ein, die auf Fliegerlafetten montiert wurden.

mobilisiert. Der deutsche Angriff erfolgte durch die Ardennen. In 42 Tagen war Frankreich besiegt. Das war ein ungeheurer Schock. Die vollkommene Einschliessung durch eine einzige kriegsführende Macht bewog General Guisan zum Réduitplan: Er zog die Armee zur Rundumverteidigung im stärksten Abwehrraum, dem Gebirge, zusammen. Der Preis war der Verzicht auf einen nachhaltigen Schutz des bevölkerungsreichen Mittellandes. Nur ein Teil der 5. Division wurde allerdings in den Zentralraum verlegt; die Hälfte verblieb in der Armeestellung Nord und ersparte der Bevölkerung den Schock, von der ganzen Feldarmee verlassen zu werden. Die «Fünfte» musste sich auf einen Kampf bis zur Erschöpfung einrichten, weil ein Rückzug ins Réduit bei einem feindlichen Einmarsch ins Mittelland kaum möglich gewesen wäre.

«Vergesst die Soldatenseele nicht!»

Der lange Aktivdienst, die wechselnden Bedrohungslagen, das eingeschränkte zivile Leben und die gedrosselten wirtschaftlichen Aktivitäten belasteten die Wehrpflichtigen und ihre Angehörigen ebenso wie private Unternehmen und öffentliche Betriebe. Die soziale und wirtschaftliche Kriegsvorsorge war zwar besser als im Ersten Weltkrieg, dennoch mangelte es an vielem. Divisionskommandant Bircher legte den Kadern ans Herz: «Vergesst die Soldatenseele nicht!». Zur Motivation der Truppe wurden Vorträge, Vorführungen und Kurse organisiert, Sporttage durchgeführt, Soldatenstuben betrieben, sogar eine Militärrevue einstudiert und eine tägliche «Grenzschutz-Zeitung» herausgegeben – bis sie aus unbekannten Gründen

Die Infanteriekanone war die wirksamste panzerbrechende Infanteriewaffe im Zweiten Weltkrieg. Soldaten der Stabskompanie des Gebirgs-Füsilierbataillons 47 vor dem alten Gasthof Adler in Birmenstorf.

General Guisan mit Generalstabschef Jakob Huber.

Jakob Huber
Im Schatten des Generals

Von 1940 bis 1945 war Korpskommandant Jakob Huber Generalstabschef der Armee – der «Mann hinter General Guisan». Der Bauernsohn aus dem aargauischen Jonen war ein intelligenter, gewissenhafter, wortkarger Mensch. Während der General zur Symbolfigur der schweizerischen Wehrhaftigkeit im Zweiten Weltkrieg wurde, stand der Generalstabschef bewusst in dessen Schatten. Hubers Aufgabe im Aktivdienst war erdrückend. Letztlich trug er

Ortswehrfreiwillige, zum Teil mit eigenen Schusswaffen ausgerüstet, waren bereit, im Ernstfall Saboteure und feindliche Luftlande- und Panzertruppen zu bekämpfen.

auf Anweisung «von oben» eingestellt werden musste.

Im «feldgrauen Alltag» spielten Kompaniekommandanten und Feldweibel eine Schlüsselrolle. Zu hohen Stäben und Kommandanten hatte das «Fussvolk» geringen Kontakt. «Man kann sich heute kaum mehr vorstellen, wie fremd der Truppe die eigenen Vorgesetzten waren», schrieb später der Zeitzeuge und Publizist Oskar Reck. Deswegen verblassten auch zwei gravierende personelle Ereignisse schnell: Weil der Kommandant des Infanterie-Regimentes 23 Sympathien für den Nationalsozialismus zeigte, entfernte ihn der General von seinem Posten. «Jetzt brauchen wir eine Patrone weniger», hiess es lakonisch unter

den Soldaten; denn es schien abgemacht, dass der Oberst beim Angriff von Norden als Erster aus den eigenen Reihen erschossen würde. Rasch ging man an der «Front» auch beim Tod des Divisionskommandanten Rudolf von Erlach zur Tagesordnung über. Der Nachfolger von Divisionär Eugen Bircher starb 1944 auf seinem KP an Herzversagen. Ihn ersetzte der Basler Paul Wacker. In Basel erfüllte dann die «Fünfte» ihre letzte Grenzsicherungsaufgabe. Sie konnte einmal mehr in vorgeschobener Position das Vorrücken der Alliierten und die Artillerieduelle im Elsass verfolgen. Am 6. Dezember 1944 war ihr Auftrag erfüllt. Nach einem Defilee vor dem General in Aarau wurde sie aus dem Aktivdienst entlassen.

die Verantwortung für die Einsatzplanung und Kampfbereitschaft der Truppen, die Umsetzung der Operationspläne bis zum Réduit-Dispositiv, die Heeresorganisation, die Kriegswirtschaft der Armee, die militärischen Bauten und das Material, den Nachrichten- und Sicherheitsdienst sowie Belange des Territorialdienstes wie Internierung und Flüchtlinge. Trotz ihrem gegensätzlichen Naturell verstanden sich der kontaktfreudige Waadtländer Guisan und der spartanische Aargauer Huber. Jeder konnte die Sprache des andern sprechen, und beide liebten die gleiche Ablenkung – den täglichen Ausritt zu Pferd. Jakob Huber zog sich am 20. August 1945 in den Ruhestand zurück. Er starb am 11. März 1953 im Alter von 70 Jahren und fand seine letzte Ruhestätte in seinem Heimatdorf Jonen.

Wo General Henri Guisan auftrat, wurde ihm Sympathie entgegengebracht. Mädchen überreichten ihm Blumen anlässlich des Vorbeimarsches der Grenzbrigade 5 am 14. November 1942 auf der Laurenzenvorstadt in Aarau, im Anschluss an eine Generalinspektion.

Junger Beobachter der «Barbarossa»-Manöver, 1968.

Vom Weltkrieg
zum Kalten Krieg
1945–1990

Der Zweite Weltkrieg von 1939–1945 hatte 27 Millionen Soldaten und 25 Millionen Zivilisten das Leben gekostet. Die Entwicklungen in allen Bereichen der Waffentechnik und der Gefechtstaktik, die in diesem Krieg zu verzeichnen waren, gingen weiter und erreichten mit atomwaffenbestückten Interkontinentalraketen und der Bedrohung durch taktische Atomwaffen auf dem Gefechtsfeld ein apokalyptisches Vernichtungspotenzial. Neu war, dass eine wirkungsvolle Waffe, die Atombombe, zweimal eingesetzt, danach wohl weiter entwickelt, jedoch in Kriegshandlungen nicht mehr verwendet wurde. Diese Realität stellte das strategische Denken vor neuartige Herausforderungen, die in Schlagworten wie «massive Vergeltung» und «Gleichgewicht des Schreckens», ja MAD, «mutually assured destruction», ihren deprimierenden Ausdruck fanden. Sie berührten auch die schweizerische Landesverteidigung. Mit der Truppenordnung 1951 wurden organisatorische Verbesserungen getroffen, und mit dem Rüs-

tungsprogramm 1952 Rückstände bei der Panzerwaffe und Panzerabwehr, der Flugwaffe und Fliegerabwehr aufgeholt. Für Rüstungszwecke bewilligten die eidgenössischen Räte zwischen 1951 und 1973 insgesamt 13,5 Milliarden Franken. Der Korea-Krieg, fernab zwar, war schon ein Fingerzeig auf die Ost-West-Konfrontation der Grossmächte und machte klar, dass der ewige Friede nach dem Zweiten Weltkrieg Wunschtraum blieb.

Von der 5. Division ging das Stadtzürcher Infanterie-Regiment 4 weg, das Kantonszürcher Infanterie-Regiment 27 und die neue Mobile Leichte Flab Abteilung 5 kamen dazu. Die Bewaffnung wurde durch leistungsfähigere Maschinengewehre und Raketenrohre sowie die 10,5-cm-Haubitze anstelle der 7,5-cm-Feldkanone verstärkt. Die Fliegerabwehr bekam das neue Drillingsgeschütz. Eine intensive Folge von Truppenübungen setzte ein. Unter dem neuen Kommando von Divisionär Robert Frick wurde die Beweglichkeit der Division und die Feuerkraft der Artillerie getestet. 1955 setzte sich die «Fünfte» im ersten «Atom-Manöver» mit angenommenen A-Einsätzen auf dem Gefechtsfeld auseinander. Das bedeutete: Helm, Pelerine und Gasmaske immer griffbereit halten und sich möglichst gut «einigeln». Die tatsächliche Wirkung der neuen Kampfmittel überstieg indes die Vorstellungskraft mancher Beteiligter.

Von der Grenz- zur Felddivision 5

Der nächste Divisionskommandant, Divisionär Fred Küenzy, empfahl gegen Leerläufe andere Tageseinteilungen: felddienstliche Ausbildung bis 13.30 Uhr mit Zwischenver-

Armee-Einsätze bei Naturkatastrophen sind heute fester Bestandteil der Einsatzdoktrin. Das Militär machte sich auch früher bei zivilen Bedürfnissen nützlich. So sprengte 1963 eine Luftschutzkompanie fachgerecht den alten Kirchturm im aargauischen Zeihen.

Ab 1955 gehörten Atomwaffeneinsätze zum taktischen Gefechtsszenario. Das bedeutete: Die Gasmaske immer griffbereit halten. Mit dem alten «Gasrüssel» war das umständlich.

Die Funktion der Frauen in der Armee wandelte sich grundlegend: Der Frauenhilfsdienst (FHD) spielte bis Ende der Achtzigerjahre eine Ersatz- und Übergangsrolle. Heute können Frauen freiwillig, aber vollwertig, in alle Truppengattungen eintreten.

pflegung, für den Rest des Tages Theorie, Kameradenhilfe, Körpertraining sowie Kadervorbereitung. Die Einführung des Sturmgewehres 57 als neue persönliche Waffe steigerte die infanteristische Kampfkraft enorm. Sie verunmöglichte aber auch den Gewehrgriff als alte Drillform. Überhaupt war es Zeit für formale Lockerungen, zumal die Stehkragen-Uniformen mit dem berüchtigten «Häftli» bequemeren Reverskragen gewichen waren. Das neue Dienstreglement ging in der zweiten Hälfte der Sechzigerjahre noch einen Schritt weiter: Erlaubt waren im Ausgang jetzt sogar «schwarze Schaft- oder Halbschuhe» anstelle der schweren Ordonnanzschuhe (Dienstreglement 67). Und gegrüsst zu werden brauchte nicht mehr, wenn sich der Höhere nicht in nächster Nähe befand (Dienstreglement 71). Das sei verheerend für die Disziplin der Truppe, wetterte ein Bataillonskommandant. Die nach ihrem Urheber so genannte damalige Oswald-Reform verunsicherte nicht nur ihn.

Die Truppenordnung 61 und die Konzeption vom 6.6.66 beendeten einen erbittert geführten Konzeptstreit über die Frage, wie ein infanteristisches Milizheer im Atomzeitalter gegen einen vollmechanisierten Gegner bestehen würde. Zudem leiteten sie eine Verjüngung ein: Das Wehrpflichtalter sank von 60 auf 50 Jahre. Die 5. Division wurde in Grenzdivision 5 umbenannt. Das Zürcher Infanterie-Regiment 27 machte dem Basler Regiment 22 Platz. Teile des Artillerie-Regimentes 5 wechselten zur Mechanisierten Division 4. Die Dragoner-Abteilung 5 wurde dem Dragoner-Regiment 2 im FAK 2 zugeteilt, doch bald wieder der Grenzdivision 5 unterstellt. Manches hatte nicht lange Bestand. Die Armee reformierte sich laufend. Die Grenzdivision 5 wandelte sich zur Felddivision, wurde beweglicher und kampfstärker, bekam ein Aufklärungsbataillon, zwei gegenschlagfähige Panzerbataillone und Panzerabwehrlenkwaffen, zuerst die manuelle «Bantam», später die halbautomatische «Dragon» und schliesslich das auf Radpanzern installierte Lenkwaffensystem «TOW».

Mündiger Bürger als mitdenkender Soldat

Die Manöver «Barbarossa», 1968, markierten Ende und Aufbruch. Korpskommandant Alfred Ernst, Kommandant des Feldarmeekorps 2, und Divisionär Karl Walde, Chef der «Fünften», traten ab. Neuer Divisionskommandant wurde Rechtsanwalt Hans Trautweiler, seit Eugen Bircher erstmals wieder ein Milizoffizier. Er verkörperte den Typ eines Managers, dem Kompetenz wichtiger war als formale Autorität, im Sinne der Oswald-Reform, die dem «freien und mündigen Bürger als mitdenkendem Soldaten» eine Lockerung der steifen Umgangsformen zugestand. Trautweiler baute mit den «Divisions-Nachrichten» die Information aus. Wachen Sinnes begegnete er der in verändertem gesellschaftlichem Umfeld und wachsendem Wohlstand lebenden, zunehmend antiautoritären und militärkritischen zweiten Nachkriegsgeneration. «Kampf dem Leerlauf» hiess für sie die Losung. Soziales Engagement, Einsätze in zivilen Bereichen, das Auftreten des Soldaten als Gentleman sollten Ansehen und Erscheinungsbild der Armee in der Öffentlichkeit heben. Gelegentlich wurde über das Ziel hinaus geschossen, etwa, als sich Einheiten der

im Zivil ein Herr... im Dienst ein Rüppel?

Imagekampagne der Felddivision 5 in den Achtzigerjahren für gutes Benehmen im Militärgewand.

Die starke Verjüngung der Armee wird an den Wehrmännerentlassungen augenfällig: Im Jahr 1961 wurde man mit 60 entlassen, im Jahre 2004 gaben die 39- bis 36-Jährigen ab. Aufnahmen aus den Sechzigerjahren und aus neuerer Zeit.

Rechte Seite: Die grossen Manöver «Feuervogel» im Jahre 1983 gingen vom Szenario massiver Luftlandeaktionen aus.

Zum 100. Geburtstag von Korpskommandant Jakob Huber (1883–1953), Generalstabschef im Zweiten Weltkrieg, wurde am 31. Oktober 1983 in Jonen im Beisein des Gesamtregierungsrates ein Denkmal eingeweiht.

«Fünften» wie ein Sperrgut-Abfuhrunternehmen mit der Entrümpelung von Autowracks beschäftigten.

Mannigfaltige Strömungen kennzeichneten die Zeit von 1960 bis 1980. Eine Reihe führender Staatsmänner des Zweiten Weltkrieges und der Nachkriegszeit trat ab, starb, wurde gestürzt oder ermordet (Kennedy, Nehru, Churchill, Adenauer, Eisenhower, de Gaulle, Nasser, Chruschtschew, Franco, Mao Tse Tung, Tito). Nach dem Bau der Berliner Mauer und der Kubakrise schien sich trotz Vietnamkrieg, Kulturrevolution in China, Ölkrise, Bürgerkriegen im Libanon und in Äthiopien eine gewisse Entspannung abzuzeichnen. Der Westen war mit dem gesellschaftlichen Wandel beschäftigt, derweil die Sowjetunion atomar und konventionell aufrüstete. Die

schweizerische Militärpolitik bewegten die Mirage-Affäre, die Beschaffung des Panzers 68, Soldatenkomitees und ihre Auflehnung gegen Disziplin, Wehrpflicht und Dienstbetrieb, ein neues Gesamtverteidigungskonzept, der Ausbau des Zivilschutzes und die Abschaffung der Kavallerie, die eine Zäsur für den Waffenplatz Aarau bedeutete und lange Diskussionen um dessen Zukunft sowie die Kasernenverlegung in Gang setzte. Sie führten schliesslich mit dem Umbau der Kaserne am bisherigen Standort, dem Abbruch mehrerer Altbauten, dem Neubau eines Lehrgebäudes, einer Mehrzweckhalle, eines Werkstattgebäudes und mit der Renovation des General-Herzog-Hauses und des Trompeterhauses zu einer für die Truppe wie die Stadt Aarau guten Sanierungslösung.

Aargauer Soldatenweihnacht auf dem Flughafen

Dass das militärische Handwerk nicht zu vernachlässigen war, verdeutlichten 1969 und 1970 Anschläge auf Passagierflugzeuge in der Schweiz beziehungsweise in schweizerischem Besitz. 1970 explodierte ein Swissair-Flugzeug bei Würenlingen: Der nahöstliche Terror hatte den Kanton Aargau erreicht. Die Attentate zwangen im selben Jahr zur Bewachung der Flughäfen Zürich und Genf. Die Bewachungsdienste galten als Aktivdiensteinsätze. Beide Male waren Einheiten der «Fünften» dabei – das Schützenbataillon 4 erlebte in Kloten erstmals seit dem Zweiten Weltkrieg wieder eine Soldatenweihnacht. Sodann unterstützte die «Aargauer» Division die Genfer Polizei bei den Sicherungsaufgaben der Nahostkonferenz, 1974, und des Ost-West-Gipfeltreffens zwischen US-Präsident Ronald Reagan und dem sowjetischen Generalsekretär Michail Gorbatschow, 1985. Das

Mit dem Fall der Berliner Mauer endete der Kalte Krieg. Tanksperren im Aargau, Symbole der Abwehrbereitschaft im Zweiten Weltkrieg, wurden weggeräumt oder in Schrebergärten umgewandelt.

Bild von Reagan beim Abschreiten der Ehrenfront der von Hauptmann Herbert Huber, Lenzburg, kommandierten Grenadierkompanie 10 ging um die Welt.

Die «Fünfte» lebte sich in die Rolle als beweglichere und kampfstärkere Felddivision ein. Ausbildung, Ausrüstung und Taktik wurden in grossen Übungen auf Stufe Division und Feldarmeekorps getestet. Die Manöver «Salida», «Bubenberg», «Saturn», «Feuervogel», usw. verliessen alte Pfade und richteten sich auf aktuelle Situationen aus: Durch Sabotage und Luftangriffe gestörte Mobilmachungen, Kampf in dicht besiedeltem Gebiet, Abwehr von Luftlandeaktionen, Durchhalteaktionen, Improvisationsvermögen in chaotischen Situationen. Nützlich war die Kontinuität im Divisionskommando mit gut gestaffelten Ablösungen der Divisionäre Pierre-Marie Halter (1978–1985), Werner Frey (1986–1992), Rudolf Zoller (1993–1995), Max Riner (1996–2000) und Paul Müller (2001–2003).

Die Manöver «Barbarossa» der 5. Division, 1968, markierten Ende und Aufbruch: Korpskommandant Alfred Ernst, Kdt FAK 2, der die Armeereform 1966 mitprägte, kam ein letztes Mal an die «Front». Die Truppe baute, massstabgetreu, «atomsichere» Feldunterstände.

Schall und Rauch
Manöver «Barbarossa»

Die Herbstmanöver «Barbarossa» (mit dem Beinamen des deutschen Kaisers Friedrich I, der im 12. Jahrhundert das Schloss Lenzburg bewohnte) sprengten 1968 den gewohnten Rahmen. Die 5. Division (orange) und die 8. Division (schwarz) standen sich gegenüber. Es wurden verschiedene begrenzte und überschaubare Kampfhandlungen unter möglichst kriegsähnlichen Bedingungen durchexerziert. Zur Realität gehörte, dass Panzerangriffe querfeldein, über Wiesen und Äcker, abrollten. Auf besonders eindrückliche Art wurden ein «Anschlag» auf die viel befahrene Aarebrücke Schönenwerd, mitten im Feierabendverkehr, sowie ein «schwarzer» Überfall auf die von «Orange» gehaltene Sperre Villmergen inszeniert.

Militärwettkämpfe waren bei den Aargauer Truppen hoch im Kurs. Die 5. Division führte jahrzehntelang Wintermeisterschaften in Kandersteg sowie Sommermeisterschaften durch. Mehrfach errangen aargauische Einheiten den Armeemeistertitel.

Rechte Seite: Beim Gipfeltreffen zwischen dem amerikanischen Präsidenten Ronald Reagan und dem sowjetischen Parteisekretär Michail Gorbatschow, im November 1985, kamen Aargauer Wehrmänner im Infanterie-Regiment 10 für Bewachungsaufgaben zum Einsatz. Die Truppe wurde vor der Kaserne in Genf vereidigt und bezog auf dem Flughafen Cointrin Stellung. Präsident Reagan schritt die Ehrenfront der Gren Kp 10 ab.

Was suchte «007» in der Aargauer Miliz?

Vorbeimarsch von Truppen der Feld-division 5 unter dem Kommando von Divisionär Pierre-Marie Halter am 7. Dezember 1978 in Aarau, zum Abschluss des Jubiläumsjahres «175 Jahre Kanton Aargau».

**Die Herausforderungen
der Zukunft annehmen**

«Ich meine, wir sollten mit Mut und Offenheit den Wandel angehen, wir sollten selbstkritisch das Bestehende und das vorgesehene Neue prüfen, die Auseinandersetzungen, die unvermeidlich sein werden, mit Toleranz führen und uns bewusst sein, dass es auch im Bereich der bewaffneten Landesverteidigung darum geht, einen Dienst für alle, für das Land, in optimaler Form zu leisten.»
*Ständerat Dr. Hans Jörg Huber,
früherer Aargauer Militärdirektor,
im «Zughüsler» 1993*

«Nationale und militärische Sicherheit bedeutet Bereitschaft und zeitgerechte Reaktionsfähigkeit gegen existenzielle Bedrohungen. Massstab sind nicht Erlebnisse der Vergangenheit, sondern Herausforderungen der Zukunft. Da wir diese nicht kennen, sondern höchstens in Umrissen erahnen, ist eine Armee mit hoher Flexibilität erstes Gebot.»
*Nationalrat Ulrich Siegrist,
Präsident Schweizerische Offiziersgesellschaft, im «Zughüsler» 2000*

Kein Stein
blieb auf dem andern
1990–2004

Die «Wende» – der Fall der Berliner Mauer im Herbst 1989 – machte den Niedergang des sowjetischen Imperiums deutlich. Eine Zeit des unberechenbaren Wandels begann. Das latente militärische Konfrontationsrisiko während des Kalten Krieges schwächte sich ab. Andere Gefahren wie Katastrophen, Terrorismus, Flüchtlingsströme und das organisierte Verbrechen traten in den Vordergrund. Plötzlich waren der «BöFei» (böse Feind) und damit Sinn und Zweck der Armee nicht mehr so augenfällig wie früher. Die Armee-Abschaffungsinitiative der Gruppe Schweiz ohne Armee (GSoA) vereinigte im November 1989 35,6 Prozent Ja-Stimmen auf sich. Ein 1990 auf den Tisch gelegter «Sicherheitsbericht» trug den neuen Gegebenheiten Rechnung. Als Kernkompetenz sollte die Armee ihre Verteidigungsfähigkeit behalten, aber unterhalb der Kriegsschwelle vermehrt Beiträge zur Friedensförderung und allgemeinen Existenzsicherung leisten, zum Beispiel durch Unterstützung ziviler Stellen in Katastrophenfällen.

Darauf richtete sich die Reform «Armee 95» aus. Sie begrenzte die Wehrpflicht auf das 42. Altersjahr und verringerte den Sollbestand der Armee von 600 000 auf 400 000 Angehörige. Die Heeresklassen wurden abgeschafft, die Dienstdauer herabgesetzt, Wiederholungskurse nur noch alle zwei Jahre geleistet. Grenz- und Réduitbrigaden hob man auf. Die Grenzbrigade 5 verabschiedete sich in würdiger Weise an einem kühlen Tag im Spätherbst 1994 auf dem Bözberg, in ihrer militärischen Heimat. Die in der Zeit des Aktivdienstes 1939–1945 entstandene besondere Verbundenheit dieses Verbandes mit «Land und Leuten» im Grenzgebiet kam nochmals zum Ausdruck. Die Grenzbrigade hatte ihren Auftrag erfüllt – sie war von ihm bis zur letzten Stunde beseelt. Aber ihre Einsatzdoktrin, die statische, flächendeckende Rundumverteidigung passte nicht mehr in das neue Konzept der dynamischen Raumverteidigung. Zur schnelleren Reaktionsfähigkeit wurde die Infanterie teilmechanisiert. Die Radschützenpanzer «Piranha» machten die Füsilierbataillone beweglicher und kampfstärker. Um die mechanisierten und spezialisierten Einheiten zu alimentieren, wurde die 3. Kompanie jedes Bataillons aufgelöst.

Von der «Armee 95» zur Armee XXI

Aussen- und innenpolitische Faktoren, wie die Veränderung des Sicherheitsumfeldes der Schweiz (Nato-Osterweiterung in ehemalige kommunistische Warschaupakt-Staaten), demografische Gründe (schwindendes Rekrutierungspotenzial), die Kürzung der Militärausgaben, offenkundige Mängel der Armee

Nachdem ein gewaltiger Sturm das Bündnerland heimgesucht hatte, leistete das Aargauer Infanterie-Regiment 23 im April 1990 im zerstörten Bannwald oberhalb Curaglia bei Disentis Aufräumarbeiten.

In seinem letzten WK im Februar 2003 wurde das Infanterie-Regiment 24 von der Organisation für Sicherheit und Zusammenarbeit in Europa (OSZE) inspiziert. Die Dreierdelegation (Mitte) bestand aus zwei portugiesischen Oberstleutnants und einem spanischen Sergeant First Class.

95 (nachteiliger WK-Zweijahresrhythmus) und Schwierigkeiten bei der Kaderrekrutierung (zurückhaltende Wirtschaft) zeigten bald, dass es sich bei der Reform nur um eine Übergangslösung handelte. Gegen Ende der Neunzigerjahre setzte die Planung für die Armee XXI ein. Sie führte zum tiefgreifendsten Umbau des Wehrwesens seit 1874. Als Grundaufgaben der Armee wurden zwar wie bisher die Raumsicherung und Verteidigung bestimmt, aber ausdrücklich erweitert durch humanitäre Hilfsaktionen und friedensunterstützende Operationen, militärische Katastrophenhilfe und subsidiäre, unterstützende Einsätze zu Gunsten ziviler Ordnungskräfte.

Im militärischen Gefüge blieb kein Stein auf dem andern. Das Dienstalter für Mannschaft und Unteroffiziere wurde auf 30 Jahre gesenkt, der Bestand der aktiven Armee auf rund 120000, plus ein Rekrutenjahrgang von 20000 (total 140000) sowie 80000 in der Reserve reduziert. Die Armeekorps, die Divisionen und die Regimenter wurden abgeschafft, die Bataillone vergrössert und die Armee brigadisiert. Neu gestaltet und ausgedehnt wurde die Rekrutierung. Eine grundlegende Änderung erfuhr auch die Kaderausbildung. Die Rekrutenschule wurde auf 18 bis 21 Wochen verlängert, in die drei Phasen Grundausbildung, Spezialistenausbildung und Verbands-

Der 1. Mai 2003 bleibt den Angehörigen des Radfahrer-Regimentes 5 in Erinnerung: Es war der Tag des endgültigen Absitzens mit dem letzten Vorbeimarsch in Sempach – die Armee XXI verzichtete auf die legendären «Rädlibuebe».

ausbildung unterteilt, und es wurde neu die Möglichkeit geschaffen, RS und alle WKs an einem Stück, in rund einjähriger Dienstzeit, zu absolvieren. Die gravierenden Reformen waren umstritten. Die Gegner hegten mannigfache Zweifel, vor allem befürchteten sie den Verlust des Milizcharakters der Armee. Die Befürworter argumentierten, die Armee müsse sich den politischen, strategischen und gesellschaftlichen Umwälzungen anpassen, um glaubwürdig zu bleiben. Volk und Stände hiessen die Änderung des Militärgesetzes am 18. Mai 2003 mit 76 Prozent Ja- gegen 24 Prozent Neinstimmen, gut; der Kanton Aargau nahm die Vorlage im Verhältnis 75:25 an.

«Ende Feuer»

Die rigorose Straffung der Armee führte zu massenhafter Auflösung bisheriger Einheiten. Nach der Grenzbrigade 5, Ende 1994, verabschiedete sich der Aargau Ende 2003 auch von «seiner» Felddivision 5, und damit zum zweiten Mal innert zehn Jahren von einem militärischen Grossverband, der 130 Jahre lang kantonale Militärgeschichte geschrieben hatte. Mit der «Fünften» verschwanden unter anderem die West- und Ostaargauer Infanterie-Regimenter 23 und 24, und mit ihnen die traditionsreichen Füsilierbataillone 46, 55, 57, 102 sowie das Schützenbataillon 4, ebenso

Auf einer eigenen Arteplage zeigte die Felddivision 5 am Fest «200 Jahre Kanton Aargau», Ende August 2003 in Aarburg, einen starken, letzten Auftritt, dem die Patrouille Suisse der Luftwaffe die Krone aufsetzte.

Auftrag erfüllt: Divisionär Paul Müller, letzter Kommandant der Felddivision 5, nahm in einer würdigen Feier am 5. Dezember 2003 in Aarau die Feldzeichen seiner Truppen entgegen und gab sie den zivilen Behörden zurück.

die Territorialdivision 2 mit dem Fricktaler Füsilierbataillon 59 – und natürlich das Radfahrer-Regiment 5, denn die Radfahrertruppe wurde, wie 1972 die Kavallerie, abgeschafft. Es verabschiedeten sich sodann das Artillerie-Regiment 5, die Panzerbataillone 4 und 25, die Leichte Fliegerabwehr-Lenkwaffenabteilung 5, die Übermittlungsabteilung 5 sowie das Geniebataillon 5. Diese Truppen bestehen – umformiert und neu eingeteilt – in der Armee XXI mehr oder weniger weiter. Von den aargauischen Patten blieben nur das Mech Füs Bat 56 sowie das Füsilierbataillon 60 (neu als Reserveeinheit) bestehen. Nachfolgerin der Felddivision 5 wurde die Infanteriebrigade 5. Sie übernahm den Sitz der Division im Aarauer Säulenhaus.

Würdig, oft im Beisein «Ehemaliger» und mit Einbezug der Zivilbevölkerung, beendeten die Aargauer Milizen ihre letzten Truppendienste. Sie verabschiedeten sich mit Besuchstagen, Vorbeimärschen und Fahnenabgaben. Mehrere Verbände hielten ihre Geschichte in Schrift-, Bild- und Tondokumenten fest. Die ganze 5. Division setzte unter ihrem letzten Kommandanten Divisionär Paul Müller einen vielbeachteten Schlusspunkt – ohne Hang zum «Ausplempern». In den dreitägigen Manövern «Inferno», die der Truppe und den Stäben nochmals viel abverlangten, demonstrierte die «Fünfte», was dynamische Raumverteidigung bedeutet: Sie trat bei ihren Verschiebungen und blitzschnellen Einsätzen von der Aare über das Gempen-Plateau bis zur schweizerisch-französischen Landesgrenze im Leimental ein letztes Mal in ihren Rekrutierungskantonen Aargau, Solothurn und Basel in Erscheinung und defilierte am Ende an einem sommer-

abendlichen Vorbeimarsch auf dem Bözberg vor 3000 Zuschauern. Einen «sackstarken» Auftritt hatte die Division sodann mit einer eigenen «Arteplage» am Fest «200 Jahre Kanton Aargau», Ende August 2003, in Aarburg. Und nicht weit entfernt von ihrer Gedenkstätte für den Aktivdienst 1939–45, unterhalb der Kirche Rein, setzte sie sich zum Schluss ein kühnes, sinnfälliges Denkmal im «Limmatspitz», im Gebiet des Wasserschlosses – der militärstrategisch wichtigsten Pforte ins schweizerische Mittelland, deren Hüterin die «Aargauer Division» über Generationen gewesen war.

Am 31. Dezember 2003 ging eine schweizerische und aargauische Militärepoche zu Ende. Schon am 5. Januar 2004 wurde das zur neuen Infanteriebrigade 5 gehörende aargauische Mechanisierte Füsilierbataillon 56 als erste Truppe der neuen Armee XXI für einen anspruchsvollen Sicherungseinsatz aufgeboten: Zur Unterstützung der Ordnungskräfte am World Economic Forum (WEF) in Davos.

Die Zukunft der Armee

Unter schwierigen Bedingungen und extremem Zeitdruck mussten bis zum Jahresende 2003 die neuen Armeestrukturen aufgebaut, Verbände transformiert, die Ausbildung umgestellt und viele Köpfe «umgedreht» werden. Das führte zu verbreiteter Verunsicherung. Die kontroverse Diskussion über Aufgaben und Form der Armee ging im Jahr 2004 weiter. Der Vorsteher des VBS, Bundesrat Samuel Schmid, bekannte dabei, dass er auch über das «Unmögliche» nachdenke: Die Abschaffung der allgemeinen Wehrpflicht und eine Dienstpflicht als Alternative.

Wo die Limmat in die Aare mündet, am Limmatspitz bei Vogelsang-Gebenstorf, errichtete die Felddivision 5 zu ihrem Abschied einen Fussgängersteg im neuen Naturreservat. Der 16 Meter hohe Pylon, über den die Seilbrücke abgespannt wird, ergab zugleich ein Denkmal: Er symbolisiert mit seiner eleganten Spitzform die Wehrhaftigkeit der aufgelösten «Fünften».

Das Zeughaus entwickelte sich vom Magazin zum Dienstleistungsbetrieb

Zeitweise Rüstungsunternehmen mit eigener «Kriegsrakete»

Die Aargauer Zeughausgeschichte begann auf der Festung Aarburg. Hier bewahrte der junge Kanton ab 1804 Waffen, Munition und Monturen für seine Truppen auf. Die im 11. oder 12. Jahrhundert als Adelssitz erbaute Burg diente längst als militärischer Stützpunkt. Die Berner hatten sie 1656 zur mächtigsten Fortifikation in der Alten Eidgenossenschaft ausgebaut. Denn sie stand an einem strategisch wichtigen Ort: am Durchbruch der Aare durch die erste Jurakette sowie zwischen den katholischen Städten Luzern und Solothurn, auf deren Beziehungen das reformierte Bern ein wachsames Auge hatte. Der Fluss war bis zum Eisenbahnbau der meistbenutzte Verkehrsweg. Alle wichtigen Güter wie Salz, Wein, Korn, Holz wurden auf dem Wasser, auf Schiffen und Flössen, transportiert. Aarburg galt als zentraler Umschlagplatz. Neben ehrbaren Handels-, Schiffs- und Fuhrleuten tauchten aber gelegentlich auch ungebetene Gestalten auf, und es war mit dem Durchmarsch feindlicher Krieger zu

rechnen. Da schien es angezeigt, für alle Fälle ein paar Kanonen bereitzuhalten.

Den Bernern diente die Aarburg auch als Landvogtei, als Sitz eines ihrer Statthalter im Aargauer Untertanengebiet. Zur Zeit der Helvetik und Mediation, als die Eidgenossenschaft vorübergehend zum Spielball der europäischen Mächte verkam und nach Frankreichs Pfeife tanzen musste, wurden einige bei Napoleon I. in Ungnade gefallene eidgenössische Politiker als Staatsgefangene auf der Aarburg festgehalten. Heute sind dort ein Erziehungsheim und eine Abteilung für straffällig gewordene Jugendliche untergebracht.

Von der Festung in die Kantonshauptstadt

Die Zeughausmannschaft auf der Aarburg bekam rasch Arbeit: Zugekaufte Waffen mussten kontrolliert werden. Die Büchsenmacher Jakob Ringier in Zofingen und Rudolf Lindenmann in Seengen hatten 278 Gewehre für 3350 Franken geliefert. Dazu war die Munition zu verfertigen. Die Aarburg bewährte sich schlecht in der Mehrfachfunktion als Bastion, Artillerieausbildungsort und Zeughaus. Die feuchten und schlecht belüfteten Kasematten (beschusssichere Räume der Festung) waren für die Einlagerung von Uniformen und Waffen ungeeignet. Der aargauische Kriegsrat versuchte das Fort «in bestmöglichen Verteidigungszustand zu setzen». Doch der Festungsvizekommandant bezeichnete die Situation als «recht trostlos». Weil die Aarburg auch «gefährlich nahe an der Grenze zu Bern und Solothurn» lag, beschloss die Regierung im Sommer 1807, das Zeughaus nach Aarau zu verlegen, wo seit Herbst 1803 die Standeskompanie, die rund 140-köpfige kantonale «Berufsarmee», und seit Sommer 1805 die neue militärische Instruktionsschule stationiert waren. Der Plan verzögerte sich aber. Bis es 1814 endlich so weit war, verschlechterten sich die Zustände auf der Burg mehr und mehr.

Die Desorientierung machte sich auch in der Verwaltung bemerkbar. Der Zeughausinspektor vernachlässigte die Aufsichtspflicht. Dies nutzte Zeugwart Franz Strauss aus und bereicherte sich durch Waffen- und Munitions-

diebstähle. Die Regierungsräte Herzog und Zimmermann trafen bei einem Augenschein pitoyable Verhältnisse an. Zur Inventur wurden zwei Grossräte nach Aarburg geschickt. Sie brachten Verfehlungen im Umfang von 4215 Franken ans Licht. Strauss hatte eine 300-Kilo-Kanone zersägt und die Einzelstücke veräussert, zudem 1300 Artilleriegeschosse entwendet sowie 130 Gewehre nach Bern geschickt. Er flüchtete, wurde bis ins Hauptquartier Napoleons steckbrieflich gesucht, nach Monaten aufgespürt und zu zwölf Jahren

Die Berner bauten die Aarburg zur stärksten Fortifikation der Alten Eidgenossenschaft aus. Der junge Kanton Aargau benutzte die Festung ab 1804 als erstes Zeughaus.

Kettenhaft verurteilt. Wegen seiner schwächlichen Gesundheit reduzierte man die Strafe auf zwei Monate Hausarrest und die Bezahlung der Prozesskosten. Sechs Jahre Zuchthaus bekam auch der Zeughausinspektor aufgebrummt.

Ein am 4. März 1809 erstellter «Etat über Armatur, Munition und Zugehör» widerspiegelte die schwierigen Verhältnisse auf der Aarburg und den bedenklichen Zustand des Materials. Im «Gewölb bei der Kirchen» war eine Lederkammer und auf dem Estrich die Büchsenschmiede-Werkstatt untergebracht. In einem andern Gewölbe befand sich das «Laboratorium», wo «Pulver, Bley und Feuersteine» für Vorderladergewehre präpariert wurden. Als weitere Magazine dienten das Pulverhaus sowie der Ravelin (Festungsteil), die Alte Kaserne und das Vordere Zeughaus mit zwei Gewehrkammern. Eine 16-Pfünder-Kanone und 561 Flinten wurden mit dem Vermerk «unbrauchbar» ins Inventar eingetragen. Dagegen präsentierten sich 99 760 Flintenpatronen ausserhalb des Pulverhauses «in sehr gutem Zustand». In einem Depot in Zofingen befanden sich zwei Kanonen, zwei Lafetten, eine Haubitzlafette und 70 verwendbare Nabenringe.

Das einstige Kornhaus und später nach dem Aarauer General Hans Herzog benannte Gebäude an der Laurenzenvorstadt ersetzte 1814 das ungeeignete Zeughaus in der Festung Aarburg. Das Transformatorenhäuschen rechts wurde 1980 abgebrochen.

Erbarmen gegenüber Brandgeschädigten

Im Jahr 1841 baten Wehrmänner aus Birmenstorf, die beim Brand ihrer Häuser auch Uniform und Waffe verloren hatten, der Staat möge ihnen doch Montur und Armatur wenigstens teilweise ersetzen. Das brachte eine Diskussion in Gang, ob man militärische Gegenstände der Milizpflichtigen bei einer Mobiliarversicherungsanstalt versichern solle. Dass sie für ihre persönliche Ausrüstung lange Zeit selber aufkommen mussten, bedeutete eine schwere Last für viele Dienstpflichtige. Xaver Suter aus Lengnau und sieben Mithaftende ersuchten ebenfalls 1841 die kantonalen Militärinstanzen um die Stundung geschuldeter Zahlungen an das Zeughaus. Das Begehren wurde abgewiesen.

Ein dauerhaftes Provisorium

Ab 1809 wurde ein Zeughaus-Neubau in Aarau auf dem Areal des ehemaligen Friedhofs erwogen. Aber das Projekt kam nicht vorwärts. Aktuelle Ereignisse, wie Grenzbesetzungen und Ordnungsdienste, beschäftigten den Kanton mehr als die Zeughauspläne. Man legte sie wieder beiseite – bis sich 1813 eine andere Lösung anbot: Das 1775 von den Bernern vor den Toren Aaraus, an der Laurenzenvorstadt, errichtete Kornhaus rückte als Militärmagazin ins Blickfeld. Diese nur für provisorisch gehaltene Einrichtung erwies sich als dauerhaft: Der repräsentable Bau – später als General-Herzog-Haus bezeichnet und 1911 mit einem von Hermann Haller geschaffenen Reiterrelief des Aargauer Generals Hans Herzog über dem Nordportal geschmückt – diente ab 1814 für rund 120 Jahre als Zeughaus. Heute sind darin Truppenküchen, Essräume und das Restaurant Viva untergebracht.

Der Bezug des Zeughauses in der Kantonshauptstadt erfolgte zur richtigen Zeit. Denn die Rekrutierung der Miliztruppen wurde erweitert, ihr Bestand vergrösserte sich, Ausbildung und Ausrüstung wurden verbessert.

Das im Jahr 1933 erbaute kantonale Zeughausgebäude an der Rohrerstrasse wurde 2001 umgebaut. Es beherbergt Zeughausadministration und Betrieb sowie die Abteilung Militär und Bevölkerungsschutz.

Die Gesangskultur in aargauischen Truppen

1842 beschaffte das Zeughaus 600 Exemplare des Liederbuches «Gesänge für aargauische Wehrmänner». Damit wurde früh der Grundstein für eine militärische Gesangskultur bei den kantonalen Truppen gelegt, die sich in den folgenden Jahrzehnten zur Tradition entwickelte. Besonders in tristen Zeiten langer Aktivdienste trösteten sich die Wehrmänner mit Gesang und Liedern wie «Eine Kompanie Soldaten, wie viel Freud und Leid ist das»; «Wir ziehen über die Strassen, mit schwerem festem Schritt»; «Die Nacht ist ohne Ende, der Himmel ohne Stern»; «Die blauen Dragoner, die reiten mit klingendem Spiel durch das Tor»; «Ach, was willst du traurig sein, lieber Kamerad». Besonders im Zweiten Weltkrieg erfuhr das Liedgut eine grosse Ausweitung, weil viele Kompanien und Bataillone ihre Besonderheiten in Wort und Ton ausdrückten. Der Aargau hatte einige begnadete Militärlieder-Komponisten – zu ihnen gehörte etwa der Gemeindeschullehrer und Offizier Walter Hegnauer aus Villigen.

Der Aargau verfügte bald über ein 20 000-köpfiges Heer. Die Standeskompanie, die «Berufsarmee», war 1816 aufgelöst worden. Die wachsende Miliz benötigte mehr Waffen, Monturen und Fuhrwerke – und dafür brauchte es mehr Platz im Zeughaus. Das Arsenal wurde zwischen 1818 und 1823 durch Wagenschopf, Werkstätten und Kleidermagazine südlich des General-Herzog-Hauses erweitert. Das Pulvermagazin verlegte man aus Angst vor Blitzschlägen in den Aarauer Schachen, ebenso das Laboratorium der «Feuerwerker» für die Herstellung von Zündladungen. Die Sicherheit war eine ständige Sorge der Zeughausleitung. Denn es gab noch kein elektrisches, sondern nur offenes Licht, was die Brand- und Explosionsgefahr vergrösserte.

Auf die Waffengattung abgestimmte Uniformierung

In den ersten 50 Jahren seines Bestehens – bis die Ausrüstung der Truppen sukzessive Bundessache wurde – glich das kantonale Zeughaus einem Rüstungsbetrieb. Es war nicht nur für die Magazinierung und den Unterhalt, sondern auch für die Beschaffung beziehungsweise Herstellung des Militärmaterials verantwortlich. Zur Herstellung von «Kriegsfuhrwerken» verwendete man in den Zeughauswerkstätten 1841 Nutzholz aus den Vorräten der soeben aufgehobenen und verstaatlichten Klöster Wettingen und Muri. Mit verschiedenen Handelshäusern wurden Verträge abgeschlossen für die Lieferung von Uniformtuch und Leinenstoffen, Epauletten (Schulterschmuck), Tschakos (Kopfbedeckung), Satteldecken, metallenen Knöpfen und wei-

chen Kalbsfellen für den Besatz in den Reithosen.

Grosses Gewicht legte der Aargau auf eine sorgsame, nach Waffengattungen abgestimmte Uniformierung. Dieses geordnete Erscheinungsbild beeindruckte sogar andere Kantone. Als Hauptfarbe für die Infanterie wählte man Hellblau, für die Jäger Dunkelgrün, für die Artillerie Dunkelblau und für die Kavallerie Hellblau und Schwarz. Die Uniform der Infanterie bestand aus einem bis in die Kniekehlen reichenden Rock mit Kragen und über die Brust geschlagenen, durch zwei weisse Knopfreihen fixierte Klappen, einer schwarzen Halsbinde mit weisser Schleife, einem Gilet mit einer Reihe weisser Knöpfe sowie «hinlänglich weiter» Hose, Überstrümpfen und rundem, vorn mit einem Schirmchen versehenen Hut. Für die Jäger waren ein dunkelgrüner Rock mit hellblauen Aufschlägen, eine dunkelgrüne Weste, lange Hosen, schwarze Überstrümpfe und ein Tschako mit hellblauer Garnitur vorgeschrieben. Die Artilleristen trugen die gleiche Montur wie die Infanteristen, aber in Dunkelblau. Die Kavalleristen erhielten ein hellblaues Reitkollet mit schwarzem Kragen, Ärmelaufschlägen, Achselschnüren («Aignettes»), Reithosen mit Leder gefüttert, eine schwarze Halsbinde, ein Wams, ungarische Stiefel und schwarze Handschuhe.

Das Zeughaus als Rüstungsbetrieb

Die Dienstpflichtigen hatten Uniform und Waffe zunächst noch selber zu besorgen. Das Zeughaus vermittelte die Ausrüstung zu günstigen Bedingungen. Gewehre wurden in Serien im Ausland gekauft. Die schweizerische Waffenfabrikation war lange von Frankreich abhängig. Mit der Zeit setzten sich auch inländische und unter ihnen aargauische Büchsenmacher durch. Die Bewaffnung der Infanteristen bestand aus einem «zweilöthigen Munizionsgewehr» mit Bajonett, Patronentasche, Kugel- und Schraubenzieher. Die Jäger besassen ein «zweilöthiges gezogenes Gewehr» mit langem Bajonett, die Schützen einen Stutzer. Die Artilleristen wurden mit einem «kurzen Sabel» ausgerüstet, und die Kavalleristen verfügten über «zwey Pistolen» und einen Husarensabel mit messingener Schneide. An den Fortschritten der Waffentechnik waren die aargauischen Militärbehörden stark interessiert. Sie setzten sich 1841 vehement für die gesamtschweizerische Ein-

führung einer Flinte mit Perkussionsschloss (Schlaghammer) ein. Während der eidgenössische Kriegsrat zauderte und neue Modellgewehre nur zögernd herausrückte, handelte der Aargau schnell und richtete im Zeughaus eine Büchsenwerkstatt ein, in der alte Gewehre auf die neue Zündschlagtechnik umgebaut wurden.

Im Weitern fabrizierte das Zeughaus Aarau 1841 – als erster Rüstungsbetrieb in der Schweiz – eine Artillerierakete. Entwickelt wurde sie von Zeughausverwalter Oberstleutnant Albert Müller. Es dürfte sich um einen verbesserten Nachbau der Congreve-Raketen gehandelt haben, die von den Engländern erstmals 1806 bei Boulogne gegen die französische Flotte eingesetzt wurden und bis ungefähr 1850 im Einsatz blieben. Ihre

Von 1818 bis 1823 wurden im Kasernenareal, südlich des General-Herzog-Hauses, Magazine und Zeughauswerkstätten erstellt. Sie wurden 110 Jahre später für neue Stallungen abgebrochen.

82

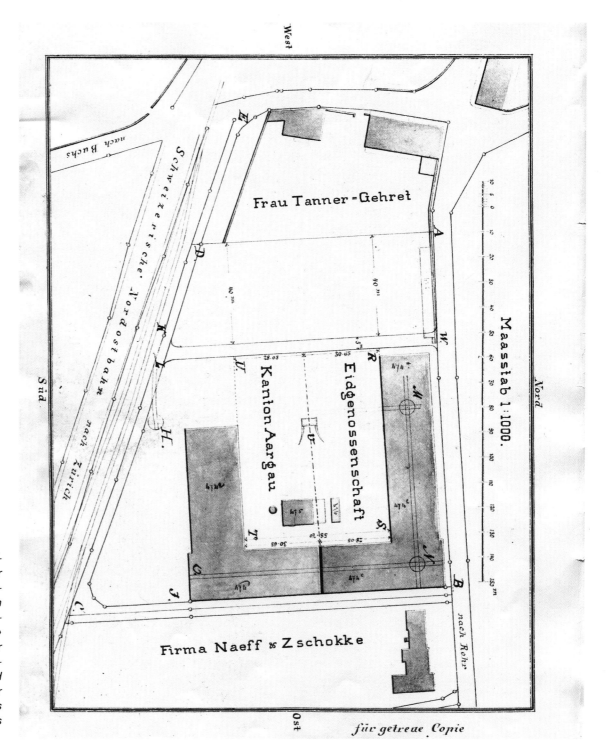

Im Dezember 1882 kauften die Schweizerische Eidgenossenschaft und der Kanton Aargau gemeinsam den Fabrikkomplex der zusammengebrochenen «Internationalen Gesellschaft für Bergbahnen» (als «Maschinenfabrik Aarau» bezeichnet) an der Rohrerstrasse. Der Bund steuerte 60 000 Franken, der Kanton 80 000 Franken bei. Anschliessend wurde die Liegenschaft aufgeteilt: In der südlichen Hälfte wurde ein kantonales und im Norden ein eidgenössisches Zeughaus eingerichtet.

Von der Zahnradbahnfabrik zum Zeughaus

Zusammen mit Ingenieur Nikolaus Riggenbach (Olten), der das Zahnradsystem für Bergbahnen entwickelt hatte, bauten der St. Galler Adolf Naeff und der Aarauer Olivier Zschokke in einem Fabriketablissement in Aarau von 1868 bis 1871 die Vitznau-Rigi-Bahn. Der ungewöhnliche Erfolg dieser Bahn verschaffte anfänglich so viele Aufträge, dass 1873 die internationale Gesellschaft für Bergbahnen mit Sitz in Aarau gegründet und eine nach den neuesten Fortschritten erbaute Maschinenfabrik mit 300 Mitarbeitenden errichtet wurde. Allein, die hochgesteckten Erwartungen waren von kurzer Dauer: Ausser der Rigibahn rentierten die neu gebauten Bahnen nicht. 1880 löste sich die Bergbahn-Gesellschaft auf. Die Gebäude kamen unter den Hammer, und so wurden aus der Zahnradbahnfabrik zwei Zeughäuser. Riggenbach betätigte sich fortan als «Civilingenieur» in Olten, Zschokke engagierte sich als Ständerat und Nationalrat in der Politik.

Distanz reichte etwa zwei Meilen, sie neigten zu vorzeitiger Explosion und die Treffsicherheit war gering. Im zweiten Freischarenzug gegen Luzern, 1845, führten die Aargauer diese Waffe mit, sie setzten sie aber nicht ein. Als General Dufour am Vorabend des Sonderbundskrieges, im November 1847, nach Aarau kam, wurde ihm die «Kriegsrakete» bei der Besichtigung des Zeughauses ebenfalls angeboten, doch weigerte er sich aus Gründen der Menschlichkeit, von diesem Zerstörungsmittel Gebrauch zu machen

Zwei Zeughäuser in stillgelegten Bergbahn-Fabrikhallen

Aaraus Bedeutung als Garnisonsstadt wurde gefestigt, als der Kanton 1845 durch Landkäufe um das General-Herzog-Haus herum ein rund drei Hektaren grosses Militärareal ausscheiden und darauf 1848 – im Gründungsjahr des Schweizerischen Bundesstaates – eine für damalige Begriffe komfortable Kaserne erstellen konnte. Die jetzt nebeneinander stehenden Gebäude der Kaserne und des Zeughauses waren eine ideale Lösung für die auszubildenden Artilleristen, Infanteristen und Kavalleristen. Doch durch den Ausbau des Wehrwesens herrschte bald wieder Platzmangel. Als Aarau nach der Armeereform von 1874 zum Hauptwaffenplatz der neuen 5. Division bestimmt wurde, vermochte das kantonale Zeughaus das vermehrte Korpsmaterial nicht mehr zu fassen. Der Zeughausdirektor mahnte deshalb 1880: «Die Erweiterung der Räumlichkeiten für Unterbringung des Kriegsmaterials wird immer nothwendiger. Sobald die Eidgenossenschaft verlangt, dass auch

das Corpsmaterial der Landwehr corpsweise aufgestellt werden müsse, welches Verlangen nicht mehr lange auf sich warten lassen wird, so kann die Erweiterung nicht weiter hinausgeschoben werden.» In den Werkstätten des Zeughauses wurden zu diesem Zeitpunkt 26 Arbeiter beschäftigt. Kurze Zeit später doppelte der Zeughausdirektor nach und wies darauf hin, dass «ernstliche Massnahmen getroffen werden mussten, um das sich stets mehrende Kriegsmaterial entsprechend zu magazinieren und dadurch der Vorschrift der schweizerischen Militärorganisation Genüge zu leisten». Dieselbe schreibe nämlich vor, dass das zur Ausrüstung der Corps erforderliche Material getrennt und so aufzubewahren sei, dass im Falle einer Mobilisierung die einzelnen Corps «ohne gegenseitige Störung und schnell» feldmässig ausgerüstet werden könnten. Es wurde deshalb versucht, die Lokalitäten der leer stehenden Maschinenfabrik Aarau mietweise zu benutzen. «Allein, die bezüglichen Verhandlungen führten zu keinem erspriesslichen Resultat.»

Bund und Kanton griffen darum zu, als die Aargauische Bank 1882 diesen Fabrikkomplex der 1873 gegründeten und 1879 zusammengebrochenen «Internationalen Gesellschaft für Bergbahnen» feilbot. Gemeinsam erwarben sie das «industrielle Etablissement», um Material der Stäbe, des Divisionsparks, des Trainbataillons und des Feldlazaretts des Auszuges der V. Armeedivision sowie der Landwehr des Divisionskreises unterzubringen. Der U-förmige Baukörper mit spätklassizistischer Gliederung ist heute kantonal geschützt. Die Gebäude sind Zeugen der Aarauer Wirtschaftsgeschichte. Durch einen Teilungsvertrag gelangte der Kanton in den

VERWALTUNG DES EIDGEN. KRIEGSMATERIALS

DER CHEF
der administrativen Abtheilung
an

Tit. schweizerisches Militärdepartement in Bern

1886 orientiert der «Chef der administrativen Abteilung der Kriegsmaterialverwaltung» das Schweizerische Militärdepartement über Gespräche mit dem Aarauer Zeughausverwalter. Es geht um die Unterbringung von Instruktionsmaterial. Die Aargauer Militärbehörde will dem Bund «unmittelbar hinter der Caserne» in einem Mietobjekt Räumlichkeiten zur Verfügung stellen. Als Gegenleistung verlangt der Kanton «die Überlassung eines über dem Bureau im neuen Depotgebäude gelegenen Raumes».

Hommage an die Garnisonsstadt Aarau und ihre «Ecole militaire». Zusammengefügte Fotosujets aus dem Jahr 1911 zeigen Ansichten der Stadt sowie die militärischen Hauptgebäude, die Infanterie- und die Kavalleriekasernen, eingerahmt von Dragonersymbolen.

Fleiss, Treue und Nüchternheit ziemlich vorhanden

Aus dem Rechenschaftsbericht des Zeughausdirektors für das Jahr 1893. «Im Berichtsjahr traten vier Arbeiter ein. Ein Arbeiter trat aus, einer wurde wegen notorischer Trunksucht entlassen und einer ging mit Tod ab. Im Allgemeinen darf man mit unserem Arbeitspersonal zufrieden sein, wenn auch hie und da Verwarnungen ausgesprochen werden mussten, so waren doch Fleiss, Treue und Nüchternheit so ziemlich und durchwegs vorhanden.»

Besitz der «zwei nächst der Eisenbahn gelegenen Gebäude», während die Eidgenossenschaft die an der Strasse stehende Halle übernahm. In den stillgelegten Anlagen wurden ein eidgenössisches Zeughaus – das zweite im Aargau neben dem Geniewaffenplatz Brugg – mit Korpsmaterial für Bundestruppen sowie eine Dépendance des kantonalen Zeughauses eingerichtet. Das bedeutete den Anfang einer erspriesslichen, aber mit vielen administrativen Regelungen verbundenen Koexistenz zweier militärischer Logistikzentren von Kanton und Bund auf dem Platz Aarau.

Um das Neben- und Miteinander des eidgenössischen und des kantonalen Betriebes zu erleichtern, übernahm der kantonale Zeughausdirektor Oberstleutnant Josef Stiegler die Leitung beider Häuser. Er war für Rechnung, Rechenschaftsbericht und Budget verantwortlich sowie für die Einstellung, Entlöhnung und Entlassung der Arbeiter zuständig. Ihm unterstanden die Magazine, Werkstätten und Kasernen. Er schloss Lieferungs-, Pacht- und Mietverträge bis zu bestimmten Summen ab, erstattete den vorgesetzten Stellen, dem Eidgenössischen Militärdepartement und der kantonalen Militärdirektion, für grössere Geschäfte Bericht und Antrag und vollzog ihre Anweisungen. Unterstützt wurde er durch den für das Rechnungswesen und die Kassenführung zuständigen Zeughausverwalter sowie von Kanzleibeamten, die Korpsmaterial, Waffen und persönliche Ausrüstungen kontrollierten, die Taglohnlisten überprüften, Lohnguthaben der Arbeiter berechneten und die Tagebücher, Speditionskontrollen und übrigen Hilfsbücher führten. Der Kasernenverwalter schliesslich beaufsichtigte die Gebäude und das Material der Kasernen.

Mühe, das Material unterzubringen

Schon wenige Jahre nach dem Bezug der beiden kantonalen und eidgenössischen Zeughäuser an der Rohrerstrasse hatte sich der Zeughausdirektor wieder mit Platzproblemen herumzuschlagen. Die kantonale Militärdirektion wies 1889 darauf hin, dass man «der Forderung der Zeughausverwaltung nach Schaffung von mehr Magazinräumen auf die Dauer nicht widerstehen könne». Gemäss Bundesgesetz vom 22. Juni 1889 erhielten die Infanteriebataillone, statt wie bisher drei, sieben Ordonnanzfuhrwerke. Es seien somit im kantonalen Zeughaus in Zukunft 64 Fuhrwerke mehr unterzubringen. Die Ablieferung dieser Fuhrwerke seitens des Bundes an die Kantone lasse zweifellos nicht lange auf sich warten. Zudem habe die Bundesversammlung die sofortige Beschaffung von 150 000 kleinkalibrigen Repetiergewehren für die gesamte Armee (Auszug und Landwehr) beschlossen, und es würden nach Durchführung der Neubewaffnung ebenso viele Gewehre alten Modells in die Zeughäuser zurückgegeben werden. Auch die Magazine zur Unterbringung der Kleidervorräte und Schuhe reichten bei weitem nicht aus.

Deshalb wurde 1892 «der Versuch gemacht, durch Verschalung auf dem Zeughaus-Estrich ein Schuhmagazin herzustellen». In kurzer Zeit seien aber die Schuhe grau geworden. Die mangelhafte Unterbringung der Kleider-Reserve sei auch ein Grund dafür gewesen, «warum der Bund für unsern Kanton die jährliche Entschädigung für den Unterhalt von zehn auf sieben Prozent reduziert hat». Gegen Ende des Jahrhunderts, 1896, beschäftigte das Zeughaus 27 ordentliche Arbeiter und

Ballonaufstieg im Jahr 1896 vor den Zeughäusern 5 und 6, den einstigen Fabrikhallen der Internationalen Gesellschaft für Bergbahnen.

Gerechnet wurde schon früher – eine Rentabilitätsberechnung der Zeughausdirektion aus dem Jahr 1912.

10 «Hülfsarbeiter». Der Chef der Büchsenmacherei war im Vorjahr «wegen Pflichtvernachlässigung nach wiederholten Warnungen entlassen und durch seinen bisherigen Stellvertreter ersetzt worden». Die «Hülfsarbeiter» wurden nur auf Zeit angestellt und namentlich zum Reinigen der im Dienst gewesenen Kriegsfuhrwerke, Pferdegeschirre und Bivouakdecken eingesetzt. Den ordentlichen Arbeitern oblagen hingegen die Versorgung und Reparatur der Handfeuerwaffen, der persönlichen Ausrüstung sowie des gesamten Corpsmaterials.

Die wachsenden Bestände an Kriegsmaterial bei allen Truppengattungen hatten in Aarau ein eigentliches Hin und Her bei der Nutzung der Zeughausräumlichkeiten zur Folge. Zunächst musste die eidgenössische Verwaltung zur Unterbringung des Materials der eidgenössischen Stäbe und Einheiten einen Teil der kantonalen Magazine an der Rohrerstrasse mieten. Später, als der Abzug von eidgenössischem Material ab Aarau möglich war, war die kantonale Verwaltung gezwungen, im eidgenössischen Teil des Zeughauses Platz zu belegen. Als dann auf den 1. Januar 1908 die gesamte Feldartillerie an den Bund überging, musste dieser wieder vom Kanton Aargau in dessen Teil des Zeughauses den erforderlichen Magazinraum für die sechs Feldbatterien des Korpssammelplatzes Aarau einmieten. Hiefür zahlte er dem Kanton einen jährlichen Mietzins von 4600 Franken. Damit hatte wieder alles seine Richtigkeit.

Der Arbeitsbeginn um 6 Uhr früh gefiel der Zeughausbelegschaft nicht, weil er in mancher Familie Unannehmlichkeiten schaffe. In einem mit 33 Unterschriften versehenen Gesuch wurde die «Titl. Zeughausdirektion» um eine Verschiebung auf 6.30 Uhr gebeten.

Zwei Zeughäuser unter einer Leitung und nur mit kantonalem Personal

Auf dem Areal südlich der Rohrerstrasse entstand 1883 ein eidgenössisches Zeughaus – das zweite im Aargau nach dem Geniewaffenplatz Brugg – sowie eine Dépendance des kantonalen Zeughauses Aarau, das seinen Hauptstandort bis 1933 an der Laurenzenvorstadt hatte. Beide Betriebe wurden vom kantonalen Zeughausdirektor geleitet. Während der Bund darin eher eine Übergangslösung sah, bestand der Kanton wiederholt auf die Beibehaltung dieser Regelung. «Die Geschäfte greifen so ineinander, dass nur so ein geordneter und einheitlicher Betrieb gesichert ist», hielt der Regierungsrat im November 1909 in einem Schreiben an das Eidgenössische Militärdepartement fest. Mit dieser Regelung könnten die Arbeiter «auch so verwendet werden, wo sie notwendig sind». Getrennte Verwaltungen mit eigenem Personal würden zudem leicht Anlass zu Reibungen geben, je nach Charakter der Personen. Im Briefwechsel mit dem EMD führte der Kanton weitere praktische Gründe für die Beibehaltung der bewährten Regelung auf: «Nach den gemachten Erfahrungen müssten bei getrenntem Personal während des Jahres Perioden eintreten, während welcher die eine Partie mit Arbeit überhäuft ist, die andere aber über Arbeitsmangel zu klagen hätte. Deswegen dürfen aber keine Arbeiter-Entlassungen stattfinden. Sowohl mit Rücksicht auf Friedensübungen, namentlich aber in Hinblick auf den Kriegsfall muss ein Zeughaus über einen Stock eingeschaffter Arbeiter verfügen, der mit Personal, Material und Einrichtungen vertraut ist, wenn alles ohne Friktionen sich abwickeln soll». Und die Schlussfolgerung des Regierungsrates sollte sich bewahrheiten: «Bei diesem System sind Bund und Kanton gut gefahren, das wird auch in Zukunft der Fall sein.»

Arbeitszeit von 6 Uhr früh bis 6 Uhr abends

Die Belegschaft des Zeughauses war streng in Beamte, Arbeiter und Hilfsarbeiter eingeteilt – was sich in markanten Unterschieden bei den Anstellungsbedingungen und der Arbeitszeit ausdrückte. Für Beamte galt eine wöchentliche Arbeitszeit von 44 Stunden, für Arbeiter die 56-Stunden-Woche. Die Beamten waren im Monatslohn besoldet, die Arbeiter wurden im Stundenansatz entlöhnt. Der Regierungsrat wählte die Beamten auf vier Jahre. Eine Kündigung drohte ihnen nur bei grobem Versagen. Ihr Gehalt stieg durch jährliche Dienstalterszulagen, und sie hatten Anspruch auf zwei bis vier Wochen Ferien. Bei Krankheit und Militärdienst erhielten sie für eine bestimmte Zeit den vollen Lohn, und im Todesfall bekamen ihre Angehörigen während eines halben Jahres eine Lohnfortzahlung. Das beamtete Personal war auch «gegen die ökonomischen Folgen des Todes und der Invalidität» versichert, wobei der Kanton den doppelten Prämienbeitrag leistete. Da sie offenkundige materielle Vorteile bot und auch das Sozialprestige hob, galt die Beamtung als erstrebenswertes Berufs- und Lebensziel.

Die Arbeiter in den Zeughaus-Werkstätten strebten nach einer festen Anstellung, in der sie sich von einem Minimal- zum Maximal-Stundenlohnansatz emporarbeiten konnten. Ihre Kündigungsfrist betrug 14 Tage. Im besten Fall winkte eine Vorgesetztenfunktion. Büchsenmacherei, Schmiede, Schreinerei, Sattlerei, Schneiderei und Wäscherei standen unter der Leitung eines Meisters oder Vorarbeiters. Der war für «Fleiss und Disciplin, die Einhaltung der Arbeitszeit und gute Arbeitsleistung» der Untergebenen verantwortlich.

Laut dem am 15. Januar 1902 erlassenen «Reglement für die Arbeiter des aargauischen Zeughauses» dauerte die Arbeitszeit im Sommerhalbjahr, vom 1. März bis 1. Oktober, von morgens 6 Uhr bis abends 6 Uhr, mit viertelstündiger Znüni-, eindreiviertelstündiger Mittags- und halbstündiger Zvieripause. Vergeblich wehrte sich die Belegschaft für einen Arbeitsstart um 7.30 Uhr. Im Winterhalbjahr wurde von 7 Uhr morgens bis 6 Uhr abends, mit verkürzten Mittags- und Zvierizeiten, gearbeitet. An Samstagen und vor Feiertagen war eine Stunde früher, um 5 Uhr nachmittags, Feierabend. Auswärtige Arbeiter nahmen das Mittagessen oft im Betrieb ein, es wurde ihnen von zu Hause durch Träger, meist Schulkinder, überbracht. «Schwatzen und unnötiges Verlassen des Arbeitsplatzes während der Arbeitszeit» waren untersagt, der Genuss von geistigen Getränken während der Arbeit verboten – ebenso «das Mitbringen von Schnaps». Übertretungen des Reglementes und sonstige Vergehen, «die das Interesse oder Ansehen der Anstalt, ihrer Leiter oder der Mitarbeiter» schädigen oder gefährden konnten, wurden mit Verweis, Busse in der Höhe eines halben Taglohns, Kündigung oder sofortiger Entlassung ohne Entschädigung geahndet. Die definitiv angestellten Arbeiter hatten nach mindestens sechs Dienstjahren Anspruch auf sechs Tage bezahlte Ferien, die Meister und Vorarbeiter auf zehn Tage.

Zahltag war alle 14 Tage, samstags. Später wurde die Lohnauszahlung auf den Wochenanfang verlegt, damit die Leute wohl mit dem Geld in der Tasche am Wochenende nicht übermütig und zu ausgedehnten Wirtshausbesuchen verleitet wurden. Das «Regulativ über Arbeitszeit und Löhne» vom 16. Februar

Alter Briefkopf des Zeughauses.

1917 legte für das «angestellte vollwertige Arbeitspersonal» folgende minimalen und maximalen Stundenlohnansätze fest: Büchsenmachermeister, Schmiedemeister, Materialchef und Sattlermeister 80–95 Rp.; Zuschneider 80–100 Rp.; Zuschneidergehülfe, Chef der Flickschneiderei, Magazinchef und andere Vorarbeiter 70–85 Rp.; Büchsenmacher, Schlosser, Schmied, Wagner, Schreiner, Zimmermann, Sattler und Schneider 50–75 Rp.; Magazinarbeiter, Nachtwächter 45–60 Rp.; Wäscher, ständige Taglöhner und Aushülfsarbeiter ohne Beruf 45–55 Rp.; Wäscherinnen, Hilfsarbeiterinnen 35–45 Rp.; Lehrlinge der Werkstätten 25–40 Rp.

Das neue Fabrikgesetz und die 48-Stunden-Woche

In harten sozial- und wirtschaftspolitischen Auseinandersetzungen am Ende des Ersten Weltkrieges erkämpfte die Arbeiterschaft bessere Arbeitsbedingungen. Die Einführung des eidgenössischen Fabrikgesetzes, 1920, war ein bedeutender Teilerfolg. Er berührte – mit vorauseilender Wirkung – auch öffentliche Betriebe. Schon im Herbst 1917 beschloss der Regierungsrat, dass in «öffentlichen Bureaux» am Samstagnachmittag nicht mehr gearbeitet werde. Das führte im Zeughaus allerdings zu einem Problem, wie der Militär-

Bis zum Bau der Tankstelle führte das Anschlussgeleise bis mitten in das Areal Süd. Vor dem Ersten Weltkrieg wurde sogar der Bahntransport von Verwundeten geübt.

direktor der Regierung darlegte. Denn ihm schien es «ganz undenkbar, dass die Bureaux des Zeughauses am Samstagnachmittag geschlossen sind, während die Werkstätten in Betrieb stehen». Anderseits wäre es jedoch «eine starke Benachteiligung der Beamten und Angestellten der Bureaux des Zeughauses, wenn sie des Samstag freien Nachmittags nicht ebenfalls teilhaftig würden wie die übrigen Staatsbeamten». Darum müsse versucht werden, «durch eine andere Arbeitseinteilung in den Werkstätten den Samstag-Freinachmittag heraus zu bringen». Nach wie vor betrug ihre wöchentliche Dienstzeit 56 Stunden. Nicht einmal die Arbeiter wagten daran

zu rütteln – da sie im Stundenansatz entlöhnt wurden, hätte eine Arbeitszeitreduktion Lohnausfälle zur Folge gehabt, «an die bei den jetzigen Zeiten nicht gedacht werden kann».

Bei der Neueinteilung der Arbeitszeit waren zwei bundesrätliche Bedingungen zu erfüllen: Die Tagesarbeit im Zeitfenster von 6 Uhr früh bis 6 Uhr abends durfte nicht länger als 10 Stunden dauern, und über Mittag war eine mindestens einstündige Pause einzuschalten. Die von den Zeughausarbeitern selber gewünschte Lösung – ein Novum an Mitbestimmung – sah so aus: Mit dem Arbeitsbeginn um 6.45 Uhr und Schluss um 18 Uhr sowie mit einer ein- statt anderthalbstündigen Mit-

Pferdegezogener Sanitätswagen der Armee im Ersten Weltkrieg im Zeughausareal: Die Ähnlichkeit mit einem Leichenwagen ist augenfällig.

«Der Reflectant ist gross gewachsen und präsentiert sich gut»

Im August 1922 bat Zeughausdirektor Brack den ihm wohlbekannten Gemeindeschreiber L. um Auskunft über einen 22-jährigen Schlosser und Korporal, der sich um die Stelle des Zeughaus-Nachtwächters beworben hatte. Die Gewährsperson lieferte die gewünschten Angaben über Charakter, Solidität, Zuverlässigkeit und politische Auffassung des Bewerbers prompt mit dem Vermerk «Confidentiell, discret». Er stellte ihm das beste Zeugnis aus: «Der Reflectant ist gross gewachsen, kräftig entwickelt und präsentiert sich gut. Sein Charakter ist offen, ehrlich und gutmütig. Was mich an dem jungen Mann speciell angenehm berührt, ist seine politische Überzeugung. Die meisten hiesigen Leute, speciell in den Industrie-Centren Aarau und Schönenwerd, sind im Schlepptau der scharfmachenden Gewerkschaftssecretäre und schwimmen, wenn nicht ganz im anarcho-socialistischen Fahrwasser, im soc. dem. Lager. Der befragte B. steht unentwegt auf gut bürgerlichem vaterländischem Boden. Dieses Moment darf bei der Stellenbewerbung nicht ausser Acht gelassen werden.» – Der junge Mann bekam aufgrund dieser wärmsten Empfehlung den Nachtwächterposten. Neun Jahre später liess er sich eine dienstliche Verfehlung zuschulden kommen, die er allerdings sofort eingestand. Daraufhin wurde er ins Provisorium versetzt.

tagspause liess sich der Samstagnachmittag kompensieren. Die 56-Stunden-Woche war gewährleistet. Das Zeughaus-Büropersonal arbeitete demgegenüber nur 44 Stunden, die Beamten der Zentralverwaltung sogar nur 42 $\frac{3}{4}$ Stunden. Aber die Regelung hatte nicht mehr lange Bestand. Zwar bekräftigte der Regierungsrat am 10. Januar 1919 nochmals: «Die Arbeitszeit in den aargauischen Militärwerkstätten gemäss Schlussnahme vom 16. Februar 1917 wird vorläufig beibehalten». Doch schon Anfang Mai 1919 wurde im regierungsrätlichen Sitzungsprotokoll vermerkt: «Mit dem 5. Mai nächsthin findet in sämtlichen Zeughäusern des Bundes die Einführung der 48-stündigen Arbeitswoche statt, ohne dass dadurch das Gesamteinkommen des einzelnen Arbeiters geschmälert wird».
Der kurzfristige, am 22. April getroffene Entscheid des Bundesrates war zwar für die Arbeitszeit im kantonalen Zeughaus nicht verbindlich, wie die Eidgenössische Kriegsmaterialverwaltung auf eine vorsorgliche Anfrage der Aarauer Zeughausdirektion ausdrücklich bestätigte. Aber der Regierungsrat war sich im Klaren, dass für die Betriebe des Bundes und Kantons keine unterschiedlichen Regelungen infrage kamen. Vorsichtshalber erkundigte er sich dennoch, wie andere kantonale Zeughäuser die Arbeitszeitverkürzung handhabten. Die Umfrage ergab, dass die Massnahme bereits an mehreren Orten vollzogen war. Deshalb, «und weil sich der Grossteil der unter dem neuen Fabrikgesetz stehenden Privatunternehmen mit der Reduktion ebenfalls abgefunden hat», stimmte die Aargauer Regierung einem ab 19. Mai 1919 gültigen «provisorischen Regulativ für die 48-stündige Arbeitswoche mit freiem Samstagnachmittag»

und folgender Arbeitszeitverteilung zu: Montag bis Freitag von 7.00–11.45 Uhr und von 13.30–17.30 Uhr, Samstag von 7.00–11.15 Uhr. Für eine definitive Regelung war die Zeit zu knapp gewesen. Zudem wollte der Regierungsrat die Detailvorschriften für die eidgenössischen Zeughäuser und die in Gang gesetzte Revision der Besoldungsverordnung für die kantonalen Beamten und Angestellten abwarten. Er kam aber nicht darum herum, die Minimal- und Maximal-Stundenansätze sofort zu erhöhen, damit die Arbeiter durch die um acht Stunden gekürzte Arbeitszeit keine Lohneinbussen erlitten. Der Zuschneider blieb mit 95–118 Rp. Stundenlohn der bestbezahlte Zeughausarbeiter. Im regierungsrätlichen Rechenschaftsbericht von 1920 stellte die Militärdirektion in einer ersten Bilanz fest, die 48-Stunden-Woche wirke sich «fühlbar» auf die Gesamtleistung der Anstalt aus. Denn der Ausfall lasse sich bei allem guten Willen der Arbeiter eben doch nicht einholen: «Es darf ohne weiteres zugestanden werden, dass diese kurze Arbeitszeit nicht im Interesse des Betriebes liegt.»

Zuerst Teuerungszulagen, dann Lohnkürzungen

Wegen der grassierenden Inflation bat die Zeughaus- und Kasernenbelegschaft im Frühjahr 1918 um eine ausserordentliche Teuerungszulage. Die Forderung war massvoll, nämlich für jeden verheirateten Mann 1 Fr. pro Tag, ausserdem für jedes Kind 5 Fr. pro Monat und für jeden Ledigen 50 Rp. pro Tag. Der Regierungsrat ging über die Forderung hinaus und erhöhte die Ansätze für Verheiratete sowie Witwen und Witwer auf 1.50 Fr. pro Arbeitstag und für über 20-jährige ledige Arbeiterinnen und Arbeiter auf 80 Rp. pro Arbeitstag; bei den Ledigen unter 20 Jahren blieb er bei den verlangten 50 Rp. Für jedes Kind unter 16 Jahren wurde eine monatliche Zulage von 6 Fr. bewilligt. War ein Ehepaar gleichzeitig in den Militärwerkstätten beschäftigt, wurden die Zuschüsse nur an den Ehemann ausgerichtet. Die Ausgleichsbeiträge mussten wegen der Teuerungsentwicklung schon im folgenden Jahr bedeutend hinaufgesetzt werden: Auf 3.50 Fr. pro Arbeitstag für Verheiratete sowie Witwen und Witwer, auf 2 Fr. für Ledige über 20 und auf 1.50 Fr. für Ledige unter 20 Jahren. Die monatliche Kinderzulage wurde von 6 auf 10 Fr. erhöht. «Die daraus erwachsenden Mehrauslagen sind so weit als möglich dem Bund zu verrechnen, wo das nicht zulässig ist, müssen Kreditüberschreitungen in der Rechnungsablage begründet werden», ordnete der Regierungsrat an.

Rascher als geplant sah sich die Militärdirektion im Herbst 1919 genötigt, der Regierung das definitive Arbeitszeit- und Lohnreglement für das Zeughauspersonal zu unterbreiten. Denn die Regelung des Bundes für die eidgenössischen Zeughäuser verzögerte sich. Anderseits ordnete die Stadt Aarau die Löhne für ihr Arbeiterpersonal neu und relativ grosszügig, sodass sich die bestehenden Unterschiede zur Zeughausbelegschaft noch mehr vergrösserten. Es erscheine «nicht tunlich», befand der Regierungsrat, «die Wünsche dieser Arbeiter um definitive Besserstellung länger zu verschieben, im Interesse der Erhaltung des guten Arbeitsklimas und der Zuverlässigkeit der Leute, welch beide bis jetzt in keiner Weise zu Zweifeln Anlass geben». Für Zeughaus-Vorarbeiter wurden neue Minimal- und Maximal-Stundenlöhne von 1.50 – 2.00 Fr. bewilligt, für gelernte Arbeiter 1.40 – 1.90 Fr., für Magazinarbeiter 1.30 – 1.80 Fr., für Wäscher, Taglöhner 1.10 – 1.60 Fr., für Wäscherinnen 90 Rp. – 1.40 Fr., für Nachtwächter 1.00 – 1.30 Fr. und für Lehrlinge 50 – 80 Rp. Die Ansätze erschienen dem Regierungsrat «auf den ersten Blick etwas hoch», aber im Vergleich zu den in der Privatindustrie bezahlten Löhnen angemessen. Neu wurden die Stundenlohn-Gehälter auch für Feiertage ausgerichtet. Für versäumte Arbeitszeit bei der Erfüllung von Bürgerpflichten (Hilfeleistung bei Unglücksfällen, Gemeindeversammlungen oder Wahlveranstaltungen) gab es keine Lohnabzüge mehr. Die im Stundenlohn bezahlten Meister, Material- und Magazinchefs sowie der Zeugwart konnten nun in den Monatslohn versetzt werden. Finanzielle Vorteile brachte das zwar nicht unbedingt. Denn weiterhin galt für sie die gleiche Arbeitszeit wie für die im Stundenlohn entschädigten Arbeiter, doch Überstunden und Sonntagsarbeit wurden ihnen nicht mehr vergütet. Das neue Anstellungsverhältnis bedeute indessen «eine Hebung ihres Ansehens und ihrer Autorität gegenüber den Untergebenen», erklärte der Militärdirektor der Regierung. Das auf den 1. Januar 1920 in Kraft gesetzte definitive Anstellungs-Regulativ setzte die Ferien für Vorarbeiter nach zwei Dienstjahren auf 12 Tage, nach drei Dienstjahren auf 18 Tage und für die Arbeiter nach zwei Dienstjahren auf drei Tage, nach fünf Dienstjahren auf sechs Tage und nach zehn Dienstjahren auf 12 Tage fest. Statt des erhofften Aufschwungs nach dem Kriegsende lähmte eine zähe Krise in den 1920er-Jahren das wirtschaftliche Fortkommen. Unternehmen versuchten durch Lohnabbau Kosten zu sparen. Die öffentliche Hand zog mit Gehaltskürzungen nach. Auf den 1. Juli 1922 wurden die Löhne der aargauischen Staatsangestellten, inklusive Zeughauspersonal, um fünf Prozent gesenkt. Eine weitere fünfprozentige Reduktion erfolgte auf Geheiss der Regierung am 1. Januar 1923. Der Grosse Rat reduzierte jedoch den insgesamt zehnprozentigen Lohnabbau auf acht Prozent. Die Zeughaus-Belegschaft verlangte sofort eine Gleichbehandlung. Eine Umfrage verhalf der Militärdirektion zur Erkenntnis, dass Zeughäuser wie St. Gallen, Bern und Zürich – bei zum Teil höheren Besoldungsansätzen – ebenfalls Gehaltskürzungen von zehn Prozent und mehr vorgenommen hatten. Von da her erachtete die Regierung eine Senkung

auf acht Prozent nicht als zwingend. Schliesslich befand sie aber, dass das Zeughauspersonal keine schlechtere Behandlung als das übrige Staatspersonal verdiene. Überdies sei es eine bekannte Tatsache, «dass die Kosten der Lebenshaltung in Aarau zu den höchsten in der ganzen Schweiz zählen». Für Tiefstverdiener, mit Jahreseinkommen unter 3000 Franken, wurde der Lohnabzug 1937 aufgehoben.

Disziplinarische und strafrechtliche Sanktionen

Im Januar 1920, wenige Tage nach der Einführung des neuen Fabrikgesetzes, erliessen die Zeughausdirektion und das Departement

Arbeitsplätze im Zeughaus in den Siebzigerjahren: Hans Eichenberger, Sachbearbeiter im Büro Persönliche Ausrüstung; Stefan Stirnemann, der letzte Schmied im Zeughaus; Ernst Schärer in der Wäscherei; Ruedi Gloor, Meister-Stellvertreter in der MWD-Werkstatt.

des Innern eine Fabrikordnung. Sie regelte die Arbeitszeit, das Verhalten am Arbeitsplatz, die Lohnzahlung und den Kündigungstermin. Zeughausdirektor Oberst Heinrich Brack sah sich bald veranlasst, Missstände in einem Aushang am Anschlagbrett zu rügen: Es werde mit dem Aufräumen der Werkplätze und dem Kleiderwechsel vor Schluss der reglementarischen Arbeitszeit begonnen, «damit die Werkstätten ja mit dem Glockenschlag verlassen werden können». Auch habe die unzulässige Praxis eingerissen, bei den wenige Stunden dauernden Waffeninspektionen einen ganzen Tag der Arbeit fernzubleiben. Im Allgemeinen müssten die Arbeiten rascher ausgeführt werden, die Arbeitsweise Einzelner sei «eine schleppende, beinahe träge». Schliesslich liessen Ordnung und Reinlichkeit

in einzelnen Werkstätten und Magazinen zu wünschen übrig – das «intensive Durchgreifen» der Werkstätten- und Magazinchefs sei «absolut notwendig».

Aber Vorgesetzte machten selber nicht immer den besten Eindruck. Zwischen 1922 und 1934 wurden etliche Disziplinarfälle aktenkundig. So bekam Meister Sch. eine «strenge Rüge», weil man ihn schon am frühen Nachmittag im Geschütz-Aussendepot «Tripolis» in Olten alkoholisiert angetroffen hatte und er «die dringende Empfehlung, sofort nach Arbeitsschluss heimzukehren», nicht befolgt, sondern den Pintenkehr gemacht und sich dabei eine Kopfwunde zugezogen hatte. Auch Meister W. wurde beim Alkoholgenuss ertappt. Er war dadurch aufgefallen, dass man ihn weder in der Büchsenmacherei noch im

Gewehrsaal antraf und von den Arbeitern niemand über seinen Aufenthalt Auskunft geben konnte oder wollte. Schneider M. wurde wegen Überschreitung des Alkoholverbotes ins Provisorium versetzt und mit einer Woche unbezahlten Ferien bestraft. Aus gleichem Grund fasste Kasernenarbeiter H. ein Kantinenverbot. Zeughausarbeiter F. erhielt die Kündigung wegen ungenügender Leistung. Aber nachdem er dem Militärdirektor in einem Brief sein Leid geklagt und die Gattin den Zeughausverwalter um Milde gebeten hatte, bekam er eine «letzte Chance». Dagegen konnte Zeughausarbeiter L. trotz Vorsprache beim Militärdirektor die gegen ihn ausgesprochene Kündigung nicht rückgängig machen. Man gewährte ihm immerhin noch den Lohn für 14 Tage, zahlbar in zwei Raten. Der Zeughausverwalter teilte ihm das schriftlich mit und legte ihm gleichzeitig nahe, «Ihre Versuche einzustellen, bei hiesigen Leuten unter dem Vorwand Geld zu erpressen, Sie seien im Zeughaus ungerechterweise entlassen worden». Streng nach Vorschrift lehnte der Regierungsrat das über ein Advokaturbüro gestellte Gesuch von Zeughaussattler Kull ab, man möge seiner Ehefrau die Führung der Wirtschaft zur Rainstube in Aarau erlauben. Das Besoldungsdekret untersagte es den ständigen Beamten und Angestellten, «Wirtschaften und solche Privatgeschäfte, die ihrer Natur nach mit ihrer Stellung und ihren Amtspflichten unverträglich sind», selbst zu betreiben oder durch Angehörige betreiben zu lassen.

Zwei Verfehlungen, ein Munitionsdiebstahl und eine Unterschlagung, sprengten den Rahmen administrativer Sanktionen; sie lösten strafrechtliche Verfahren aus. 1919 kamen in den Kriegsmunitionsbeständen 19 Päckli Revolver- und Pistolenpatronen abhanden. Die Täterschaft blieb unbekannt. Den Hinweis im Polizeirapport, es könnte nichts schaden, wenn die Zeughausarbeiter von ihren Vorgesetzten besser unter Kontrolle gehalten würden, wies der Direktor als unpassend zurück. Er schloss nicht aus, dass die entwendete Munition «auch für revolutionäre Zwecke beseitigt worden sein könnte». Zur «Erschwerung ähnlicher Vorkommnisse» wurden die Lattenverschläge in den Zeughaus-Treppenhäusern zwischen Erdgeschoss und 1. Stock bis zur Decke hochgezogen. Zu den gravierendsten Verfehlungen in der Geschichte des Zeughauses gehörten die Unterschlagungen des Rechnungsführers und Zeughausverwalter-Stellvertreters F. im Jahr 1933. Er wurde entlassen und vor Gericht gestellt.

Titel, Amtskaution, Pensionskasse und Pensionierung

Seit der Gründung des Kantons hatten gewisse Staats- und Gemeindebeamte eine Amtskaution zu leisten, damit die öffentlichen Körperschaften bei fehlbaren amtlichen Handlungen finanziell nicht zu Schaden kamen. Dieser Absicherung mussten auch der Zeughausdirektor und der Zeughausverwalter als Rechnungsführer mit Kautionen von 20000 Franken sowie der Zeugwart mit 5000 Franken nachkommen. Der Zeugwartposten wurde 1908, bei der Neuordnung der Besoldungen und der Einführung der freiwilligen Beamtenpensionskasse, in eine Kanzlistenstelle I. Klasse umgewandelt. Ab 1918 verlangte man vom neuen Träger dieser Funktion, der den pensionierten bisherigen Stelleninhaber ersetzte, keine Kaution mehr. Hingegen hatte der Zeughausweibel für eine Sicherheit von 5000 Franken zu sorgen. 1929, zwei Jahre nach dem Hinschied des langjährigen Amtsträgers Heinrich Brack, schaffte der Regierungsrat die Bezeichnung Zeughausdirektor ab und gab dem Nachfolger Fritz Bachofer den Titel Zeughausverwalter – mit einem von 10 800 auf 10 500 Franken gekürzten Jahressalär. Der Betroffene gestattete sich zwar den Hinweis, er sei immerhin für 267 Leute (Zeughaus- und Kasernenpersonal sowie Heimarbeiter) verantwortlich, aber das beeindruckte die Regierung nicht. Die Umbenennung geschah «in Anlehnung an die Nomenklatur der andern kantonalen Zeughäuser», deren Chefs auch Verwalter und keine Direktoren waren. Aus dem bisherigen aargauischen Zeughausverwalter wurde der Rechnungsführer. Der neue Verwalter und der Rechnungsführer mussten Amtskautionen von 20 000 Franken leisten. 1930 hob der Grosse Rat die Kautionspflicht auf.

1932 bekamen auch «gewöhnliche» Zeughausarbeiter, sofern sie das 40. Altersjahr noch nicht überschritten hatten, die Möglichkeit, der Beamtenpensionskasse beizutreten. Ihrer elf taten das. Während Beamte normalerweise am Ende der Amtsperiode, in der sie das 70. Altersjahr erreichen, in den Ruhestand entlassen wurden, existierte für die Arbeiter kein verbindliches Pensionsalter. Sie konnten bei alters- oder krankheitsbedingter Invalidität ab dem 15. Dienstjahr pensioniert werden. Das Rücktrittsgehalt betrug in solchen Fällen 30 Prozent des zuletzt bezogenen Lohnes, für jedes weitere Dienstjahr ein Prozent mehr bis zur Maximalgrenze von 60 Prozent. Heikel wurde es, wenn betagte Beschäftigte die Mindestdienstzeit noch nicht erreichten, wie das 1935 bei einem 76-jährigen und einem 75-jährigen Mitarbeiter der Fall war. Da sie ihrer Aufgabe nicht mehr gewachsen waren, schickte man sie über Umwege «vorzeitig» in Pension. Der Zeughausverwalter schrieb dem Sohn des älteren Betroffenen: «Infolge seines hohen Alters und dadurch eingetretener Gebrechlichkeit (Gedächtnisschwäche, Abnahme des Gehörs, etc.) ist Ihr Vater ausser Stande, den Posten eines Chefs der Büchsenmacherei länger zu bekleiden. Sie werden mit Ihrer Familie dies wohl ohne weiteres begreifen. Um dem treuen und verdienten Arbeiter den Rücktritt so viel als möglich zu erleichtern, würde ich es als das beste erachten, wenn Sie ihm nahe legen könnten, auf Ende dieses Jahres den Rücktritt bei mir zu verlangen».

Bund will kantonalen Zeughaus-Anteil an der Rohrerstrasse übernehmen

Die nach heftigen politischen Stürmen 1907 vom Volk angenommene Revision der Militärorganisation führte zu einer Truppenreform und einer neuen Armeegliederung, zur Umgruppierung von Einheiten, zu den drei Heeresklassen Auszug, Landwehr und Landsturm und zu Verschiebungen in der Materialzuteilung. Unter anderem ging die gesamte Feldartillerie in die Verwaltung des Bundes über. Das eidgenössische Zeughaus in Aarau war übervoll und beanspruchte Platz in den kantonalen Räumen. Um die mit der Umlagerung verbundenen Mietzinsberechnungen zu vereinfachen, schlug der Bund dem Aargau vor,

Offizier und schöne Handschrift als Anstellungsbedingungen

Nach dem Tod des bisherigen Stelleninhabers war 1933 der Posten eines Kanzlisten II. Klasse neu zu besetzen. In der Stellenausschreibung wurden an den Bewerber folgende Anforderungen gestellt: «Offizier der Schweizer Armee, schöne Handschrift, guter Maschinenschreiber, Gewandtheit in allen Bureauarbeiten». Es gingen 35 Anmeldungen ein. Gewählt wurde der 30-jährige Hans Wehrli, gelernter Kaufmann, Leutnant, bisher Aushilfskanzlist auf der Militärkanzlei. Er bekam eine Jahresbesoldung von 4000 Franken. Offensichtlich war er seiner Aufgabe gewachsen, denn wenige Jahre später beriefen ihn die eidgenössischen Militärbehörden ins Oberkriegskommissariat nach Bern.

er würde die kantonalen Magazine an der Rohrerstrasse gegen Entschädigung erwerben und die Verwaltung des gesamten Korpsmaterials auf dem Platz Aarau, auch der kantonalen Einheiten, übernehmen. Als Gegenleistung sollte der Kanton seine Munitionsmagazine Rohrerbrücke und Quellhölzli ohne Anrechnung einer Kaufsumme dem Bund überlassen. Die zu jenem Zeitpunkt existierenden weiteren Munitionsdepots Oberholz und Rütihölzli standen nicht zur Diskussion.

Der Kanton zeigte für diese Lösung Interesse. Er tendierte auf die Erstellung eines neuen kantonalen Zeughauses mit Magazinen und Werkstätten zur Verwaltung der persönlichen Ausrüstungen. Denn der Betrieb an zwei Zeughausstandorten, im Kasernenareal und an der Rohrerstrasse, war umständlich. Reparaturen, wie das Waschen und Instandstellen von Pferdegeschirren, konnten nur in den Werkstätten im alten Zeughaus durchgeführt werden. Die Truppe gab am Ende des Dienstes das Material im Zeughaus auf dem Kasernenareal ab, von dort wurde es zur Kontrolle und Einlagerung in die Magazine an die Rohrerstrasse verbracht, bei Mängeln an den alten Standort zurückgeführt und schliesslich wieder in die Dépendance transportiert. Nicht weniger aufwändig war der Dienstablauf: Bei Dienstantritt wurden die Arbeiter morgens im alten Zeughaus kontrolliert. Dann begaben sie sich zu den Arbeitsplätzen an der Rohrerstrasse. Mit dem Kleiderwechsel ging eine Viertelstunde verloren. Das wiederholte sich in der Mittagspause. Der Bau eines neuen Zeughauses leuchtete auch deshalb ein, weil das General-Herzog-Haus dadurch für andere Zwecke frei wurde, zum Beispiel als Essraum,

und die Zeughauswerkstätten im Kasernenareal den dringend benötigten Stallungen weichen konnten. Doch gut Ding wollte Weile haben – bis es so weit war, sollten noch rund 20 Jahre verstreichen.

Eile mit Weile auf dem «Rössligut»

Zwar liess sich das Vorhaben gut an, denn nach längeren Verhandlungen war Landwirt Steiner bereit, dem Staat im «Rössligut», auf der Nordseite der Rohrerstrasse, gegenüber den einstigen Bergbahn-Fabrikationshallen, 10 000 Quadratmeter zum Preis von zehn Franken pro Quadratmeter zu verkaufen. Als man handelseinig war, wollte sich plötzlich auch der Bund am Landkauf beteiligen. Denn Aarau war als Korpssammelplatz vorgesehen; das bedeutete einen erheblichen Zuwachs an Kriegsmaterial. Weil die vorhandenen Gebäude gefüllt waren, sahen die eidgenössischen Militärbehörden einen zusätzlichen Zeughausbau vor. Der «Rössligut»-Besitzer lenkte zum Verkauf von weiteren 10 000 Quadratmetern Land ein. Durch Bundesbeschluss vom 15. Dezember 1911 sanktionierten die eidgenössischen Räte den Erwerb des kantonalen Zeughausgebäudes auf der Südseite der Rohrerstrasse für 135 775 Franken und des Landanteils für 85 540 Franken – ebenso die Abmachung, dass der Bund alles Korpsmaterial auf dem Platz Aarau besorge. Die Regelung mit den Munitionsdepots Quellhölzli und Suhrenbrücke wurde einer separaten Abmachung zugewiesen, schubladisiert und für einige Jahre vergessen.

Aus dem Kauferlös für seinen Zeughausanteil bezahlte der Kanton den Landerwerb im

An den jährlichen gemeindeweisen Waffen-, Bekleidungs- und Ausrüstungsinspektionen wurde die Persönliche Ausrüstung der Wehrmänner auf Vollständigkeit und Zustand geprüft. Das Zeughaus fuhr mit einem Spezialfahrzeug vor, in dem Ersatzartikel mitgeführt und kleinere Reparaturen vorgenommen wurden.

Die Inspektionen wurden im Zusammenhang mit der Armeereform 95 abgeschafft. Ein letztes Mal erstellten am 20. Oktober 1994 Wehrmänner in Wettingen die Auslegeordnung.

«Rössligut»; die restlichen 121315 Franken sollten für den Neubau reserviert bleiben. Allerdings verschwand das Geld zunächst in der ordentlichen Staatsrechnung. Erst 1931, als der Neubau endlich spruchreif wurde, erinnerte sich die Regierung an den Zeughausfonds und stellte ihn mit der ursprünglichen Einlage sowie den aufgelaufenen Zinsen und Zinseszinsen – total 250 000 Franken – wieder her. Mit dem Zeughausneubau harzte es indes gewaltig. Die Militärbehörden waren in der Zeit des Ersten Weltkrieges mit andern Problemen beschäftigt. Überdies zeigte das Oberkriegskommissariat für die vom Kanton 1912 erwogene umfassende Kasernensanierung, die vom Bau des neuen Zeughauses abhing, wenig «Musikgehör». So ging die Rechnung des Regierungsrates nicht auf, der die vermeintlich bald leer stehenden alten Magazine und Zeughaus-Werkstätten im Kasernenareal samt Land dem Bund für weitere 388 600 Franken «anhängen» und auch dieses Geld für den Zeughausneubau einsetzen wollte. Am 21. Februar 1917 vereinbarten Bund und Kanton einen Teilungsvertrag über das Areal Rössligut, nach welchem der östliche Teil an den Bund und der westliche an den Kanton überging. Das Oberkriegskommissariat machte mit dem Projekt für das eidgenössische Zeughaus Nr. 3 am Ostrand des «Rössligutes» zügig vorwärts. Noch während des Krieges wurde der Bau 1917 bezogen.

Gratisschuhe aus dem Ersten Weltkrieg

Vorzeichen des Ersten Weltkrieges waren unter anderem wachsende Rüstungsmaterialbestände. Bei der Inventur von 1912 wies das kantonale Zeughaus 131 Kriegsfuhrwerke aus, drei mehr als im Vorjahr. Die Dotation an Kriegsmunition stieg auf 1,82 Mio. Gewehr- sowie 31 800 Revolver- und Pistolenpatronen. Der vom kantonalen Zeughaus verwaltete Bestand an persönlichen Waffen: Revolver, Karabiner der Modelle 1893/05 (Kaliber 7,5 mm), Gewehre 1889/96, Genie-Gewehre 1889/92, Kurzgewehre 1889/00 (Kaliber 7,65 mm) und Pistolen Modell 1900, stieg um 2412 auf 24 277 Stück.

Mit der Kriegsmobilmachung am 3. August 1914 trat der Ernstfall ein. Jetzt bewährte sich, was jahrelang in Wiederholungskursen geübt worden war: Die Mobilmachungsorganisation, die 1876/77 vom Chef des Stabsbüros und Nachfolger Henri Dufours, Hermann Siegfried – einem gebürtigen Zofinger – entworfen und im Vorfeld des Ersten Weltkrieges durch Generalstabschef Theophil Sprecher von Bernegg ergänzt worden war, funktionierte zur Zufriedenheit. Die Abgabe des Korpsmaterials und der Munition aus den Zeughäusern an die Truppen unter der Regie der Mobilmachungsstäbe Aarau, Brugg und Lenzburg wickelte sich «vollständig ruhig in den vorgesehenen Zeiten, entsprechend den im Frieden getroffenen Vorbereitungen ab». Mehr wollte die kantonale Militärverwaltung über die Mobilmachung von 1914 zunächst nicht verraten. Denn «es dürfte nicht im Interesse des Landes liegen, unsern Ausführungen Detailangaben beizufügen, da voraussichtlich nach gänzlichem Abschluss des jetzt noch tobenden Weltkrieges ein eingehender Bericht wird erstattet werden müssen über unsere Inanspruchnahme durch denselben». So war es – bis dahin dauerte es allerdings unvorhergesehene fünf Jahre.

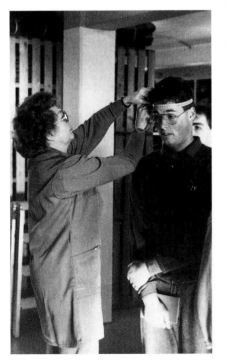

Auf den Ertrag des Waffenplatzes Aarau wirkte sich der Kriegsausbruch «höchst nachteilig» aus: Alle Schulen und Kurse, die bereits begonnen hatten, wurden am 1. August 1914 von Aarau wegverlegt, weil die Kasernen für die Mobilmachung gebraucht wurden. Die Kavallerie-Rekrutenschule IV wurde auf einem andern Waffenplatz abgehalten. Diese Verschiebungen schlugen ein Loch von über 10 000 Franken in die Kasernenrechnung. Während des Aktivdienstes erweiterte die Armee ihre Waffen-, Munitions- und Fuhrwerkbestände sowie die Bekleidungsreserven erheblich. Nach der Demobilmachung waren die Magazine und Depots randvoll. In den Zeughäusern in Aarau lagerten neben dem Korpsmaterial der Stäbe und Einheiten 820 Kriegsfuhrwerke. Weitere 162 Kriegsfuhrwerke waren unter der Aufsicht der Aarauer Zeughausverwaltung in der von den SBB gemieteten «Tripolis»-Halle am Südportal des Hauensteintunnels untergebracht. Die Truppen hatten im Aktivdienst selber noch viel zusätzliches Material angeschafft, das nicht in die Etats gehörte. Das Zeughaus liquidierte diese Gegenstände am Ende des Krieges nach den Anweisungen des Oberkriegskommissariats.

Weil es mit dem persönlichen Schuhwerk schlecht bestellt war, verfügte der Bundesrat, dass den Wehrmännern während des Ersten Weltkrieges leihweise Ersatzschuhe und Ersatzstiefel zur Verfügung gestellt wurden. Sie mussten bei jeder Entlassung im Zeughaus abgegeben und beim Wiedereinrücken neu gefasst werden. Im Laufe des Aktivdienstes erhielt der grössere Teil der Mannschaften ein zweites Paar Leihschuhe. Nach dem Krieg schenkte man den Wehrmännern das bessere Paar der deponierten Marschschuhe – mit der Auflage, dass sie im nächsten Dienst mit feldtüchtigem Schuhwerk einzurücken hätten. So fanden über 18 000 Gratis-Bundesschuhe ihre definitiven Besitzer. Überdies verkaufte der Bund neue Schuhe, die während des Krieges für die Armeereserve hergestellt worden waren, den Aktivdienstlern zu günstigen Bedingungen. Dabei gingen nochmals 13 000 Paar Marsch-, Berg- oder Quartierschuhe weg. Dem Zeughaus brachte das «Schuhgeschäft» viel Mehrarbeit, aber die Schuhausrüstung vieler Kantonseinwohner verbesserte sich dadurch markant. Während sie das Schuhwerk früher selber beschaffen mussten, bekamen ab 1920 alle Rekruten beim Einrücken unentgeltlich ein Paar Schuhe, die Kavalleristen ein Paar Stiefel.

Kriegsmüde, aber kämpferisch in den Verhandlungen

Die scheinbare europäische «Kriegsmüdigkeit» schlug sich Anfang der 1920er-Jahre auch in der Schweizer Armee in einer Reduktion der Wiederholungskurse, Truppenübungen und militärischen Materialanschaffungen nieder. Deutlich zu spüren bekamen das auch die vom Zeughaus beschäftigten Heimarbeiter, Schneider, Näherinnen und Sattler: Vorläufig bestellte die Kriegsmaterialverwaltung nur noch die für Rekrutenschulen benötigten persönlichen Ausrüstungen, aber keine Reservemonturen mehr. Eine neue und recht aufwändige, aber vom Bund entschädigte Aufgabe tauchte hingegen in dem während der Mobilmachungszeit suspendierten freiwilligen ausserdienstlichen Schiesswesen auf. Bis 1914 hatten patentierte Munitionsverkäufer den Schiessvereinen die Munition geliefert. Jetzt wiesen die Militärbehörden den Zeughäusern die Munitionsabgabe zu. Das Zeughaus Aarau musste den ganzen Aargau bedienen. Im ersten Jahr, 1920, wurden 1153 Sendungen an 368 bezugsberechtigte Vereine spediert. Sie umfassten 1,77 Mio. Gewehrpatronen für das Karabinermodell 1911 und 397 640 Patronen für die Gewehrmodelle 90/03 sowie 53 088 Pistolenpatronen und 19 720 Revolverpatronen. Das Zeughaus stellte sodann Waffen und Munition für Jungschützenkurse, für die Schiessprogramme der Kadettenkorps und für den so genannten bewaffneten militärischen Vorunterricht zur Verfügung.

Nach dem Tod von Zeughausdirektor Brack, 1927, erörterten die Kriegsmaterialverwaltung und die aargauische Militärdirektion die Frage, ob der Kanton sein Zeughaus ganz dem Bund abtreten solle. Doch die verlangten Leistungen – namentlich der teure Einkauf des kantonalen Zeughauspersonals in die Eidgenössische Versicherungskasse – hielten den Regierungsrat von diesem Schritt ab. Er ersuchte aber im gleichen Zug den Bund um einen neuen Zeughausvertrag. «Bern» machte dabei geltend, dass die bisherige unentgeltliche Besorgung des Militärmaterials für die aargauischen Truppen im eidgenössischen Zeughaus so nicht fortgesetzt werden könne. Der Kanton müsse künftig auf die gehabte Entschädigung von 2500 Franken für die Verwaltung des Korpsmaterials der eidgenössischen Stäbe und Einheiten auf dem Sammelplatz Aarau sowie auf die Vergütung von 6000 bis 7000 Franken für die Munitionsverteilung an die Schützengesellschaften verzichten. In

dem nach langwierigen Verhandlungen 1929 geänderten Vertrag erreichten die kantonalen Militärbehörden, dass der Bund die Munitionsabgabe weiterhin vergütete und die Entschädigung für die Verwaltung des eidgenössischen Korpsmaterials sogar von 2500 auf 5500 Franken erhöhte. Er erinnerte aber «Aarau» an das beim Kauf des «Rössligutes», 1912, abgegebene Versprechen zur Erstellung eines neuen Zeughauses. Der Militärdirektor drängte jetzt auf die Ausführung des Projektes – nicht zuletzt, um den Weg für die anschliessende Kasernensanierung zu ebnen. Diese duldete keinen langen Aufschub mehr, weil die verbesserten Waffenplätze Zürich, Luzern und Liestal der Garnison Aarau den Rang abzulaufen drohten.

Die Erstellung des neuen Zeughauses

Bei einem Augenschein am 17. April 1931 liessen sich die aargauischen Militärbehörden vom Chef des Eidgenössischen Militärdepartementes, Bundesrat Rudolf Minger, die Zusicherung für den Um- und Ausbau der Infanteriekaserne, des alten Zeughauses sowie der Stallungen geben. Voraussetzung dafür war der Zeughausneubau. Der Militärdirektor legte drei Monate später dem Regierungsrat das generelle Projekt vor. Es war gegenüber den ursprünglichen Plänen von 1912 um über die Hälfte reduziert und wies noch ein Raumvolumen von 15 000 statt 37 000 Kubikmetern auf. Im ganzen Gebäude waren Zentralheizung und elektrisches Licht sowie Doppelfenster mit aufklappbaren Oberlichtern vorgesehen, sodann ein Warenaufzug bis ins oberste Geschoss und eine leistungsfähige Wasch-

Die Dienstwohnung streng vom Betrieb abgegrenzt

Zum neuen Zeughaus an der Rohrerstrasse, das 1933 bezogen wurde, gehörte eine Abwart-Dienstwohnung mit Küche, zwei Zimmern, drei Kammern, Estrich, Keller und 90 Quadratmetern «eingefriedetem Pflanzland». Die Benützung von Zeughauseinrichtungen für private Zwecke, etwa die Wäschetrocknung, war untersagt. Der Abwart hatte die gesamte Zeughausanlage «unter guter Aufsicht zu halten und besonders den Einrichtungen für Feuer und Licht jede Aufmerksamkeit zu schenken». An Arbeitstagen musste er unmittelbar nach Arbeitsschluss sowie eine Stunde später sämtliche Räumlichkeiten kontrollieren, «verbunden mit einer Aussenrunde durch das ganze Areal». Ebenso war das Zeughausgelände an arbeitsfreien Samstagnachmittagen einmal zu inspizieren, desgleichen an Sonn- und Feiertagen «abwechselnd am Vor- und Nachmittag». Dem Abwart oblagen sodann die Reinigung der Büros und Gänge, die Aufsicht über die Heizung, die Bedienung des Portals und des Telefons ausserhalb der Arbeitszeit – «alles unter Mithülfe der Familienangehörigen». Für diese Leistungen wurde ihm «auf Zusehen hin die Dienstwohnung mit freier Beheizung ohne weitere Entschädigung zur Verfügung gestellt».

anlage. Dank der übersichtlichen Gebäudeeinteilung «sollte eine leichte Kontrolle der Arbeiter möglich sein». In Büros und Abwartswohnung wollte man sich den Luxus von Parkettböden leisten. Der Chef der Eidgenössischen Kriegsmaterialverwaltung, dem die Pläne zur Begutachtung unterbreitet wurden, empfahl noch die Unterkellerung des Neubaus, um Platz für die bevorstehende Einlagerung von Gasmasken zu gewinnen. Die Mehrkosten für das zusätzliche Kellergeschoss beliefen sich auf 20 000 Franken; der Bund sicherte eine Verzinsung zu fünf Prozent zu. Der Grosse Rat hiess das Projekt mit dem Kostenvoranschlag von 600 000 Franken am 30. Oktober 1931 gut. Die Finanzierung erfolgte durch den auf 250 000 Franken aufdotierten Zeughaus-Neubaufonds von 1912 und einen von der Einwohnergemeindeversammlung der Stadt Aarau bewilligten Beitrag von 100 000 Franken, sodann durch 11 000 Franken Zins des Bundes sowie durch Betriebseinsparungen von 5000 Franken dank der Konzentration an einem einzigen Zeughausstandort – beides deckte die restliche Kapitalsumme von 250 000 Franken ab. Der Militärdirektor legte dem Regierungsrat nahe, mit der Detailplanung und Bauführung nicht das kantonale Hochbauamt, sondern den Architekten Oberstleutnant Schneider zu beauftragen und das Vorhaben zu forcieren, «damit der Rohbau während des Eidgenössischen Turnfestes (1932) in Aarau zur Unterbringung von Turnern zur Verfügung steht». Fristgerecht bezog das Zeughaus 1933 den gelungenen Neubau. Dadurch wurde das General-Herzog-Haus anderweitig nutzbar. Die Waffenplatzsanierung mit der Erweiterung von Stallungen und Mannschaftsräumen sowie Komfortver-

besserungen konnte beginnen. Bis zum Ausbruch des Zweiten Weltkrieges war das Umbauprogramm einigermassen unter Dach.

Drehscheibe im Zweiten Weltkrieg

Die Schweiz war 1939, trotz etwelchen Lücken, besser auf den Krieg vorbereitet als 1914. Mit Wehranleihen verstärkte sie Kriegsmaterial und Verteidigungsanlagen. Aus Notstandskrediten wurden zusätzliche Ausrüstungsaufträge vergeben. Das schätzten in der Krisenzeit die Heimarbeiter. Für die Reinigung und Instandstellung des Korpsmaterials nach den grossen Divisionsmanövern 1935 setzte das Zeughaus zwei bis drei Monate 40 bis 60 Hilfsarbeiter ein – auch das war eine willkommene Beschäftigung. Die neue Truppenorganisation 1937 führte zu grossen Materialverschiebungen in der Feldarmee, bei Territorialtruppen und rückwärtigen Formationen. Das Zeughaus Aarau übernahm auch die Retablierung der persönlichen Ausrüstungen auf den Sammelplätzen Brugg, Lenzburg und Mellingen. Wiederholungskurse, Truppenübungen, Spezialausbildungen wurden intensiviert und unter anderem der passive Luftschutz aufgebaut. Am 2. September 1939 trat abermals der Ernstfall ein: 25 Jahre nach der ersten Generalmobilmachung hatte das Zeughaus die erneut in den Aktivdienst befohlenen Einheiten wieder mit dem Kriegsmaterial auszurüsten. Und ein weiteres Mal sorgten die Mobilmachungsstäbe mit einer mirakulösen Organisation dafür, dass alle Mittel, welche die Truppe zum Kämpfen und Leben brauchte, in kürzester Zeit aus den Magazinen auf die dezentralisierten und gehei-

Zeughaus-Materialequipe im ausserhäuslichen Einsatz

Als Wettkämpfer und Mitorganisator von Militärsportanlässen beobachtete in den Fünfzigerjahren der damalige Zeughaus-Kanzleisekretär Bortolo Giudici, dass unerfahrene Funktionäre bei der Abgabe des Wettkampfmaterials oft überfordert waren. «Im Zeughaus haben wir doch Profis, die mit Korpsmaterial und persönlicher Ausrüstung umgehen und durch ihren Einsatz auch ausserhalb der Bürozeit zeigen können, dass wir ein Dienstleistungsbetrieb sind», sagte er sich und stellte 1958 das Gesuch, eine Materialequipe zusammenstellen zu dürfen. Das wurde ihm bewilligt. Die Zeughaus-Materialmannschaft stellte in der Folge jahrzehntelang ihre Dienste an militärischen Sommer- und Winterwettkämpfen, Patrouillenführerkursen usw. zur Verfügung. Sie und ihr Spiritus rector traten auch im Materialdienst bei zivilen Grossanlässen in Aktion, wie den in den Sechziger- und Siebzigerjahren in Aarau durchgeführten eidgenössischen Schwing-, Musik-, Jodler- und Turnfesten. Als «richtige Leute am richtigen Platz» vollbrachten sie logistische Glanzleistungen.

men Fassungsplätze verteilt waren. Die militärischen Bestände zwischen 1939 und 1945 sprengten alle Rekorde: Die Schweiz hatte keine Armee, sie war eine Armee. Neben den ordentlichen Truppen wurden Hilfsdienst-Detachemente für Bau-, Strassenunterhalt-, Tarnungs- und Meldeaufgaben gebildet und später für die Bewachung von Internierten sowie für die Betreuung von Flüchtlingen eingesetzt – allein im Aargau standen in solchen Formationen bis zu 6500 Personen im Aktivdiensteinsatz. Im Mai 1940 traten noch die Ortswehren mit rund 12 000 Angehörigen in Aktion. Das Zeughaus nahm sich auch der Bekleidung und Bewaffnung dieser Kräfte an.

Über sämtliches abgegebenes Material, bis zur letzten Patrone, wurde Buch geführt. Es brauchte etliche Mahnungen, bis die Ausleihungen wieder mehr oder weniger vollständig ins Zeughaus zurückgefasst waren. Die Hauptaufgabe während des Krieges bestand aber darin, das Korpsmaterial der Kampftruppen instand zu halten, zu ergänzen und zu erneuern. Wenn Einheiten beurlaubt oder vorübergehend entlassen wurden, sorgte die Zeughausmannschaft für die rasche Retablierung des Materials auf drei Sammelplätzen, sodass es beim nächsten Einrücken wieder in einwandfreiem Zustand gefasst werden konnte. Mit Unterstützung von Heimarbeiter-

Die Unterbringung des Korpsmaterials nach dem Zweiten Weltkrieg bot Platzprobleme. Deshalb baute der Bund zwei weitere Zeughäuser: 1946 in Zofingen und 1948 in Rothrist (Bild). Dieses wurde 1999 nicht mehr benötigt und an einen privaten Interessenten verkauft.

In der ersten Ausgabe der Hauszeitung «De Züghüsler», im Dezember 1983, wurde Max Hilfiker, Chef der Zuschneiderei, nach 44 Dienstjahren in den Ruhestand verabschiedet. Er erinnerte sich, wie er sich 1939, kurz nach Ausbruch des Zweiten Weltkrieges, an einem Sonntagmorgen beim Zeughausverwalter vorgestellt hatte. «Um die Nachfrage nach Uniformstücken zu erfüllen, wurde damals in der Zeughaus-Zuschneiderei sogar am Sonntag gearbeitet. Der Zuschnitt musste noch grösstenteils von Hand besorgt werden. Die Stoffteile gingen dann an die Heimarbeiter zum Nähen. Der Lohn für eine Militärhose stieg zwischen 1940 und 1983 von 8 Franken auf 118 Franken.»
Über 40 Jahre war Gertrud Horisberger als Heimarbeiterin tätig. Im «Züghüsler» von 1989 blickte sie zurück: «Bevor man die ersten Militärhosen nähen durfte, musste man zwei Halbtage im Zeughaus Probemuster anfertigen. Damals gab es noch keine Arbeitsverträge für die Heimarbeiter. Die fertige Ware wurde am Freitagnachmittag, später am Samstag, mit dem Leiterwägeli ins Zeughaus gebracht. Nachher traf man sich meistens im Bahnhofbuffet zu einem Schwatz und zum Fachsimpeln.»
Karl Bachofer trat 1937 als 17-jähriger Jüngling ins Zeughaus ein – sein Onkel, Oberstlt Fritz Bachofer, war damals Zeughausverwalter. «Wer nicht gut tut, kann sofort wieder gehen», habe man ihm bedeutet. Karl Bachofer «tat gut», erlernte das Büchsenmacher-Metier und hielt es 48 Jahre lang im Zeughaus aus. «Es war nicht immer leicht», gestand er beim Übertritt in den Ruhestand, Ende 1985: «Man konnte sich früher überhaupt nicht entfalten, neue Arbeitsformen waren nicht erwünscht, und der Meister war noch ein absoluter König.»

innen und -arbeitern wurden defekte persönliche Ausrüstungen laufend geflickt. Diese Reparaturen summierten sich: Allein im Kriegsjahr 1942 waren beispielsweise 4196 kaputte Hosen, 1473 Waffenröcke, 1245 Brotsäcke, 1135 Kochgeschirre auszutauschen. Während des Krieges war das Korpsmaterial verschiedener Stäbe und Einheiten in das Réduit, in die Alpenfestung der Armee, verlegt worden. Im Sommer 1945 holte man die Waffen und Ausrüstungen in die Zeughaus-Magazine zurück. Dabei machte sich wieder einmal Platzmangel bemerkbar. Der Bund entschloss sich darum zu zwei weiteren Zeughausbauten: 1946 in Zofingen und 1948 in Rothrist. Sie wurden der Verwaltung von Aarau unterstellt, ebenso ein für die Kriegstechnische Abteilung betriebenes Rohgummilager sowie verschiedene unterirdische Munitionsanlagen. Mittlerweile war auch die Zahl der dezentralisierten, meistens in Wäldern untergebrachten oberirdischen Munitionsmagazine des Zeughauskreises Aarau auf 20 Objekte gestiegen.

Quantensprung mit dem Kampfanzug und Sturmgewehr

Aus den Erfahrungen des Zweiten Weltkrieges wurden sofort Lehren gezogen – die Berichte von General Henri Guisan und Generalstabschef Jakob Huber über den Aktivdienst 1939–1945 gaben genug Anschauungsmaterial. Man liess in der Wehrbereitschaft nicht nach. Das zeigte sich in den wieder in Gang gesetzten, obligatorischen ausserdienstlichen Schiessübungen sowie in fortgesetzten konsequenten Waffen-, Ausrüstungs- und

Bekleidungsinspektionen. Wie genau es die Kontrolleure des Kreiskommandos und Zeughauses nahmen, erfuhren 1951 einige Wehrmänner beim Versuch, ihre fehlenden oder kaputten Ordonnanzschuhe mit ausgeliehenem Schuhwerk zu kaschieren. Das mussten sie als Betrugsversuch büssen. Bestraft wurden zudem Funktionäre in sechs Gemeinden, die bei der Inspektion der Mobilmachungsakten als geheim klassifizierte Dokumente nicht mehr vorweisen konnten.
Mit der materiellen und technischen Entwicklung der Armee nach dem Krieg stiegen die Anforderungen an das Zeughaus weiter. Eine eigene Tankstelle wurde eingerichtet. Fahrzeuge ersetzten Fuhrwerke. Neue Übermittlungs- und Radargeräte, Geschütze und Waffen kamen in die Korpsmateriallager. Ihre Wartung verlangte entsprechende Werkstatteinrichtungen und spezialisierteres Fachpersonal. In den Aarauer Kavallerie-Rekrutenschulen ersetzten ab 1950 motorisierte Schwadronen einen Teil der Reiterschwadronen. Änderungen gab es auch bei der Montur: Die einstige Uniform wurde nun als «Tenü grün» – nebst dem «Tenü blau» – zum Exerzieren getragen. Nach der Ordonnanz 1914 mit Stehkragen und der Ordonnanz 1940 kleidete nun die Ordonnanz 1949 mit «tannnadligem» Waffenrock, zwei Paar Hosen, zwei in der Regel bis zu den Kniekehlen reichenden Militärhemden, Mantel, Krawatte und Feldmütze mit Tuchschirm die Wehrmänner noch etwas besser.
Ein völlig neues Erscheinungsbild gab der Truppe jedoch der in den Sechzigerjahren eingeführte Kampfanzug mit seinem «Vierfrucht»-Tarnmuster. Dank unzähligen Taschen in Hose, Jacke und abknöpfbarem Rucksack

**Tragischer Unglücksfall
im Feuerwehrkurs**

Ein tödlicher Arbeitsunfall überschattete im Jahre 1968 das Zeughaus. Mitglieder der Betriebsfeuerwehr waren an einen Ausbildungskurs für Kreislaufgeräteträger ins Berner Oberland kommandiert worden. Bei einer Rettungsübung mit Feuer in einem Stollen starb der 41-jährige Zeughausangestellte Max Koch. Seine Arbeitskollegen Richard Riner und Emil Gloor erlitten mittelschwere Verletzungen.

konnten Essgeschirr und Gasmaske, Patronenmagazine, Gewehr- und Handgranaten, Sackmesser, Verbandspatrone und die Zelt-Regenschutz-Kombination «auf Mann» getragen werden. In solcher Vollausrüstung kamen die neuen schweizerischen «GIs» ziemlich voluminös daher – sie pflegten sich in diesem Zustand als «schwangere Berg-Enten» zu necken. Einen Quantensprung bedeutete die gleichzeitige Einführung des neuen Sturmgewehrs 57 anstelle des Karabiners 31. Mit der neuen halbautomatischen Waffe wurde als Erste die Aarauer Infanterie-Rekrutenschule 205 im Sommer 1960 ausgerüstet. Für sie und das Zeughaus Aarau war eine Sturmgewehr-

Demonstration vor Truppenkommandanten am 21. Oktober auf dem Schiessplatz Gehren ein denkwürdiger Tag: Er machte die Kampfkraftsteigerung der Fusstruppen augenfällig.

Heimarbeit – das Zeughaus als wichtiger Auftraggeber

Im Jahre 1964 beherbergte das Zeughaus Aarau total 147 Stäbe und Einheiten, deren Materialwert 46,5 Mio. Franken betrug. Zur Erledigung der Verwaltungs- und Betriebsarbeiten standen 10 Beamte und Angestellte sowie 75 Arbeiter zur Verfügung. Die neue

Im Jahre 1976 begrüsste ZWA-Verwalter Willy Urech die Senioren zum ersten Pensioniertentreffen. Seither werden regelmässig Anlässe für die Mitarbeitenden im Ruhestand durchgeführt.

Der Wegweiser zum legendären Restaurant «Lindenhof», Stammbeiz von Zeughausmitarbeitern, wurde beim Abbruch des Restaurants gerettet und schmückt heute ein Sitzungszimmer im Estrich des Zeughauses.

Zeughauswein von eigenen Reben

An der südseitigen, sonnigen Fassade des Zeughauses Nr. 6, neben den Bahngeleisen, wuchs seinerzeit eine prächtige Direktträgerrebe. Ihr grosser Traubenertrag brachte weinkundige Zeughausmitarbeiter auf die Idee, einen hauseigenen Wein zu keltern. Über dessen Qualität ist der Nachwelt nichts mehr bekannt. Hingegen hält sich das Gerücht, der Rotwein habe in ertragsschwachen Jahren eher einem Weissen geglichen – weil der Traubenmost mit Hahnenwasser gestreckt worden sei. Der Zeughauswein durfte nicht im Zeughausareal getrunken werden, weil an den Arbeitsplätzen der Alkoholkonsum untersagt war. Schlaumeier tranken zwar nicht am Arbeitsplatz, sondern schlichen heimlich in den benachbarten «Lindenhof». Der Zeughauszaun wies dafür einen diskreten Durchschlupf auf. An die einem Strassenausbau zum Opfer gefallene legendäre Wirtschaft erinnert das Original-«Lindenhof»-Leuchtschild im Dachgeschoss des Zeughauses, wo es heute einen Sitzungsraum kennzeichnet.

Truppenordnung 61 löste die Aktivdienst-Armee endgültig ab. Viele Formationen wurden liquidiert, neu aufgestellt oder umbenannt. Auch die Mobilmachung erfuhr wesentliche Änderungen. Deshalb, und wegen der enormen Verschiebungen von Munition und Korpsmaterial, mussten im Zeughaus «alle Mann an Deck». Vorübergehend hatten Instandstellungsarbeiten etwas zurückzustehen. Aber das Zeughaus konnte sich auf einen soliden Stock Heimarbeiterinnen und Heimarbeiter verlassen. Es beschäftigte Anfang der Sechzigerjahre nicht weniger als 91 Schneiderinnen und Schneider für die Neukonfektion, 17 Flickschneiderinnen und Flickschneider sowie 60 Sattler. Die Konfektionsschneider und Sattler fertigten Artikel der Rekrutenausrüstung an. 1962 waren das zum Beispiel 5070 Waffenröcke, 5690 Ordonnanzhosen, 4870 Mäntel mit Einknöpffutter, 16670 Uniformhemden, 9100 Krawatten, 2440 Brotsäcke, 2630 Anstreichbürstchen mit Futteral usw. Ein jährliches Auftragsvolumen bis zu vier Millionen Franken und mehr – regional verteilt auf viele Kleinbetriebe – machte die volkswirtschaftliche, sozialpolitische und in gewissem Sinn auch logistische Bedeutung der militärischen Heimarbeit im Aargau offenkundig. Von den Aufträgen profitierten zusätzlich auch Textilunternehmen im Kanton, welche die Ausgangsprodukte, wie Stoffe, liefern konnten.
Oft war die Heimarbeit eine Familienangelegenheit. Der Dorfschneider Hermann Wernli in Thalheim stellte beispielsweise mit Hilfe seiner Frau und den verheirateten Töchtern viele Jahre Waffenröcke her. 1981 wurden ihm pro Stück 218.05 Fr. bezahlt. «Kleiderfabriken hätten wohl günstiger liefern können, aber nie in unserer Handarbeitsqualität», war

der Heimschneider überzeugt. Die gute Ware verminderte die Reparaturkosten. Ein anderer Kleinmeister, Willy Hauri aus Reitnau, war neben der Anfertigung von Waffenröcken und Hosen auf die Herstellung von Militärkrawatten spezialisiert. Er produzierte jährlich bis zu 13900 Stück. Der Stoff, ein Mischgewebe, kam aus einer Weberei in der Gegend. Das Zeughaus vergütete ihm einen im Voraus abgemachten Preis pro Exemplar. Davon entlöhnte Hauri auch Schneiderinnen und Glätterinnen, die den Erwerb neben der Hausarbeit schätzten. Als sich der Bund in den Neunzigerjahren nach billigeren Beschaffungsquellen umsah – die T-Shirts zum Tarnanzug TAZ 90 begann er beispielsweise aus fernöstlichen Billiglohnländern zu beziehen –, musste Hauri sein Kleinunternehmen einstellen. Das Zeughaus bot nach jahrelanger, guter Zusammenarbeit dem qualifizierten Fachmann eine Stelle in der Textilabteilung an.
Obwohl er selber von den Vorteilen der Heimarbeit überzeugt war, hatte sich der damalige Zeughausverwalter Willy Urech schon 1973 gefragt, ob und wie lange die Herstellung der neuen Uniform 72 noch von den Heimarbeiter-Konfektionären zu bewältigen sei. Ihre Zahl sank, und ihr Durchschnittsalter stieg. Weit mehr als die Hälfte war zwischen 50- und 70-jährig. Viel Nachwuchs war nicht vorhanden. Eine nächste Herausforderung zeichnete sich bereits mit dem künftigen Arbeitsanzug der Truppe ab: Würden die Heimschneider den Tarnanzug 90 mit seinem «Zwiebelschalenprinzip» – das heisst mit mehreren, auf die Witterungsverhältnisse abgestimmten Unter-, Über- sowie Frostschutzkleidern – samt der neuen Gefechtspackung noch herstellen können? Waren dafür zusätzliche maschinelle

Einrichtungen erforderlich und die älteren Hersteller allenfalls zu den nötigen Investitionen bereit? Und vermochten sie sich gegenüber industriellen Anbietern kostenmässig einigermassen zu behaupten? Der Spardruck bei den Militärausgaben zwang zu knallharter Kalkulation. Die Gruppe für Rüstungsdienste machte dem Kanton feste Vorgaben, was die Ausrüstung der Armeeangehörigen kosten durfte. Das Preis-Leistungs-Verhältnis drängte beschäftigungs- und sozialpolitische Erwägungen in den Hintergrund. Zudem reduzierte der Bestandesabbau der Armee den Umfang an Ausrüstungen, Material, Waffensystemen und Munition – und damit auch das Auftragspotenzial der Heimarbeiter. 1992 verzichtete der Bund auf die Neufabrikation von Mützen, Mänteln und Hosen der Ordonnanz

Das Zeughaus war jahrzehntelang ein bedeutender Auftraggeber für die Heimarbeit. Zahlreiche Familien lebten von diesem Zuverdienst. Heimarbeiterinnen und Heimarbeiter nähten vor allem Waffenröcke und Militärhosen. Die Ware wurde wöchentlich im Zeughaus abgeliefert.

Materialdiebstahl im Zeughaus militärgerichtlich bestraft

Materialdiebstähle gehören zu den betrüblichen Vorkommnissen im Zeughaus. Sie kommen leider gelegentlich bei Truppenkunden vor. Dahinter steckt nicht immer reine persönliche Bereicherungsabsicht, sondern manchmal der Versuch, Materialverluste der eigenen Einheit durch entwendete Artikel aus Zeughausbeständen zu vertuschen. Bei der Schlusskontrolle des im Zeughaus eingelagerten Korpsmaterials des Infanterie-Regimentes 23 fehlten 1991 6 Regenschütze, 1 Feldstecher, 11 Taschenlampen, 10 Zelttücher und 2 Taschen mit Zeltpflöcken. Zur gleichen Zeit gab eine zu Ende gehende Infanterie-Rekrutenschule ihr Material im Zeughaus ab. Den aufmerksamen Zeughausleuten fiel auf, dass sich bei diesem Material ein Feldstecher mit einer Nummer befand, die in der Korpsmaterialliste des Inf Rgt 23 eingetragen war. Der Verdacht lag nahe, dass es sich um das gestohlene Exemplar handelte. Bei den Ermittlungen gab der Materialunteroffizier zu, einen Teil davon, nämlich den Feldstecher, die 6 Regenkombis und die 11 Taschenlampen im Korpsmateriallager des Regimentes entwendet zu haben, um Materialverluste der eigenen Kompanie zu vertuschen.

Der Auditor des Divisionsgerichtes 5 bestrafte den fehlbaren Korporal wegen Diebstahl mit 30 Tagen Gefängnis, bedingt erlassen bei einer Probezeit von zwei Jahren, sowie zu 470 Franken Verfahrenskosten. Der Feldweibel als Vorgesetzter des Materialunteroffiziers wurde wegen Hehlerei zu 25 Tagen Gefängnis bedingt und ebenfalls 470 Franken Verfahrenskosten verurteilt. Er hatte von den Materialverlusten gewusst, sich aber nicht dafür «interessiert», wie der Korporal die Verluste plötzlich gedeckt hatte.

49. Das Zeughaus musste das Arbeitsverhältnis mit 14 Heimarbeitern auflösen. Die Herstellung der Militärhosen in Heimarbeit wurde Ende 1999 ganz eingestellt. Die Zahl der Heimarbeiter sank bis 2003 auf ein knappes halbes Dutzend – ein Bruchteil der einstigen Armada von Schneidern, Sattlern und Näherinnen. Kleinere Ausrüstungsaufträge werden weiterhin vereinzelten sozialen Institutionen, wie Behindertenwerkstätten, vergeben.

Öffnung des Zeughauses nach innen und nach aussen

Die Umwälzungen in der Armee schlugen voll auf den Zeughausbetrieb durch. «Seit den Achtzigerjahren stehen wir in einem ununterbrochenen Veränderungsprozess», stellt Oberst Urs Müller, seit 1991 Betriebsleiter des Zeughauses und Waffenplatzes Aarau, fest. 1981 beschäftigte das Zeughaus bereits einen Fünftel weniger Leute als 1950, und der Abbau ging weiter. Sparmassnahmen zwangen zur Rationalisierung der Betriebsabläufe. Die Leitung und die Belegschaft des Zeughauses machten aus der Not schier eine Tugend: Sie verbesserten mit eigenen Ideen und Mitteln Magazine und Arbeitsräume. Für die Kontrolle, Instandhaltung und den Güterumschlag der Material-, Waffen- und Munitionslager führte der Bund schweizweit die Datensoftware SAP ein, mit der auch moderne privatwirtschaftliche Industrieunternehmen arbeiten. Und vor allem vollzog sich ein bemerkenswerter Mentalitätswandel: Der straff reglementierte, militärisch-autoritäre Monopolbetrieb mit der Devise: «Hier wird pariert, wir sagen, was gilt» entwickelte sich zu einem Dienstleistungsunternehmen, das sich nach dem Leitprinzip: «Was können wir für Sie tun?» auf eine kundenorientierte, zuvorkommende Bedienung ausrichtete – sei es für Einzelpersonen, die mit dem Zeughaus zu tun haben, oder für Stäbe, Einheiten, Schulen und Kurse.

Den Umschwung leitete eine Öffnung des Zeughauses nach innen und nach aussen ein. Im Dezember 1983 erschien die erste Ausgabe der neuen Hauszeitung «De Zughüsler». «Die Betriebsleitung des kantonalen Zeughauses und des Waffenplatzes bemüht sich, künftig auf diesem Weg Mitarbeiterinnen und Mitarbeiter sowie Ehemalige über betriebliche Belange, Personelles, Organisatorisches und Diverses zu informieren», schrieb Verwalter Willy Urech im Vorwort. Dadurch sollten sie sich «vermehrt mit dem Betrieb identifizieren und auch angeregt werden, bei der Lösung anstehender Probleme tatkräftig mitzuarbeiten». Personalschulungen setzten ein. Der Belegschaft wurde bewusst gemacht, dass der Betrieb effizient arbeiten müsse: «Zwar werfen Dienstleistungsbetriebe der öffentlichen Verwaltung nur ausnahmsweise einen Gewinn ab, gleichwohl legen wir grosses Gewicht auf eine wirtschaftliche Arbeitsweise», hiess es an anderer Stelle im «Zughüsler». Die Eidgenössische Kriegsmaterialverwaltung vermerkte im Inspektionsbericht 1984, dass das Zeughauspersonal «richtig informiert und polyvalent eingesetzt wird». Das Arbeitsklima sei gut. Auf den Unterhalt der Gebäude und Werkstätten werde grosser Wert gelegt. Tatsächlich waren inzwischen die Heizung ersetzt, die Zeughaus-Wäscherei mit einer Wärmerückgewinnung aus der Trocknungsanlage erneuert und so-

Eine Erbschaft für das Zeughaus

Über eine Testamentseröffnung im Jahr 1986 wurde auch das kantonale Zeughaus in Kenntnis gesetzt. Denn durch eine eigenhändige, letztwillige Verfügung hatte ihm ein ehemaliger Wehrpflichtiger die Militäreffekten vermacht: Tornister, drei Militärkoffer, Käppi und Helm. Das Zeughaus respektierte den Willen des Verstorbenen und schlug die Zuwendung nicht aus.

Jubiläumsbild der vereinigten Belegschaft. 1979 feierte das Zeughaus Aarau das 175-jährige Bestehen.

eben die Hausfassade und das Dach saniert worden. Auch der Versuch, «die guten, zuverlässigen Mitarbeitenden zur Beweglichkeit, für Veränderungen und zum Mitdenken zu motivieren», zeitigte Erfolge.

Am 14. April 1987 lud das Zeughaus 24 Jugendliche – «unsere künftigen Kunden» – zu einer Besichtigung ein. Als Erinnerung wurden ihnen gebrauchte Kragenspiegel verschiedener Einheiten und Waffengattungen geschenkt – sofort setzte eine intensive Tauschaktion ein. Ermutigt vom Interesse der Schüler, veranstaltete das Zeughaus ein Jahr später, Mitte August 1988, erstmals in seiner 184-jährigen Geschichte einen allgemeinen

Tag der offenen Tür, «um Vertrauen für unseren Auftrag zu gewinnen». Mehrere hundert Besucher besichtigten Magazine und Werkstätten, lernten ein aufgeschlossenes Zeughauspersonal kennen, bekamen Einblick in die Aufgabenteilung von Bund und Kanton im Wehrwesen und staunten, was für Material im Inventarwert von über 100 Mio. Franken, fein säuberlich geordnet, in den ausgedehnten Zeughausanlagen lagerte und mit sorgfältiger Pflege einsatzbereit gehalten wurde. Zu dem Zeitpunkt umfasste der Zeughauskreis Aarau 80 politische Gemeinden, davon 28 im Kanton Solothurn. Er wurde von fünf Mobilmachungsplätzen tangiert. Seine

Der Wachhund des Hauswarts

In einem Zeughaus lagert viel Wertvolles, das entsprechend geschützt sein will. Dem Hauswart stand dazu während einiger Jahre ein Wachhund zur Seite. Der Vierbeiner tat sich allerdings sichtlich schwer mit der Freund-Feind-Unterscheidung. Mehrmals waren Mitarbeitende des Betriebes Opfer seiner schnellen Schnauze. Ende Dezember 1991 erhielt er jedoch in der Hauszeitung «Züghüsler» ein offizielles Dankeschön, weil er «zwar wachsam blieb, aber im letzten halben Jahr alle Mitarbeiterinnen und Mitarbeiter verschonte».

Belegschaft bestand noch aus 80 Mitarbeitern und 3 Lehrlingen. Das Liegenschaftsverzeichnis enthielt 80 Bauten (Zeughäuser, Kasernen, Munitionsanlagen, Materialdepots, Armeeverpflegungsmagazine, Baracken und Schuppen, plus fünf Mietobjekte mit 12 577 Quadratmetern Lagerraum), in denen von der Kaffeebohne über Aluminiumreserven, Gummi, Löschextraktreserven bis zu den eigentlichen militärischen Ausrüstungen alles eingelagert war und bewirtschaftet wurde. Das änderte sich rasch.

Umgruppiert und verschlankt

Die Armeereform 95 senkte das Dienstpflichtalter von 50 auf 42 Jahre. Über 20 000 Armeeangehörige wurden zwischen 1993 und 1995 im Aargau aus der Wehrpflicht entlassen. Die gemeindeweisen Ausrüstungs-, Bekleidungs- und Waffeninspektionen fielen dahin. Der WK-2-Jahres-Rhythmus griff Platz. Die Rekrutenschulen wurden um zwei Wochen gekürzt. Das Zeughaus baute von 1991 bis 1995 weitere 14 Stellen ab. Mit den Umstrukturierungen in der Armee änderten sich Aufgaben und Arbeitsplätze. Während die kleinere Armee und der neue WK-Rhythmus einen Aufwandrückgang bei der Materialbewirtschaftung bewirkten, wuchsen die Bedürfnisse in der Ausbildungsunterstützung. Um die Zahl der «Ansprechstationen» für die Kunden zu reduzieren, wurden 1998 die beiden Bereiche Persönliche Ausrüstung sowie Korps- und Instruktionsmaterial auf der Administration räumlich und organisatorisch zusammengefasst. Auch im Betrieb wurden Aufgaben und Teams zusammengelegt. Auf dem Waffenplatz teilte man anderseits den einheitlichen Kommandobereich von Betrieb und Ausbildung in separate Schul- und Waffenplatzkommandos auf. Das änderte freilich bald wieder. Einen grösseren Schritt hin zu einer zeitgemässen Kundenbedienung stellte 1999 die Eröffnung des freundlich gestalteten Ladens im Zeughaus dar. Die 1966 von der Gruppe für Rüstungsdienste gemietete und vom Zeughaus Aarau verwaltete Rohmateriallagerhalle «Tripolis» bei Olten wurde nicht mehr gebraucht. Auch andere Mietobjekte wurden zurückgegeben und die beiden Armeeverpflegungsmagazine aufgehoben. Dagegen erstellte der Bund 1995 im Jura eine unterirdische, abgesicherte grosse Munitionskaverne. Zahlreiche oberirdische, meist in Wäldern getarnte Munitionsdepots wurden überflüssig. Soweit möglich, versuchte man sie für Forst- und Jagdzwecke oder für die militärische Ausbildung umzunutzen. Für die meisten Objekte bot sich – auch aus raumplanerischen Gründen – keine neue Verwendung an. Sie wurden abgebrochen.

1999 wurde auch das Aussenzeughaus Rothrist feil. Es beherbergte Material von 20 bis 30 Stäben und Einheiten sowie Brückenelemente der Genietruppen. Ein Transportunternehmer und Politiker erwarb das Gebäude. Darin richtete er ein Fahrzeugmuseum und eine Loftwohnung ein. Die Überführung der Armee 61 in die Armee 95 brachte dem Zeughaus zusätzliche organisatorische und logistische Arbeit. Die Korpsmaterialeinlagerung im Zeughaus Aarau reduzierte sich von 126 auf 86 Einheiten. Mehrere Dutzend Einheiten wurden abgerüstet, umgruppiert oder neu gebildet. Ihre materielle Ausrüstung musste angepasst werden. 110 Tonnen Material wur-

Auswirkungen der Armeereform 95 auf das Zeughaus

«Für unseren Betrieb wird die Armee 95 teilweise sehr schmerzliche Auswirkungen haben. Verschiedene Verbände, die seit Jahrzehnten auf dem kantonalen Zeughaus basieren, werden aufgelöst oder künftig einem neuen Korpssammelplatz zugeteilt. Die Abgänge werden nur zum Teil durch Neuzuzüge kompensiert. Zusammen mit den Auswirkungen des 2-Jahres-WK-Rhythmus wird sich unser Aufwand im Bereich Korpsmaterial ab 1996 beinahe halbieren. Betriebseigene Strukturen und Personalbestand müssen angepasst werden. Dass diese Aussichten die Mitarbeiter verunsichern, ist verständlich.»

Urs Müller, Betriebsleiter ZWA, im «Züghüsler» 1993

den per Bahn an andere Standorte spediert, weitere 102 Tonnen, auf 346 Palette verteilt, gingen an 62 verschiedene Empfänger. Nach Aarau kamen fünf Lastenzüge mit Material plus 20 Tonnen per Bahnfracht.

Umgruppiert und verschlankt, beging das kantonale Zeughaus 1999 sein 195-jähriges Bestehen und das 150-Jahr-Jubiläum des Waffenplatzes Aarau mit einem weiteren Tag der offenen Türen. 3500 Besucher zeigten am Militärbetrieb ZWA Interesse. Material- und Fahrzeugvorführungen, Informationen über Rekrutenaushebung, Rüstungswesen und Frauen in der Armee, Präsentationen der aargauischen Offiziers- und Unteroffiziersver-

eine sowie des Zivilschutzverbandes und Darbietungen des Militärspiels und der nostalgischen Kavallerie-Schwadron 72 machten den Anlass abwechslungsreich. Die zur Erinnerung an die 1972 aufgelöste Kavallerie formierte Ehemaligen-Schwadron unter dem Kommando des früheren Olympia-Springreiters Hauptmann Max Hauri erhielt an ihrem einstigen Ausbildungsort eine «Homebase». In einem klassisch eingerichteten Zeughaus-Einheitsfach fand ihr komplettes Korpsmaterial samt Reitzeug eine neue Bleibe. Später kam noch ein Kavallerie-Stübli mit Ausstellungsmaterial dazu.

Das Zivilschutzausbildungszentrum Eiken ver-

Besonders in den Achtziger- und frühen Neunzigerjahren hatte das Zeughaus Aarau eine sehr sportliche Note. Der FC Zeughaus (das Bild stammt von 1985) mass sich in Freundschaftsspielen mit Mannschaften aus anderen Betrieben. Heute beteiligt sich das ZWA regelmässig an Schiesswettkämpfen über 300 m und 25 m.

Als noch Erweiterungen geplant wurden

Ende der Achtzigerjahre platzte das Zeughaus aus allen Nähten. Mit Erweiterungs- und Umbauten wollten Bund und Kanton Abhilfe schaffen. Im Areal 4–6 plante der Bund den Bau einer Einstellhalle sowie einer neuen Werkstatt für den Motorwagendienst. Zudem sollte die Tankanlage versetzt und erweitert werden. Das Projekt rechnete mit Investitionskosten in der Höhe von 5 Mio. Franken. Der Kanton startete in den Jahren 1990/1991 für sein Areal auf der nördlichen Seite der Rohrerstrasse einen Architektenwettbewerb. Daraus resultierte das Projekt für einen Erweiterungsbau zwischen dem markanten Hauptgebäude an der Rohrerstrasse und der Balänenturnhalle. Zudem sollte das Hauptgebäude umgebaut werden. Für die Neu- und Umbauten rechnete der Kanton mit einer zweistelligen Millionensumme. Die Armee 95 brachte auch für den Standort Aarau grosse Veränderungen und beide Projekte wurden Mitte der Neunzigerjahre abgeschrieben.

Fast 35 Jahre lang verfügte das Zeughaus über eine eigene Betriebsfeuerwehr. Gut ausgerüstet und ausgebildet stand sie für Ernstfalleinsätze im eigenen Betrieb und in den unterirdischen Anlagen bereit. Zum Einsatz kam sie aber auch bei Ereignissen in der Nachbarschaft des Zeughauses. Auf den 31. Dezember 2003 wurde die betriebsinterne Feuerwehr aufgelöst. Es verbleibt ein Atemschutz-Detachement für ausserordentliche Lagen.

fügt seit 1982 über eine Häusergruppe, die auch von der Armee zur Kampfausbildung in überbautem Gelände benützt werden kann. Sie wurde im Jahr 2001 durch sieben weitere Häuser zu einer eigentlichen Ortskampfanlage aufgewertet. Technisch-betrieblich vom ZWA betreut, bietet sie mit neuesten Simulationssystemen realitätsnahe Übungsbedingungen. Ebenfalls Gewinn brachte 2001 der Umbau des kantonalen Zeughausgebäudes für 2,3 Mio. Franken. Nicht mehr benötigte Magazine boten 40 Büroarbeitsplätzen und einigen Schulungsräumen Platz. Im Haus ist nun neben der Zeughausadministration auch die Abteilung Militär und Bevölkerungsschutz

(AMB) untergebracht, die aus der Wiedervereinigung der kantonalen Militärverwaltung und der Abteilung Zivile Verteidigung entstand.

Zentralisierung bis zur Zeughaus-Existenzfrage

Sehr viel hat sich im Laufe der langen Zeughausgeschichte, vor allem in den letzten Jahren, geändert. Die weitere Senkung des Dienstpflichtalters im Rahmen der Armee XXI von 42 auf 32 Jahre für Soldaten führte zur massenhaften Ausmusterung von Wehr-

Unten rechts: Das im Jahr 1953 erstellte oberirdische Munitionsmagazin «Ramoos» in der Gemeinde Strengelbach wurde im Winter 2003, wie mehrere gleiche Depots, abgebrochen. Das Zeughaus Aarau betreibt jetzt nur noch unterirdische Munitionslager.

Unten links: Die in den Neunzigerjahren im Aargau erstellte jüngste und modernste geschützte Munitionskaverne schloss eine logistische Lücke der Armee. Die Anlage hat eine Länge von 250 Metern und weist nach dem Zugangsstollen die Dimensionen einer doppelten Autobahn-Tunnelröhre auf.

pflichtigen: Während ein normaler Entlassungsjahrgang im Aargau 2000 bis 2500 Leute umfasst, werden im Zeitraum 2003 bis 2005 jährlich rund 10 000, also innert drei Jahren 30 000 aargauische Armeeangehörige zum «Abgeben» aufgeboten. Die damit verbundene grosse Materialrücknahme verlangt vom Zeughaus erneut eine organisatorische und logistische Zusatzleistung. Sie wird bei sinkendem Personalbestand dank umfassendem Fachwissen und flexibler Haltung reibungslos erbracht. Anfang 2004 waren im ZWA noch 48,3 Stellen besetzt. Mit der drastischen erneuten Reduktion der Armeebestände wird auch der Umfang an Ausrüstung, Material, Waffensystemen, Munition und Fahr-

zeugen abermals kleiner. Die WK-Dienstleistungen des Zeughauses sinken von 80 auf zehn Einheiten pro Jahr. Viele alte Partner sind verschwunden. Die meisten ehemaligen aargauischen Verbände, wie die 5. Division mit ihren regionalen Füsilierbataillonen, existieren nicht mehr. Auch die Mobilmachungsverbände, eine sehr spezielle schweizerische Einrichtung der Armee, mit denen eine über das übliche Verhältnis Truppe-Zeughaus hinausgehende Partnerschaft bestand, gibt es seit Ende 2003 nicht mehr.

Die logistische Dienstleistung an der Front, beim Kunden, hat im Alltag eine wachsende Bedeutung. Dies bringt für die Mitarbeitenden neue Herausforderungen und Chancen.

Auch das Drei-Start-Modell der Rekrutenschulen verlangt in einigen Bereichen ganz neue Formen der materiellen Betreuung. Die eidgenössischen Militärbehörden erwägen, die Logistikbetriebe der Armee (Zeughäuser, Armeemotorfahrzeugparks) gesamtschweizerisch zu wenigen Grosszentren zusammenzufassen. Was das für die aargauischen Zeughäuser in Aarau und Brugg sowie für den AMP Othmarsingen konkret bedeutet, dürfte bald nach dem Jubiläum «200 Jahre Zeughaus Aarau», im Winter 2004/05, entschieden sein. Wie die Regierung im Frühjahr 2004 in der Antwort auf einen parlamentarischen Vorstoss im Grossen Rat darlegte, schenkt sie bei allem Verständnis für die Rationalisie-

rungsbemühungen der Armee auch der wirtschaftlichen Bedeutung der Militärbetriebe als Arbeit- und Auftraggeber im Kanton ihr Augenmerk. Sie will darauf achten, dass für die Wehrpflichtigen mit ihrer persönlichen militärischen Ausrüstung bei einer weiträumigeren Logistikversorgung keine grösseren zusätzlichen Umtriebe entstehen. Die Angehörigen der Armee sollen auf eine kundennahe und unkomplizierte, fachgerechte Bedienung auch in Zukunft nicht verzichten müssen. Zudem will sich der Regierungsrat dafür einsetzen, dass ein allfälliger Stellenabbau in aargauischen Militärbetrieben sozialverträglich und mit angemessenen Übergangsfristen erfolgt.

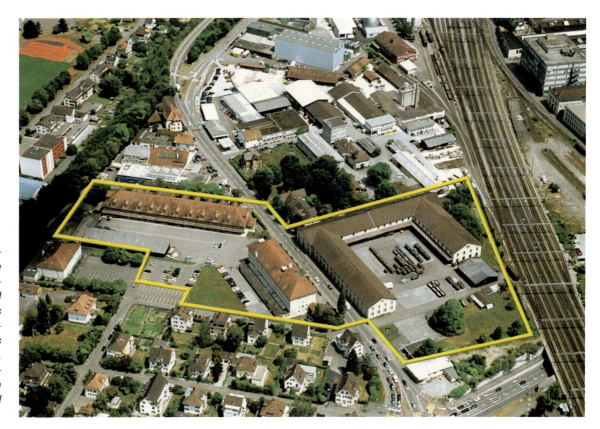

Gesamtübersicht der Zeughausanlagen Aarau: In der Mitte das kantonale Gebäude mit der Zeughausadministration und der Abteilung Militär und Bevölkerungsschutz; hinten links das 1917 erstellte eidgenössische Zeughaus 3; rechts von der Rohrerstrasse bis zu den Bahngeleisen der U-formige, einstige Fabrikkomplex der «Internationalen Gesellschaft für Bergbahnen», in dem seit 1882 die Zeughäuser 4, 5 und 6 untergebracht sind.

Der mächtige Kastanienbaum ist ein Wahrzeichen im Zeughausareal. Mit seinen Blütenkerzen gleicht er im Frühjahr einem gewaltigen Christbaum.

120

**Bisherige Leiter
des Zeughauses Aarau**

1804–1809
Johann Rudolf Strauss, von Lenzburg
Zeugwart und Pulververwalter

1810–1821
Oberstleutnant Samuel Müller, von
Zofingen, Zeughausdirektor

1822–1832
Johann Alexander Emanuel Gobalet,
von Dättwil, Ober-Kriegskommissär

1833–1837
Hauptmann Daniel Wyler, von Aarau
Zeughausverwalter

1838–1875
Oberstleutnant Albert Müller,
von Rheinfelden, Zeughausverwalter
(ab 1870 Zeughausdirektor)

1876–1902
Oberstleutnant Josef Stiegler,
von Rekingen, Zeughausdirektor

1903–1926
Oberstleutnant Heinrich Brack, Aarau
Zeughausdirektor

1927–1943
Oberstleutnant Fritz Bachofer, Aarau
Zeughausdirektor
(ab 1930 Zeughausverwalter)

1944–1963
Oberstleutnant Karl Felber, Aarau
Zeughausverwalter

1964–1972
Oberstleutnant Rudolf Berner, Rohr
Zeughausverwalter

1973–1990
Major Willy Urech, Aarau
Zeughausverwalter

1991
Oberst Urs Müller, Kaisten
Betriebsleiter Zeughaus und
Waffenplatz

Heinrich Brack

Fritz Bachofer

Karl Felber

Rudolf Berner

Willy Urech

Urs Müller

«Die Zusammenarbeit ist hervorragend»

Partner und Kunden zu den Beziehungen mit dem Zeughaus

Oberst Martin Widmer
Chef der kantonalen Abteilung
Militär und Bevölkerungsschutz

Wie ist das kantonale Zeughaus in die aargauische Staatsverwaltung integriert?
Das Zeughaus ist verwaltungsmässig eine unselbständige Staatsanstalt. Fachtechnisch, also was die Lagerung, Bewirtschaftung und den Unterhalt der persönlichen Ausrüstungen für Armeeangehörige und des Korpsmaterials betrifft, ist es dem Bund unterstellt. Administrativ, in Bezug auf personelle, finanzielle und teilweise organisatorische Belange, untersteht das Zeughaus dem Regierungsrat beziehungsweise der Abteilung Militär und Bevölkerungsschutz.

Wie funktioniert das im Alltag?
Seit 2001 befinden sich die Zeughausadministration und die aus der früheren Militärkanzlei (Militärverwaltung) und dem Amt für Zivilschutz (Abteilung Zivile Verteidigung) neu gebildete Abteilung Militär und Bevölkerungsschutz (AMB) unter dem gleichen Dach. Die Kommunikationswege sind kurz, die Zusammenarbeit ist hervorragend, das Dienstleis-

tungsverständnis der Mitarbeitenden des Zeughauses ist exzellent. Die Belegschaften unserer beiden Betriebe treffen sich alljährlich zu einem gemeinsamen gemütlichen Sommeranlass. Das Kreiskommando und das Zeughaus bewältigen auf effiziente und bürgerfreundliche Art die Wehrmännerentlassungen. Im Sinne der Kundenfreundlichkeit bilden das Zeughaus sowie die Abteilung Militär und Bevölkerungsschutz für die Angehörigen der Armee eine Service-Einheit im gleichen Haus. Der Bürger in Uniform wird hier freundlich und zuvorkommend bedient, sei es beim Austausch oder der Abgabe persönlicher Effekten, bei der Regelung von Auslandurlauben, Militärpflichtersatzabgaben, Belangen des ausserdienstlichen Schiesswesens und so fort.

Reformen haben in den vergangenen Jahren viel geändert.
Seit den 1980er-Jahren ist wahrhaftig kein Stein auf dem andern geblieben. Es sieht so aus, als ob weiterhin nichts beständiger ist als der Wandel. Für Neuerungen sind wir offen, aber sie sollen den Bedürfnissen der Armee entsprechen und bürgernahe Dienstleistungen ergeben. Wir nutzen durch Zusammenarbeit Synergien, wo es geht. Leute des Zeughauses gehören zum Beispiel dem kantonalen Führungsstab an. Dadurch stehen im Katastrophenfall Material- und Personalreserven rasch zur Verfügung. Wir überlegen auch, wie wir mit dem Fachwissen und dem Raumangebot des Zeughauses in Zukunft gewisses Zivilschutzmaterial zentral lagern und für Einsätze rasch bereithalten könnten, um so dezentrale Anschaffungen und Einlagerungen etwas zu reduzieren.

Wir brauchen wieder mehr Platz. Auf dem Schiessplatz Gehren ist beispielsweise die HG-Wurfanlage zu sanieren und die Befahrbarkeit der Strassen mit Radschützenpanzern zu klären.

Wie ist die Kompetenzaufteilung zwischen Ihnen als Waffenplatzkommandant und Oberst Urs Müller als Betriebsleiter Zeughaus/Waffenplatz?
Wir koordinieren unsere Aufgaben durch Absprachen. Ich vertrete wie gesagt die Bedürfnisse der Truppe, der Armee, und Oberst Müller die Anliegen des Kantons und des Bundes als Eigentümer und Betreiber der Militäranlagen.

Oberst i Gst Franz Nager
Kommandant Durchdiener-RS 14,
Waffenplatzkommandant Aarau

Sie sind Schul- und Waffenplatzkommandant. Einige Zeit waren diese Funktionen getrennt. Welches sind Ihre Aufgaben?
Als Schulkommandant bin ich verantwortlich für die 21-wöchige Grund-, Fach- und Verbandsausbildung der Angehörigen der Durchdiener-Rekrutenschule 14 sowie für die Führung der Berufs- und Zeitmilitärs. Als Waffenplatzkommandant vertrete ich die Sicht des Militärs bei Umbauten, Neubauten und bei Anschaffungen in den Kasernenanlagen sowie auf den Schiess- und Übungsplätzen inklusive deren Belegungsplanung.

Vorgänger von Ihnen hatten sich mit Existenzfragen des Waffenplatzes, wie der Kasernenverlegung, zu befassen. Solche Probleme dürften sich Ihnen nach dem gründlichen Kasernenumbau vor 25 Jahren nicht mehr stellen.
Oh doch, wenn auch nicht mehr in gleichem Umfang. Momentan ist eine Sanierung der so genannten Neuen Kavalleriekaserne im Gang.

Klappt das?
Die Zusammenarbeit ist hervorragend. Ich bin als neuer Kommandant dieser ersten Durchdiener-RS in Aarau von der Zeughaus-Waffenplatz-Betriebsleitung, Oberst Urs Müller und seinem Stellvertreter, Oberst Felix Matthias, ausgezeichnet in mein Wirkungsfeld eingeführt worden, und ich kann mich auch ganz auf den Betriebschef der Kaserne, Walter Munz, und den Schiessplatzchef Gehren, Alfred Binz, abstützen.

Was zeichnet das Zeughaus Aarau aus?
Eine Dienstleistungsbereitschaft, wie ich sie in militärischen Bereichen noch selten erlebt habe, ganz nach dem privatwirtschaftlichen Leitmotiv: Der Kunde ist König.

«Die Zusammenarbeit ist hervorragend»

Militärspielen von Heer, Luftwaffe, Logistik, Territorialzonen und Kampfbrigaden zugeteilt. Diese Truppenspiele absolvieren ihre WKs neu meistens auch in Aarau oder Bern.

Was haben die Militärspiele mit dem Zeughaus zu tun?
Das Zeughaus Aarau ist unsere Material-Ausrüstungsbasis. Sie versorgt uns mit Uniformen und Instrumenten und bewirtschaftet unser wertvolles Notenmaterial mit über 6000 Titeln – das grösste Notenarchiv der Schweiz! Im Zeughaus Aarau sind die kompletten Anzüge aller Angehörigen des Armeespiels, von Kitteln, Hosen und Hemden bis zu Krawatten, Socken und Schuhen, fertig verpackt in persönlichen Kleidersäcken eingelagert, so dass sie in kürzester Zeit an jeden Einsatzort im In- und Ausland spediert werden können. Die Militärmusik verfügt über ein grosses Beziehungsnetz. Unser Armeespiel gehört zur Weltspitze der Militärmusik.

Oberst Robert Grob
Chef Kompetenzzentrum Militärmusik

Aus dem Ausbildungsort für Rekrutenspiele in Aarau ist das Kompetenzzentrum Schweizer Militärmusik geworden. Was bedeutet das für den Waffenplatz Aarau?
Das Kompetenzzentrum Militärmusik trägt die Verantwortung für die Ausbildung und den Einsatz sämtlicher Militärspiele. Aarau ist mit dem Kommando und der Ausbildung der Hauptstandort. In Bern sind Einsatzsteuerung und Support stationiert. Wir führen in Aarau jedes Jahr drei Rekrutenschulen für Militärspiele durch und bieten dadurch jährlich rund 240 jungen Musikerinnen und Musikern eine exzellente Aus- und Weiterbildung. Alle Ausbildungsstufen der Militärmusik sind zertifiziert. Die Militärmusikerinnen und -musiker erhalten nach bestandener Rekrutenschule Instrumentaldiplome. Eidgenössisch anerkannte Dirigentendiplome werden den Unteroffizieren und Offizieren abgegeben. Aus dem Rekrutenspiel wird eine Anzahl Anwärter ins Armeespiel eingezogen, die andern Absolventinnen und Absolventen werden den 16

Das braucht eine entsprechende Infrastruktur.
Die Spezialisten des Zeughauses Aarau erbringen Dienstleistungen, die es der Truppe erst ermöglichen, ihren Auftrag zu erfüllen. Ohne diesen Support könnten die Militärmusikerinnen und Musiker, die in unserem Milizsystem im Vergleich zu ausländischen Berufsformationen mit kurzen Übungszeiten auskommen müssen, ihre tollen Leistungen nicht erbringen. Das Zeughaus- und Waffenplatzpersonal bietet uns einen tadellosen Service. In diesem modernen Armee-Logistikcenter ist der Kunde zum König geworden – eine schier unglaubliche Wandlung gegenüber dem, was ich noch in der Rekrutenschule vor über 30 Jahren im Zeughaus erlebte.

«Die Zusammenarbeit ist hervorragend»

Stabsadjutant Christoph Heim
Chef Dienste Durchdiener-RS Aarau

Was haben Sie mit dem Zeughaus zu tun?
Über mich laufen die Kontakte zwischen dem Kommando Durchdienerschulen (DDS) 14 und dem Zeughaus, soweit es um die Materialbereitstellung für die militärische Ausbildung, für Kurse und für Anlässe geht. Ich bin für die Materialbewirtschaftung der Durchdiener-RS verantwortlich und vertrete deren Interessen gegenüber dem Zeughaus. Das geschieht im Rahmen von Absprachen. Wir erstellen und koordinieren Zeitpläne, die festhalten, wann welches Material wo gebraucht und wie es zurückgegeben wird.

Was ist das für Material?
Abgesehen von der persönlichen Ausrüstung, der eigenen Waffe und den Effekten, die alle Einrückenden am Anfang der RS fassen, handelt es sich um Ausbildungsmaterial, angefangen von Wurfkörpern für das Handgranaten-Training über Simulationsgeräte bis zu den Kollektivwaffen. Die Liste lässt sich nicht mehr mit einst vergleichen: Die Truppe ver-

fügt heute zum Teil über hoch sensibles Material, das einen guten Unterhalt und sorgsamen Umgang braucht. Die Bereitstellung der Fahrzeuge geschieht in der Regel über den Armeemotorfahrzeugpark (AMP) Othmarsingen.

Wie ist der Umgang mit den Leuten vom Zeughaus? Tritt man sich da gelegentlich auf die Füsse?
Nein. Von meiner Seite kann ich nur sagen: unser Kontakt ist hervorragend, die Zusammenarbeit ausgezeichnet. Wir pflegen einen von gegenseitigem Vertrauen getragenen Umgang. Wenn ich zum Beispiel eine Kiste voll Material ins Zeughaus zurückgebe und sage: sie ist komplett, glaubt mir das die Zeughausequipe und zählt nicht nach. Umgekehrt kann auch ich mich bei Materialbezügen voll auf sie verlassen.

Wie würden Sie die Zeughaus-Mannschaft von Aarau qualifizieren?
Freundlich, zuvorkommend, kundenorientiert. Etwas vom Besten, was mir in meiner bisherigen Tätigkeit als Berufsmilitär begegnet ist.

Mit dem Zeughaus und Waffenplatz Aarau aufgewachsen

Rudolf Zoller, Korpskommandant a D

Der Waffenplatz Aarau hat meine Jugendzeit stark geprägt, lange bevor ich im Frühjahr 1960 die Rekrutenschule in Aarau absolvierte. Ich wuchs nämlich unmittelbar neben der Kaserne auf, weshalb sie in meinen Erinnerungen einen ganz besonderen Platz einnimmt. Bei Abwesenheit der Truppe konnte ich meinen Schulweg durch das Kasernenareal abkürzen. Auch bot mir dieser militärische Bezirk ein reiches Betätigungsfeld für viele erlaubte und weniger erlaubte Freizeitaktivitäten. Die leerstehende Kaserne kam uns Knaben wie eine unheimliche Geisterstadt vor, die uns mächtig in ihren Bann zog. Der damalige Kasernenverwalter hatte allerdings kein Verständnis dafür. Mit Fahrrad und Besen bewaffnet und unter lauten Beschimpfungen verjagte er uns immer wieder aus seinem Hoheitsgebiet.

Aus heutiger, vor allem betriebswirtschaftlicher Sicht kann man fast nicht begreifen, dass die Kaserne damals während Wochen und sogar Monaten nicht belegt war. Während früher die Kaserne fast ausschliesslich durch die Rekruten- und Unteroffiziersschulen genutzt wurde, besteht heute ein modernes und attraktives Angebot mit guter Infrastruktur für die verschiedensten Ausbildungsgefässe, so dass die Waffenplatzanlagen das ganze Jahr über intensiv ausgelastet sind. Dies ergibt nicht nur ein besseres Ausbildungsrendement für die Armee, sondern unternehmerisch auch ein günstigeres Kosten-Nutzen-Verhältnis.

Wir Jugendlichen bekamen als Zaungäste einiges vom militärischen Ausbildungsbetrieb rund um die Kaserne mit. Besonders die Militärmusik hatte es uns angetan, wenn sie mit klingendem Spiel in Viererkolonne und mit Helm von der Kaserne in den Schachen hinunter zog und dort zu Beginn der Rekrutenschule tagelang die Tonleiter übte, was begreiflicherweise nicht überall auf Begeisterung stiess. Die Militärmusik war stets ein fester Bestandteil des Waffenplatzes Aarau, und ihre Entwicklung hat zu einem international anerkannten Qualitätsniveau geführt. Es erfüllt mich mit Freude und Genugtuung, dass heute in Aarau, als Dach über die gesamte schweizerische Militärmusik, ein eigenes «Kompetenzzentrum Militärmusik» betrieben wird.

Defilees und kalte Duschen

Auch die Kavallerie mit ihren Pferden wusste uns bei ihren Aus- und Einritten durch die Stadt zu begeistern. Mit dem Einsammeln von Pferdemist in den Aarauer Strassen kamen wir sogar zu einem willkommenen Taschengeld. Besonders lebhaft in Erinnerung bleiben mir die imposanten Defilees der Dragoner und der Infanterie durch die Laurenzenvorstadt ins Kasernenareal, wo die Fahnen und Standarten am Ende der Rekrutenschulen mit militärischem Zeremoniell dem kantonalen Militärdirektor zurückgegeben wurden. Gespannt achteten wir dabei stets auf die meist unvermeidlichen Zwischenfälle, die durch scheuende defilierende Pferde entstanden.

Die schicksalshafte Vorsehung führte mich als Rekrut, Unteroffizier, Leutnant und dann als jungen Instruktionsoffizier auf den Waffenplatz Aarau. Hier erlebte ich die frühere alte Kaserne und den damaligen Zeitgeist in allen Facetten. Als Rekrut und Unteroffizier war ich im Dachstock der alten Kaserne untergebracht, mit der Möglichkeit, zweimal pro Woche im Kellergeschoss kalt zu duschen. Verbesserungswünsche bezüglich Infrastruktur wurden uns damals mit dem Argument abgetan, wir seien ohnehin eine der letzten Rekrutenschulen in diesen Anlagen, weil demnächst eine neue Kaserne im Aarauer Schachen gebaut werde.

Kaserne mitten in der Stadt

Es war mir dann als Oberst und Waffenplatzkommandant vergönnt, im Jahre 1987 die letzten Gebäude der neu erstellten Kaserne – nicht im Aarauer Schachen, sondern am bisherigen Standort in der Stadt – miteinzuweihen. Die Realisierung des Projekts hatte nach meiner Rekrutenschule allerdings noch über 25 Jahre in Anspruch genommen. Zum Glück, kann man nachträglich feststellen, denn damals war man zunächst überzeugt, dass eine neue Kaserne ausserhalb der Stadt und des Siedlungsgebietes erstellt werden müsste. Verschiedene Standorte im Jura wurden in jenen Jahren in Erwägung gezogen, hätten jedoch aus der Sicht der Truppe zu einer unerwünschten Ghettoisierung des militärischen Ausbildungsbetriebes geführt. Eine Milizarmee, die im Volk verankert sein will, muss mit der Bevölkerung zusammen leben. Dies ist heute denn auch eine Stärke des Aarauer Waffenplatzes. Die lange geduldige Suche nach einem Konsens und die konstruktive Zusammenarbeit zwischen Bund, Kanton Aargau und Stadt Aarau haben sich letztlich zum Nutzen der Truppe ausbezahlt.

Ich habe in verschiedenen Funktionen und auf unterschiedlichen Hierarchiestufen in der alten Kaserne gelebt und gearbeitet. Die Diskrepanz zwischen moderner Ausbildung und fehlender Infrastruktur wie auch zwischen zeitgemässem Dienstbetrieb und dürftigen Einrichtungen war zunehmend unerträglich geworden. Wer diese Verhältnisse am eigenen Leibe erfahren hat, kann nachempfinden, wie freudig die neuen Kasernenanlagen von der Truppe und den Instruktoren begrüsst wurden. Keine Frage: Die neue Kaserne Aarau gehörte bei ihrer Eröffnung zu den fortschrittlichsten und begehrtesten Ausbildungsanlagen der Armee.

Das attraktive Angebot des Waffenplatzes Aarau wurde rasch einmal in der ganzen Armee erkannt und führte zu einem eigentlichen Belegungsandrang bei den neuen Anlagen durch die unterschiedlichsten militärischen Ausbildungskurse. Die Zeiten, in denen die Kaserne Aarau nicht belegt war, gehören schon lange der Vergangenheit an. Als Divisions- und Korpskommandant trachtete ich stets danach, die in meinem Zu-

Als abverdienender Korporal in der Inf RS 205/1960.

ständigkeitsbereich fallenden Kaderlehrgänge, Kurse und Rapporte möglichst in der Kaserne Aarau zu platzieren. Für die Planung vieler Dienstleistungen wurde die Verfügbarkeit der Kaserne Aarau zu einem wichtigen Kriterium. Auch Wiederholungskurse aus dem Korps fanden hier oft Aufnahme. Die Durchführung des monatlichen Korpsrapportes des Feldarmeekorps 2 mit den direkt unterstellten Kommandanten in Aarau entwickelte sich über die Jahre hinweg zur Tradition. Viele Angehörige der Armee, die den Kanton Aargau sonst üblicherweise nur als Durchfahrtskanton erlebten, lernten durch ihre Dienstzeit in Aarau die Stadt und ihre Region näher kennen.

Rückblick ins 19. Jahrhundert

Nach der Bildung des Bundesstaates von 1848 mit seiner zentralistischen Tendenz und mit der neuen Verfassung der Eidgenossenschaft von 1874 war die Zuständigkeit für die Ausbildung und Bewaffnung der Armee an den Bund übergegangen. Aarau wurde als Hauptwaffenplatz für die Ausbildung der kantonalen Infanterie, der eidgenössischen Scharfschützen, der Kavallerie und der Artillerie bestimmt. Lange Zeit bot Aarau mit seinen Ausbildungsanlagen und der weiteren Umgebung der Truppe günstige Voraussetzungen; nicht nur für die Grundausbildung, sondern ebenso für die Schulung des «Gefechtes der verbundenen Waffen». In der zweiten Hälfte des 20. Jahrhunderts stiess das ursprüngliche Konzept jedoch infolge der modernen Ausbildungsanforderungen, der Auflagen des Umweltschutzes und der immer dichteren Besiedlung zunehmend an Grenzen

und musste schliesslich aufgegeben werden. Noch zu meiner Rekrutenschulzeit war die Ausbildung bis auf die Stufe des kleinen Verbandes in Aarau gut möglich. Der Aarauer Schachen mit dem Schiessstand und seinem Umgelände erwies sich als bestens geeignet für die Detailausbildung; der Schiessplatz Gehren bei Erlinsbach eignete sich für die Gefechtsschiessausbildung für alle Infanteriewaffen; und das Umgelände von Aarau bot reichlich Möglichkeiten für Gefechtsübungen bis auf die Stufe des Bataillons. Heute präsentiert sich die Situation völlig anders: Der Schachen hat seine Bedeutung als Ausbildungsplatz eingebüsst: nicht nur, weil der Schiessstand aufgehoben wurde, sondern weil der Raum für Waffen- und Geräteausbildung nicht mehr gegeben ist. Der Schiessplatz Gehren wurde wohl mit technischen Ausbildungshilfen ergänzt und bleibt ein wesentlicher Pfeiler des Waffenplatzes, doch wurde er mit einschneidenden Auflagen belegt. Verschiedene Munitionsarten und Waffen dürfen aus Lärm- und Umweltschutzgründen gar nicht mehr eingesetzt werden. Als junger Offizier habe ich in der Gehren noch Fliegerschiessen erlebt, etwas, das aus heutiger Sicht kaum noch vorstellbar ist. An Verbandsübungen grösseren Ausmasses in der näheren Umgebung der Stadt ist schon länger nicht mehr zu denken. Als Waffenplatz- und Schulkommandant habe ich selber hautnah erfahren müssen, wie schwierig es wurde, trotz grossem Verständnis und Mithilfe der betroffenen Behörden, immer wieder neue Ausbildungsräume neben den eigenen Anlagen für die Schulung der Rekrutenkompanien in Aarau und Umgebung zu finden.

Gerade wegen dieser massiven Einschränkungen der Ausbildung im freien Gelände ist die neue Kaserne mit ihren modernen Ausbildungseinrichtungen, ihrer Infrastruktur und dem neuzeitlich ausgebauten Schiessplatz Gehren für die gesamte Armee sehr attraktiv geworden; insbesondere auch für Kaderschulungen. Der Waffenplatz Aarau hat sich zu einer Armeeausbildungsstätte mit besonderen Qualitäten entwickelt. Ein Blick auf die Belegungsplanung der Kaserne für die nächsten Jahre bestätigt diesen Eindruck auch für die Zukunft.

Was wäre der Waffenplatz ohne das Zeughaus?

Beim oberflächlichen Blick auf Ausbildung und Dienstbetrieb übersieht man vielleicht, dass im Hintergrund eine Organisation tätig ist, welche die materiellen Voraussetzungen für die Truppenaktivitäten zunächst überhaupt einmal schaffen muss. Schon als Rekrut erfuhr ich, dass die ersten Tage der Rekrutenschule zur Fassung der persönlichen Ausrüstung und des Korpsmaterials zu einem beachtlichen Teil im Zeughaus stattfanden und auch von den Zeughaus-Verantwortlichen bestimmt wurden. Mit einiger Verwunderung begriffen wir Rekruten, dass hier nicht mehr das Truppenkader tonangebend war und Anweisungen erteilte, sondern die Funktionäre des Zeughauses. Nach dem ersten Schock im Umgang mit der militärischen Hierarchie zu Beginn der Rekrutenschule tat es uns wohl, zur Abwechslung wieder mit Zivilisten zu tun zu haben, denen man ohne militärische Formalitäten begegnen konnte.

In meinen nachfolgenden Kaderausbildungsdiensten als Milizoffizier und insbesondere in meiner Tätigkeit als junger Instruktor auf dem Waffenplatz Aarau vertieften sich meine Kontakte mit dem Zeughaus und entwickelten sich im Verlaufe der Zeit zu freundschaftlichen Banden. Die Zusammenarbeit zwischen Zeughaus und Waffenplatz, die damals beide noch eigenständige, voneinander unabhängige Organisationen waren, habe ich als offen und kooperativ in Erinnerung. Die Abwicklung der Aufgaben des Zeughauses war sehr strikt und detailliert reglementiert. Das enge Korsett gestattete keinen grossen Handlungsspielraum. Die Truppe ihrerseits unterstand ebenfalls genauen Vorschriften für den Verkehr mit dem Zeughaus. Die Verantwortlichen des Zeughauses waren trotz diesen Auflagen bestrebt, ihren Spielraum im Interesse der Truppe auszunutzen. So erlebte ich beispielsweise, dass bei Materialfassungen zu Beginn der Rekruten- und Unteroffiziersschulen die Truppe durch vermehrte Dienstleistungen des Zeughauses laufend entlastet wurde und Zeit eingespart werden konnte. Zudem erfüllte das Zeughaus manche Sonderwünsche des Waffenplatzes und der Truppe, die aus keinem Pflichtenheft hätten abgeleitet werden können.

Im Verhältnis der Truppe zum Zeughaus herrschte natürlich nicht nur eitel Freude. Gelegentlich entstanden Spannungen und Ungereimtheiten; sei es, weil Truppenkommandanten kein Verständnis dafür aufbrachten, dass auch das Zeughaus Vorschriften einzuhalten hatte und nicht alle ausgefallenen Wünsche erfüllen konnte; sei es, weil die Truppe bei Materialrückgaben zu schummeln versuchte, um Materialverluste zu vertuschen.

Möglichst keine Materialverluste

Fehlendes Material am Ende einer Dienstleistung wurde den Einheitskommandanten durch das Zeughaus in Rechnung gestellt. Materialverlustrechnungen nahmen damals bei den vorgesetzten Kommandostellen einen derart hohen Stellenwert ein, dass sie beinahe als Bestandteil der Qualifikation des betroffenen Einheitskommandanten galten. Auch Schulkommandanten von Rekrutenschulen konnten sich dieser sonderbaren Einschätzung ihrer Qualitäten nicht entziehen. Das Ziel für die Kommandanten war klar: Möglichst keine oder nur kleine Materialverluste. Entsprechend gross war der Druck auf die Kommandanten und ihre verantwortlichen Kader. Es boten sich drei Möglichkeiten an. Erstens: kein Material verlieren; zweitens: fehlendes Material irgendwie beschaffen; und drittens: fehlendes Material bei der Rückgabe ans Zeughaus vertuschen. Wenn keine dieser Möglichkeiten zum Ziele führte, konnten die Kompaniekommandanten immer noch auf Gnade hoffen, wenn es ihnen gelang, die Zeughaus-Verantwortlichen auf dem offiziellen Formular «Materialverlustrapport» von der Unschuld der Truppe bei einzelnen Positionen zu überzeugen. Die Phantasie der Truppe bei der Suche nach Begründungen erwies sich als grenzenlos, doch wurde sie durch den Spürsinn der erfahrenen Zeughaus-Verantwortlichen meistens rasch wieder in die Realität zurückgeholt. Dennoch – das Zeughaus zeigte sich nach meinen Erfahrungen stets konziliant und entschied wenn immer möglich im Interesse der Truppe. In den Rekrutenschulen konnten manchmal eifrige Kompanie-Materialchefs der Versuchung nicht widerstehen, fehlendes Material klammheimlich aus den in der alten Kaserne leicht zugänglichen Magazinen der Nachbarkompanien zu ersetzen. Dies wiederum bewog vorsichtige Materialchefs, an den besonders gefährdeten letzten Tagen der RS auch nachts in ihren Magazinen auszuharren, um unliebsame Besucher fernhalten zu können.

Bewahrung vor «Peinlichkeiten»

Die Truppe erfasste in der Regel sehr schnell, dass ohne die Leistung des Zeughauses keine Ausbildungsaktivitäten möglich waren. Neue Einheitskommandanten hingegen erkannten die Bedeutung des Zeughauses erst dann so richtig, wenn sie die Wiederholungskurse ihrer Einheiten in eigener Verantwortung vorbereiten mussten. Sie wurden bisweilen vor der Peinlichkeit bewahrt, bei Dienstbeginn ohne entsprechendes Material vor der einrückenden Truppe zu stehen, weil das Zeughaus sie rechtzeitig auf ausstehende, unvollständige oder vergessene Materialbestellungen aufmerksam gemacht hatte. Anlässlich der vordienstlichen Materialbestellungsrapporte konnten unerfahrene Truppenführer immer wieder von den Ratschlägen bestandener Zeughausfunktionäre profitieren. Bei berechtigten Sonderanliegen der Truppe wurde gemeinsam nach Lösungen gesucht und wurden solche meistens auch gefunden. Nicht immer konnten allerdings alle Sonderwünsche von besonders phantasievollen und kreativen Truppenkommandanten erfüllt werden – nicht weil es am guten Willen gefehlt hätte, sondern weil der

Handlungsspielraum des Zeughauses eben auch seine Grenzen hatte. Unmut, Ärger und Spannungen konnten in der Regel – wenn auch manchmal nur mit sanftem Überzeugungsdruck – aus dem Weg geräumt werden. Gelegentliche Interessenkonflikte zwischen den Bedürfnissen der Truppe und den Möglichkeiten des Zeughauses lagen in der Natur der Sache. So kam es auch immer wieder mal vor, dass Kommandanten für ihre Truppe auf die Barrikaden stiegen. Aber auch da fand man meistens befriedigende Kompromisse. Die Absprachen, die ich als Schulkommandant mit dem damaligen Zeughausverwalter Willy Urech und später als Divisions- und Korpskommandant mit dem Betriebsleiter Urs Müller treffen konnte, halfen mit, die Zusammenarbeit mit dem Zeughaus zu optimieren und gelegentlich sich abzeichnende Probleme rechtzeitig zu lösen. Ich erkannte, dass es auch den Chefs des Zeughauses ein Anliegen war, für die Truppe möglichst günstige Ausbildungsbedingungen zu schaffen. Ich habe das konstruktive und kooperative Einvernehmen sehr geschätzt.

Mobilmachung im Visier

Die Sicherstellung des Materials für die Ausbildungsdienste war für die Zeughausbetriebe stets eine zentrale Aufgabe. Noch bedeutsamer war jedoch die Verantwortung des Zeughauses im Falle einer Mobilmachung der Armee. Zur Zeit der akuten Ost-West-Konfrontation der Supermächte, des so genann-

10. November 1979: Rekruten der Inf RS 205/79 bejubeln das letzte «Ruhn» vor der alten Kaserne. Nachher begann der grosse Umbau.

ten Kalten Krieges, als bewaffnete Konflikte in Europa jederzeit möglich schienen, wurde von der Armee erwartet, dass sie innerhalb von Stunden und Tagen mobilisieren und sich einsatzbereit machen konnte. In diesem Prozess nahmen die Zeughausbetriebe eine Schlüsselfunktion ein, waren sie doch die eigentliche Scharnierstelle zwischen dem zivilen Leben der Bevölkerung und ihrer einsatzbereiten Milizarmee. Das Zeughaus bildete gleichsam das Tor, durch das der Bürger zur Verteidigung seines Landes schritt. Der Ernstfall wurde mit einem ausgeklügelten, sehr detaillierten System vorbereitet. Alle voraussehbaren Aktivitäten und Eventualitäten wurden mit einer Vielzahl von Massnahmen, Bereitschaftsgraden und vorbehaltenen Entschlüssen erfasst und dokumentiert. Die Truppenkommandanten waren in diese Vorbereitungsarbeiten einbezogen und hatten mit ihrem Stammzeughaus eng zusammenzuarbeiten.

Als neu ernannter Kompaniekommandant war ich seinerzeit bei der Einführung in die Mobilmachungspflichten im Zeughaus Aarau beeindruckt von den umfangreichen Vorbereitungen, die mit grosser Ernsthaftigkeit von den Verantwortlichen des Zeughauses betrieben wurden. Vorher kamen wir angehenden Einheitskommandanten mit den Mobilmachungsvorbereitungen in eher theoretischer und abstrakter Form in Kontakt, doch hier im Zeughaus wurden sie plötzlich sehr konkret. Fein säuberlich präsentierten sich die Mobilmachungsdokumente der eigenen Einheit mit den namentlich aufgeführten Fassungsdetachementen, den verschiedenen Standortangaben und Telefonnummern. Im Materialfach der Kompanie lag das Korpsmaterial in

einsatzbereitem Zustand bereit zur Abgabe an die Truppe. Der Einführungskurs zeigte uns jungen Kommandanten die Bedeutung der Mobilmachung und deren Vorbereitung sehr augenfällig auf. Den einen oder andern bewog der Kurs, sich den eigenen Aufgaben in diesem Bereich noch gründlicher als bisher zu widmen. Uns allen war bewusst, dass die Mobilmachung als erste Operation vor weiteren Aktionen unserer Milizarmee gelingen musste und wir unseren Beitrag dazu zu leisten hatten. Wenn dann im Verlaufe der Jahre beim einen oder andern der Elan zu schwinden drohte und Pendenzen entstanden, verstand es das Zeughaus sehr wohl, Fehlbare höflich an ihre Pflichten zu erinnern und notfalls «mit gröberem Geschütz» auf den Weg der Tugend zurückzuholen.

Die Mobilmachungsvorbereitungen waren nicht nur planerisch erfasst, sondern wurden oft mit Stabs- und Truppenübungen im Massstab 1:1 überprüft; und die Zusammenarbeit zwischen den verschiedenen beteiligten Instanzen wurde laufend verbessert. Als Übungsleiter von Stabsübungen mit Mobilmachungsstäben habe ich erfahren, dass es trotz aller Phantasie der Übungsanleger kaum jemals gelang, Situationen zu entwickeln, auf die das Zeughaus nicht bereits eine Antwort vorbereitet hatte. Für alle möglichen und unmöglichen Eventualitäten lagen die entsprechenden Beschlüsse in den Schubladen bereit!

All diese Vorbereitungsaktivitäten schafften bei der Truppe grosses Vertrauen in die Mobilmachungsorganisation: Man zweifelte nicht am Gelingen. Und trotzdem beschlich einen manchmal ein leises Unbehagen, ob angesichts dieser Perfektion und Ingangsetzung per Knopfdruck im Ernstfall wirklich alles geklappt hätte, wenn die Lage dann eben doch ganz anders gewesen wäre, als wir sie uns in den Übungen vorgestellt hatten. Zum Glück blieb uns dieser Tatbeweis erspart.

Hochleistungsfähige Organisation

Die Aufgaben der Zeughausbetriebe und die Art ihrer Bewältigung widerspiegelten stets die Einsatzdoktrin unserer Armee. In der Zeit des Kalten Krieges war diese geprägt durch eine hohe militärische Bereitschaft. Es galt, die Armee innert weniger Tage auf die Landesverteidigung einzustellen. Dies setzte eine hochleistungsfähige Organisation voraus, die in kürzester Zeit und in bedrohlicher Lage der mobilisierenden Truppe Material und Munition übergeben konnte.

Nach der grossen sicherheitspolitischen Wende zu Beginn der Neunzigerjahre des letzten Jahrhunderts wurde – entsprechend dem neuen Bedrohungsbild – die Einsatzbereitschaft der Armee massiv reduziert, was beträchtliche Einsparungen zur Folge hatte. Für die Zeughäuser bedeutete dies eine Verlagerung von der Forderung nach hoher Einsatzbereitschaft zu einer kostengünstigen

Der «Profi» gibt sein Wissen an das Kader weiter: Als Kompanie-Instruktor (Hptm) gehörte es zur zentralen Aufgabe Rudolf Zollers, die abverdienenden Leutnants (Zugführer) und Oberleutnants (Kompaniekommandanten) militärisch weiterzubilden.

Materialbewirtschaftung nach betriebswirtschaftlichen Kriterien. Der finanzielle und personelle Spardruck setzte den Zeughausbetrieben arg zu. Er konnte mit der Bestandesreduktion der Reform «Armee 95» allein nicht aufgefangen werden. Dazu kam, dass mit der Armeereform eine wesentlich grössere Unterstützung der Ausbildungsdienste der Truppe durch die Zeughäuser erwartet wurde. Die bisherige Mobilmachungsorganisation blieb im Wesentlichen auch in der «Armee 95» in Kraft. Sie wurde erst 2004 durch ein abgestuftes Bereitschaftssystem abgelöst.

Turnaround gemeistert

Das Zeughaus Aarau hat diesen schwierigen Turnaround vorbildlich gemeistert und sich mit Erfolg auf die veränderten Aufgaben, die reduzierten personellen und finanziellen Ressourcen und auf neue Rahmenbedingungen ausgerichtet. Die organisatorischen und betrieblichen Anpassungen waren wohl wichtig, aus der Sicht der Truppe jedoch war die neue Unternehmensphilosophie des Zeughauses noch weit bedeutsamer. Das Zeughaus hat sich von einer Verwaltungsinstanz zu einem modernen Dienstleistungsbetrieb

Zwischen der Aargauer Regierungsrätin Stéphanie Mörikofer-Zwez (1993–2001) als erster kantonaler Militärdirektorin in der Schweiz und dem Kommandanten des Feldarmeekorps 2, Korpskommandant Rudolf Zoller, stimmte die «Chemie».

gewandelt. Der einzelne Soldat und die Truppenformationen fühlen sich heute als Kunden und nicht mehr als Bittgänger wie zu meiner Rekrutenschulzeit behandelt. Diesen Wandel erkennt man im Zeughausgebäude schon rein optisch. Der Besucher findet sich nicht mehr vor einem düsteren Amtsschalter, wo er von einer Instanz zur nächsten weiter gereicht wird, sondern er tritt in einen hellen, grossen Austauschraum ein, der eher an ein Verkaufslokal eines modernen Fachgeschäftes erinnert, in dem die Geschäfte zentral abgewickelt werden können. Entscheidend ist dabei allerdings nicht die Infrastruktur, sondern das fortschrittliche und dienstbereite Verhalten der Mitarbeiterinnen und Mitarbeiter. Mich hat beeindruckt, wie es der Betriebsleitung in kurzer Zeit gelungen ist, die neue Unternehmensphilosophie nicht nur auf der Chefetage, sondern bei der gesamten Belegschaft einzuführen. Dieser Wandel im Verkehr mit dem Zeughauspersonal wurde von der Truppe sehr wohl wahrgenommen und geschätzt. Die Zusammenarbeit zwischen Truppe und Zeughaus ist offener und kooperativer geworden. Vor allem Truppenkommandanten haben sich mir gegenüber sehr anerkennend über den neuen Geist im Zeughaus geäussert.

Die Auflösung von Truppenformationen, die mit den Armeereformen verbunden war, bedeutete auch das Ende einer langjährigen Zusammenarbeit zwischen Zeughaus und Truppenkommandanten. Dies wurde beidseits mit einer gewissen Wehmut zur Kenntnis genommen, was wiederum zeigt, dass neben Sachlichkeit auch Emotionen und inneres Engagement eine Rolle spielten. Das Zeughaus Aarau zählt – im Gegensatz zu den eidgenössischen Betrieben – zu den nur noch wenigen kantonalen Einrichtungen in der Schweiz und ist deshalb besonders stark mit der Region und den sich daraus rekrutierten Truppen verbunden.

Meine persönlichen Begegnungen mit den Verantwortlichen des Zeughauses Aarau und die vertrauensvolle Zusammenarbeit während meines aktiven Soldatenlebens gehören zu meinen angenehmen Erinnerungen. Aus der Sicht der Truppe hat das Zeughaus seine Aufgabe mit grosser Verlässlichkeit erfüllt. Die Zeughausbetriebe als Scharniere zwischen dem zivilen und militärischen Leben der Armeeangehörigen werden für unsere Milizarmee auch in Zukunft unentbehrlich bleiben. Aufgaben, Organisation und Strukturen der Betriebe sind dem steten Wandel der Zeit unterworfen, der Zweck hingegen bleibt gleich.

«Brauchen Sie noch Socken oder sonst etwas?»

Menschen und Mentalitäten im heutigen Zeughaus

«Bitte treten Sie ein.» Wer das Zeughaus Aarau betritt, wird nicht mehr wie zu Zeiten, die vergangen sind, im Kasernenton herumkommandiert, sondern als Kunde begrüsst. Die Eingangstüre öffnet sich automatisch, wenn man ihr näher kommt. Neben der Pforte empfiehlt ein Schild: «Bitte benützen Sie für Ihren Warentransport unsere Kundenwägeli. Im Gebäude steht Ihnen unser Lift zur Verfügung». Freundlicher wird man auch bei Coop und Migros nicht empfangen. «Grüezi» steht im Vorraum des einladend hellen Treppenhauses auf der Tafel, die zeigt, wer und was auf welchem Stockwerk zu finden ist. Spätestens an der automatischen Glasschiebetüre im 1. Obergeschoss mit der nochmaligen Einladung: «Bitte treten Sie ein» müsste die Schwellenangst überwunden sein. Den gesitteten Umgangston wissen wohl jene Zeughauskunden besonders zu schätzen, die weniger mit den militärischen Gepflogenheiten vertraut sind – etwa Ehefrauen und Freundinnen, die für ihren Partner zum Beispiel Artikel der persönlichen Militärausrüstung austauschen möchten oder ein Leihgewehr zurückbringen.

Die früher als eher stur und unflexibel geltenden «Zughüsler» sind heutzutage die Kulanz in Person. Sie haben die Dienstleistungsmentalität verinnerlicht und praktizieren sie mit hilfsbereiter Beratung und Bedienung. «Wir sind für die Truppe da und nicht umgekehrt», betonen Zeughausmitarbeiter, die in den Bereichen Einsatz- und Ausbildungsmaterial sowie persönliche Ausrüstung mit Kunden zu tun haben, zum Beispiel Bruno Borner, Jeannette Kaufmann, Adrian Fischer, Michèle Schüttel, Walter Furter, Kari Steffen, Martin Hunziker, Peter Ryser, Fredi Binz, Walter Munz und Amra Sadic. Das Zeughaus bedient Einzel- und Truppenkunden, WK-Einheiten und, vor allem, Rekrutenschulen auf dem Platz Aarau, die Einsatz- und Ausbildungsmaterial (EAM) fassen, reparieren oder ersetzen lassen und nach dem Dienst zurückgeben. Sodann Armeeangehörige, die Militäreffekten austauschen oder ergänzen wollen. Andere erscheinen mit «Sack und Pack», wenn sie ihre persönliche Ausrüstung – nämlich alles Material, das ein Wehrmann nach Hause nehmen kann – bei mindestens einjährigem Auslandaufenthalt vorschriftsgemäss im Zeughaus deponieren oder nach der Rückkehr wieder abholen. Zu den Einzelkunden gehören im Weitern diejenigen, die eine Leihwaffe beziehen oder sie zur Leihwaffen-Kontrolle vorweisen beziehungsweise zurückgeben – sowie aus der Wehrpflicht Entlassene, welche die persönliche Waffe behalten möchten. Diese wird ihnen neuerdings aufgrund eines schriftlichen Eigentumsanspruch-Gesuches, das die Kantonspolizei auf Vorbehalte überprüft, im Zeughaus ausgehändigt.

Offener Ladentisch: Bruno Borner (links) berät und bedient im Laden einen Kunden, der einen Artikel der persönlichen militärischen Ausrüstung auswechseln will.

Im rückwärtigen Ladenbereich: Jeannette Kaufmann nimmt eine zurückgegebene Uniform entgegen und kontrolliert, ob sie noch brauchbar ist.

Mitdenken, mitwirken, mitlenken

Einst mussten Wehrmänner für den Bezug eines zusätzlichen Paars Ordonnanzschuhe, den Umtausch zu eng gewordener Hosen, Waffenröcke und Mützen, für die Ersetzung zerbeulter Gamellen oder die Beschaffung neuer Brillengläser bei den alten Gasmasken im Zeughaus mehrere Abteilungen auf verschiedenen Stockwerken aufsuchen. Sie hatten vor Schaltern anzustehen und wurden, wenn sich nach der Betätigung des Läuteknopfes das Fenster öffnete, mehr oder weniger barsch zur Vorweisung des Dienstbüchleins aufgefordert und nach ihren Begehren gefragt. Heute wickeln sich solche Transaktionen auf einer Etage, in einem einzigen, hellen Raum ab – Laden/Shop genannt –, und zwar über offene Ladentische. Die Atmosphäre ist unvergleichbar anders als früher: Man wird nach seinen Wünschen gefragt, beraten und bedient, wie in einem Kleider- oder Schuhfachgeschäft. Wer wegen des Kundenandrangs einen Moment warten muss, kann sich im Laden nach den in Glasvitrinen ausgestellten persönlichen Effekten der Wehrmänner von früher sowie nach käuflichen aktuellen Militärartikeln umsehen. «Brauchen Sie noch ein Hemd, Socken oder sonst etwas?», werden die Zeughauskunden zum Schluss der Bedienung meistens gefragt. Bei Bedarf stehen tipptoppe Ankleidekabinen zum Anprobieren zur Verfügung. Aus dem so genannten «Liq-Shop» können Militärartikel, wie Hemden und T-Shirts, verbilligt bezogen werden. Armeeangehörige, die jahrelang nichts mehr im Zeughaus zu tun hatten, zeigen sich von diesem «Klimawandel» oft spontan überrascht.

Auf diese Offenheit und Verbindlichkeit wird hinter den Kulissen zielbewusst hingewirkt. Am Anschlagbrett für Personalmitteilungen hängt der Zettel «Zielsetzungen 2004». Er trägt die Überschrift «Mitdenken, mitwirken». Darin steht: «Wir wollen alles daran setzen, dass wir als Teil der LBA (Logistikbasis der Armee) der neuen Armee XXI in der Startphase und im Aufbau in unserem Verantwortungsbereich bestmögliche Voraussetzungen für ein gutes Gelingen schaffen. Wir wollen unsere militärischen Hauptpartner, die DDS 14 (Durchdienerschule) und das Kompetenzzentrum Militärmusik Aarau, frontnah, unkompliziert und effizient unterstützen. Wir wollen mit Flexibilität die Veränderungen in den neuen Strukturen der Armee XXI, des VBS (Departement Verteidigung, Bevölkerungsschutz, Sport) und in der LBA mitgestalten und umsetzen. Wir wollen den guten Stand der Kundenzufriedenheit im Umfeld unseres Betriebes halten und optimieren. Wir wollen die Datenqualität im SAP (elektronisches Logistiksystem) in unserem Verwaltungsbereich stetig verbessern und die Spielregeln einhalten. Wir wollen im ZWA eine gute Betriebskultur auf allen Stufen pflegen und einander in Offenheit und Respekt begegnen.»

Der «Laden» als Visitenkarte

Der im 1. Obergeschoss 1998/99 eingerichtete «Laden» ist eine Visitenkarte des kundenorientierten Betriebes. Im übersichtlich-gefälligen Bedienungsraum werden an einem bestimmten Korpus alle «Waffengeschäfte» abgewickelt. An anderen Ladentischen werden Bekleidungs- und Ausrüstungsangele-

Exakte Waffenregistratur: Adrian Fischer bei der administrativen Kontrolle einer Leihwaffe Sturmgewehr 90. Über jede Waffe wird Buch geführt.

In einer Ausstellungsvitrine im Kundenbereich wird auf die umfassende Sammlung des Schweizerischen Militärmuseums Full/Reuenthal hingewiesen, welches unter anderem auch Waffen und Geräte ausländischer Armeen zeigt.

genheiten erledigt. Hier geht es hauptsächlich um den Umtausch und die Ersetzung persönlicher Effekten. Die an der «Front» tätigen Zeughauspersonen sind Fachleute: Waffenmechaniker, Schneider, Sattler. Sie sind aber auch Allrounder und helfen sich bei der Kundenbedienung gegenseitig aus.

Im mittleren und hinteren Teil der «Laden-Shop»-Etage sind, gut zugänglich, die Kleider- und Schuhlager aufgereiht sowie das «Rückwärtige» untergebracht. Ausgangsuniformen hängen in rund 100 Grössen an den Stangen: Waffenröcke in der Façon «tailliert» und «dickbauchig» mit verschiedenen Ärmellängen, die Hosen mit diversen Bundweiten und Schrittlängen. «Wir können die Kunden massgerecht einkleiden», sagt stolz der gelernte Schneider Bruno Borner. Sein Auge erkennt schon beim ersten Kontakt am Ladentisch, «was es ungefähr braucht». Natürlich besteht auch bei den Kampfstiefeln eine Auswahl – nicht nur in der Grösse, sondern auch im Fabrikat. «Den einen passt diese, den andern jene Marke besser», sagt der Zeughausspezialist. Als aber ein Wehrmann «für einen Kameraden im WK» ein Paar Kampfstiefel aussuchen will, winkt Bruno Borner freundlich ab: «Dafür brauche ich auch die Füsse Ihres Kollegen, er muss persönlich und mit dem Dienstbüchlein vorbeikommen.» Ohne Dienstbüchlein läuft im Zeughaus-Laden so wenig wie in zivilen Geschäften ohne Kreditkarte.

An Hilfsbereitschaft mangelt es nicht. Kleine Änderungen führt man sofort aus. Auf neue Uniformkittel werden gleich die Kragenspiegel mit der Truppengattung aufgenäht sowie allfällige Spezialistenabzeichen und Auszeichnungen des Wehrmannes angebracht.

Bei den Tarnanzügen (TAZ) sind am Oberarm das Kennzeichen der Einheit (Badge) und am Kragen das Gradabzeichen anzubringen. Hier konsultiert die mit dieser Aufgabe beschäftigte Jeannette Kaufmann sicherheitshalber gern ein Kontrollblatt, seit die Palette der Grade in der Armee XXI massiv erweitert wurde. Im Übrigen weiss die erfahrene Konfektions- und Industrieschneiderin nach 15-jähriger Tätigkeit im Zeughaus bestens über die persönliche Ausrüstung der Wehrmänner Bescheid – namentlich auch über den Tarnanzug mit dem Drum und Dran des Zwiebelschalenprinzips. «Den Kundenkontakt möchte ich nicht missen», sagt sie. Im Rückwärtigen gibt es für Jeannette Kaufmann weitere Arbeit: Regelmässig schaut sie nach, was im Laden und Lager nachzufüllen ist. Sie sortiert auch zurückgegebene Kleider und entscheidet, welche Ware in die Wäscherei muss oder ausgeschieden wird. Vorher werden die Säcke und Taschen geleert: «Da kommt Allerhand, Lustiges und ‹Grusiges›, zum Vorschein», erklärt sie.

Augenmerk auf Waffen

Rekruten, die erstmals ihre persönliche Ausrüstung fassen, Armeeangehörige, die später Ausrüstungsgegenstände umtauschen oder ergänzen, im Zeughaus deponieren oder wieder abholen, und Wehrmänner, die aus der Dienstpflicht entlassen werden, begegnen mit hoher Wahrscheinlichkeit Adrian Fischer. Er arbeitet seit 23 Jahren im Zeughaus, führt die Kontrolle über persönliche Ausrüstungen, registriert alle Materialmutationen bei den Wehrpflichtigen und macht die entsprechenden Vermerke in die Dienstbüchlein. Man könnte ihn als «Material-Zivilstandsbeamten» bezeichnen. In Absprache mit dem Kreiskommando bietet er Wehrmänner, die eine offizielle Entlassung verpassten, zur Abgabe ihrer Militärsachen auf, mahnt Säumige und holt ausstehendes Material gelegentlich auf unkonventionelle Art – «im Vorbeigehen» – zurück. Selbstverständlich benützt er heute das elektronische Materialbewirtschaftungs-System SAP. Ebenfalls teilweise im Kundendienst tätig ist Michèle Schüttel. Besondere Aufmerksamkeit schenkt sie der Waffendatei: Sie führt Buch über die Abgabe, die verlangte periodische Vorweisung und die Rücknahme von ausgeliehenen Waffen. In der Regel sind es Sturmgewehre 90. Sie werden Einzel-

personen, etwa Offizieren, die nicht über diese Waffe verfügen, sowie Jungschützenkursen zur Verfügung gestellt.

Mehrarbeit bringt den Zeughaus-Sachbearbeitern der aus Sicherheitsgründen verschärfte Modus der Waffenabgabe an entlassene Dienstpflichtige. Wer die Waffe behalten möchte – das sind nach ersten Erkenntnissen über 30 Prozent –, füllt bei der Entlassung ein Formular aus. Die Kantonspolizei klärt ab, ob keine nachteiligen Gründe gegen den Antragsteller, etwa Neigung zur Gewalttätigkeit, vorliegen. «Es gibt auch abgelehnte Gesuche», bestätigt Adrian Fischer. Sobald er die polizeiliche Bestätigung für die Waffenabgabe hat, lädt er den Besitzer ein, das Sturmgewehr oder die Pistole im Zeughaus abzuho-

Unten rechts: An Wehrmänner-Entlassungen zurückgegebene Sturmgewehre 57 werden kontrolliert, für Seriefeuer gesperrt und zur Eigentumsübergabe vorbereitet.

Unten links: Vier Generationen Gewehre in der Zeughaus-Waffenwerkstatt: Karabiner 11 und 31, Sturmgewehre 57 und 90, welche in den letzten Jahrzehnten die Arbeit in der «Büchsi» prägten.

Das Zeughaus beherbergt eine Sammlung von Ordonnanz-Handfeuerwaffen der Armee über einen Zeitraum von 125 Jahren. Zum Beispiel (von oben): Revolver 1882, Parabellum-Pistole 06/29, Revolver 1929, Pistole P49, Pistole P75.

len. Nach Vorfällen von häuslicher Gewalt bringt die auf solche Vorkommnisse in letzter Zeit sensibel reagierende Polizei hin und wieder eine konfiszierte Waffe ins Zeughaus zurück.

Die Abgabe der persönlichen Waffe – Pistole 75 beziehungsweise Sturmgewehr 57 – an entlassene Dienstpflichtige beschäftigt auch die Waffenwerkstatt im Zeughaus: Die Waffen werden mit einem «P» (privatisiert) gekennzeichnet. Am Sturmgewehr wird die Seriefeuersperre endgültig blockiert. Die Entlassenen kriegen vorläufig das Sturmgewehr 57. Das handlichere Sturmgewehr 90 wird noch nicht verschenkt. Die jüngsten Jahrgänge an den Wehrmänner-Entlassungen gaben zwar schon 90er-Modelle in grösseren Mengen ab. «Wir verlesen und revidieren sie, dann stehen sie als Leihwaffen oder für Rekrutenschulen wieder zur Verfügung», sagt Walter Furter, Teamchef-Stellvertreter der Waffenwerkstatt. Diese beschäftigt fünf Personen. Früher war das Zeughaus Aarau noch Grossinstandstellungsort für Sturmgewehre 57. Die Werkstatt deckt den Bereich Waffen und Übermittlung ab. Walter Furter kennt sich nicht nur mit Gewehren aus, angefangen vom Karabiner 11 und 31 bis zu den Sturmgewehren 57 und 90, sondern auch mit Handfeuerwaffen, vom Revolver 1882 über die Parabellum-Pistole und den Revolver 1929 bis zu den Pistolen 49 und 75. Er war eine Zeit lang noch für Schreibmaschinenreparaturen der Truppe zuständig. PCs haben die Schreibmaschinen abgelöst. Heute ruft man ihn, wenn ein Kopiergerät defekt ist. Sein zweites wichtiges Betätigungsfeld neben den Waffen sind allerdings Musikinstrumente. Das Zeughaus Aarau brauchte als Logistikbasis des Kompetenzzentrums Militärmu-

sik jemanden, der einfache Mängel beheben konnte und die gesamte Bewirtschaftung der Instrumente unter seine Fittiche nahm. Der gelernte Werkzeugmechaniker Walter Furter, der selber kein Musikinstrument spielt, übernahm die Zusatzaufgabe und lernte die mannigfachen Tonwerkzeuge eines Militärspiels kennen, vom kleinen Piccolo über Klarinette, Saxophon, Kornett, Trompete, Posaune, Euphonium bis zum grossen B-Bass.

«Haute Couture» der Militärmusik

Die heutigen Ausgangsuniformen der Ordonnanz 95 machen punkto Schnitt und Stoff einen guten Eindruck. Sie werden jedoch von der speziellen Uniformenkollektion der Militärmusik, das heisst jener des 450-köpfigen Armeespiels, glattweg in den Schatten gestellt. Diese ungewöhnlichen Militärkluften hängen in der «Haute-Couture»-Abteilung des Zeughauses. Es ist das Reich von Kari Steffen, gelerntem Herren- und Damenschneider, der vor 20 Jahren als Uniformen-Zuschneider ins Zeughaus eintrat. «Ich nähte immer gern», sagt er. Aber mittlerweile veränderte sich sein ursprüngliches Arbeitsfeld: Im Zeughaus werden keine Uniformen mehr zugeschnitten. Die Schneiderei, die einst die halbe Seite eines Stockwerkes einnahm, schrumpfte auf wenige Quadratmeter zusammen, seit die Instandstellung schweizweit in Textilzentren konzentriert wurde. Dadurch entstand in Aarau Platz für das Uniformendepot der verschiedenen Formationen des Armeespiels. Die Militärmusik setzt sich heute aus drei Rekrutenspielen pro Jahr, 16 WK-Spielen und dem Armeespiel zusammen.

An fahrbaren Kleiderständern hängen vorab die leichten Ausgangsuniformen, wie sie das Repräsentationsorchester im Sommer trägt. Doch daneben springen die Gala-Uniformen der vier Eliteformationen des Schweizer Armeespiels ins Auge. Das Armeespiel besteht aus dem Symphonischen Blasorchester, dem Repräsentationsorchester, der Brass Band und der Swiss Army Big Band. Sie alle sind Aushängeschilder und Kulturträger der Extraklasse. Ihre Auftritte im In- und Ausland dokumentieren den hohen Ausbildungsstand der schweizerischen Militärmusik. Sie sind auch ein Ausdruck unseres Milizsystems. Denn die Mitglieder des Armeespiels sind keine Berufsmilitärs, aber in ihrer zivilen Tätigkeit oft Berufsmusiker. Von ihrem hohen Können und ihrer Motivation profitiert die Militärmusik. Jede der vier Formationen verfügt

neben der Ordonnanz-Uniform über eine spezielle Montur: Das Symphonische Blasorchester zum Beispiel über einen schwarzen Anzug mit weissem Hemd, die Big Band über einen roten Veston mit schwarzen Streifen und schwarzen Hosen, das Repräsentationsorchester über einen roten Veston mit einer weissen und schwarzen Hose mit rotem Galon. Kleider machen Leute! Bei der Wahl der effektvollen, aus dem Rahmen fallenden Uniformen – so geht das Gerücht – soll der damalige VBS-Chef Adolf Ogi die Bedenken der «Generalität» ignoriert haben. Gleichzeitig verfügte er, dass die Musiker, zusätzlich zur Uniform, mit schwarzen Halbschuhen auszurüsten seien. Im Zeughaus hängen an den Kleiderständern die mit Namen beschrifteten Kleidersäcke für jedes Mitglied des Armeespiels. Vor Auftritten werden die für die

Unten rechts: Kari Steffen betreut in der «Haute-Couture»-Abteilung des Zeughauses die speziellen Repräsentationsuniformen des Schweizer Armeespiels.

Unten links: Walter Furter versteht sich auf die Pflege von Waffen und von Instrumenten.

entsprechenden Formationen bestimmten Anzüge vom Transportdienst der Militärspiele abgeholt und nachher wieder zurückgebracht. «Ich kontrolliere sie dann. Regelmässig werden sie aufgebügelt oder chemisch gereinigt; aber die Qualität der häufig gebrauchten, strapazierten und verschwitzten Uniformen ist ausgezeichnet», stellt der Fachmann Kari Steffen fest. Bei Reisen ins Ausland spediert man die Container direkt zum Flughafen. Das ZWA erbringt damit innerhalb des Armeebetriebes eine spezielle Logistikleistung, die von den Verantwortlichen des Kompetenzzentrums Militärmusik gelobt wird.

Materialausgabe per Computer

Der Hauptbereich des Zeughauses umfasst neben der persönlichen Ausrüstung das Korpsmaterial – man spricht heute von Einsatz- und Ausbildungsmaterial (EAM). Hauptkunden sind die Infanterie-Durchdienerschulen (DDS 14) und das Kompetenzzentrum Militärmusik in Aarau. Dazu kommen WK-Truppen, die ihr Material hier fassen und nach dem Dienst wieder abgeben. Aber deren Zahl mit Fassungsort Aarau hat sich durch die Verkleinerung der Armee und vor allem durch die Konzentration auf Hauptstandorte stark

Martin Hunziker, Teamchef der Gruppe Einsatz- und Ausbildungsmaterial, führt die Lagerbewirtschaftung EDV-unterstützt.

verringert. Im Materialsektor sieht sich das Zeughaus mit einer tief greifenden Änderung konfrontiert. Früher beherbergte es das komplette Korps- beziehungsweise Mobilmachungsmaterial von bis zu 130 Kompanien. Das Material jeder Einheit war auf das Stück genau abgezählt und lagerte in klar unterteilten Einheitsfächern. Diese Depots füllten die Zeughäuser 3, nördlich der Rohrerstrasse, und 4–6, in den ursprünglichen Bergbahn-Fabrikationshallen südlich der Rohrerstrasse, sowie die Zeughäuser Zofingen und Rothrist bis unter die Dächer. Es herrschte pedantische Ordnung und Übersicht. Truppenkommandan-

ten und Materialverantwortliche wussten genau, wo wie viel zugeteiltes Material lagerte. Mit diesem System kam man auf grosse Bestände an Gütern. Jede Kompanie verfügte über ihre eigene Kriegsdotation. Einen gegenseitigen Materialaustausch zwischen Einheiten, die nicht gleichzeitig im Dienst standen, gab es selten – und damit keine rotierende, mehrfache Materialnutzung.

Heute ist das anders. Dem Zeughaus sind keine Einheiten mehr fest zugeteilt. Das Korpsmaterial wird nicht mehr nach Kompanien geordnet, sondern im Artikel-Pool gelagert und über eine sogenannte plangesteuerte

Zeugwart Paul Moor bei der Rücknahme und Kontrolle von Material, das die Truppe am Ende einer Dienstleistung im Zeughaus abgibt.

Materialdisposition bewirtschaftet. Das geschieht schweizweit. Die Informatik – das Materialbewirtschaftungs-System SAP – spielt dabei eine zentrale Rolle. Martin Hunziker, Teamchef der EAM-Gruppe im Zeughaus Aarau, hat am neuen Verfahren massgebend mitgewirkt. «Es ist eine gewaltige Neuerung für die Leute an der Material- und Kundenfront und in der Verwaltung», sagt er.

Das Ganze funktioniert so: Wenn eine Truppe einen Dienst zu leisten hat, wird dem Kommandanten die nächstgelegene Materialfassungsstelle zugeteilt. Er setzt sich also beispielsweise mit dem Zeughaus Aarau in Verbindung und meldet seine Bedürfnisse an. Der Kundenauftrag wird ins landesweite Dispositionssystem gestellt. Es zeigt den Sachbearbeitern sofort an, was von den benötigten Geräten auf dem Platz Aarau vorhanden ist und aus welchen nächstgelegenen Logistikbetrieben fehlendes Material verfügbar und nach Aarau zu liefern ist. Nach Dienstende geht alles benützte Material an das Zeughaus zurück. Da bleibt es, bis es in einer andern Logistikbasis benötigt und dorthin verfrachtet wird. So werden ständig Güter zwischen Zeughäusern hin- und hertransportiert. Aber die Pool-Bewirtschaftung hat den Vorteil, dass erstens weniger Militärmaterial benötigt wird und zweitens die vorhandenen Mittel besser ausgenützt werden.

Der Pool mit Einsatz- und Ausbildungsmaterial füllt und leert sich ständig. Eine Inventur «von Hand», wie früher, ist nicht mehr möglich. Beim heutigen System «weiss» nur noch der Betriebscomputer genau, was für Material in welchen Mengen vorhanden ist. Er vermittelt diese Information dafür augenblicklich, auf Mausklick. Das setzt aber eine sorgfältige Datenpflege voraus, sonst stimmen die Lagerbestände mit der Materialbuchhaltung nicht mehr überein. «Die Eigenverantwortung bei der Arbeit wächst», stellt Martin Hunziker fest. Die neuen Materialbewirtschaftungs- und Mobilmachungskonzepte hinterlassen Spuren: Grössere Flächen in den alten, mehrgeschossigen Zeughausbauten sind geräumt oder werden gegenwärtig als Zwischenlager für die grossen Rückschübe aus den Wehrmänner-Entlassungen benützt.

«Wir rüsten unsere Armee ab», bemerkt ein nachdenklicher Zeughaus-Mitarbeiter angesichts dieser Materialberge. Was mit den abgegebenen Effekten geschehen soll, ist ein anderes Kapitel. Hunderte Paletten stehen da, gefüllt mit Mützen, Waffenröcken, Hosen, T-Shirts, Helmen, Regenschützen und was der Dinge mehr sind, von denen sich entlassene Wehrpflicht-Jahrgänge trennten. Die Effekten sind im Grossen und Ganzen in tadellosem Zustand – wie es sich für pflichtbewusste Dienstpflichtige geziemte. Was soll man jetzt damit anfangen? Die Ware müsste zunächst verlesen werde. Aber kann man sich ein monatelanges Sortieren dieser Klamotten leisten? An armen Menschen, die solide, warme Schweizer Militärkittel und Hosen austragen könnten, mangelt es kaum auf der Welt. Doch Weiterverwendung und Export ausrangierter Uniformen scheinen mit Umtrieben und Tücken verbunden zu sein. Kragenspiegel, Grad- und Truppenabzeichen müssen abgetrennt werden, das kostet Zeit und Geld. «Bern» soll sogar darauf bestanden haben, dass an Waffenröcken die Knöpfe mit dem Schweizerkreuz abgeschnitten werden! Warum denn?

Munition, trocken im Berg gelagert

Im «explosivsten» Bereich des Zeughauses ist Peter Ryser, einer von drei Munitionswarten, tätig. Ausser Fliegermunition werden alle Munitionsarten verwaltet: Von der Pistolen- und der Gewehrmunition bis zu Panzer- und Artillerie-Geschossen. Der Anblick der grossen Granaten ist Respekt einflössend. Flog nicht am 19. Dezember 1947 an der Bern-Lötschberg-Bahnstrecke ein Armeedepot mit 3000 Tonnen Munition in die Luft? Die Station Blausee-Mitholz wurde damals komplett zerstört. So gefährlich sei die Sache nicht, beruhigt Peter Ryser: Denn Geschosse, Zünder und Ladungen würden separat gelagert, man müsse sie zuerst zusammenfügen, bevor sie einsatzbereit seien. Dennoch befolgt die Munitionsequipe des Zeughauses besondere Sicherheitsvorkehren. Sie rückt immer zu zweit, mit Funkgerät und Waffe, zu den Munitionsdepots aus. «Solang die Tür einer solchen Anlage offen ist, wird sie bewacht», bestätigt Peter Ryser. Vorsicht ist die Mutter der Porzellankiste. Solche Objekte waren auch schon Ziele von Einbruchversuchen.

Von Aarau aus wurden bis vor wenigen Jahren in den Kantonen Aargau und Solothurn

Ein Dreierteam, dem Peter Ryser angehört, betreut die Munitionsdepots. Das Team arbeitet mit besonderen Sicherheitsvorkehrungen.

Den Mitarbeitern des Technischen Dienstes kommt beim Unterhalt und bei Reparaturen an Gebäuden, Anlagen und Geräten eine wesentliche Rolle zu. Hier sehen wir den Betriebsmechaniker Kari Haus (oben links) und den Betriebselektriker Urs Kissling (oben rechts) im Einsatz.

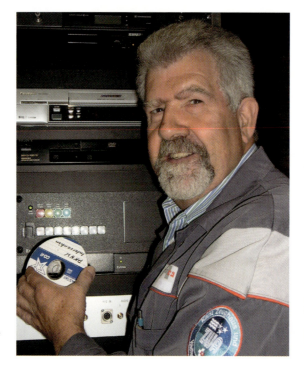

Die Ausbildungsunterstützung hat in den letzten Jahren beim ZWA an Bedeutung gewonnen: Walter Hauswirth (unten links) stellt in der Kaserne eine Anlage für die Truppe bereit und Gerhard Capaul (unten rechts) ist im Team auf dem Schiessplatz Gehren tätig.

acht Munitionsdepots in Wäldern sowie mehrere unterirdische Anlagen betreut. Heute stehen sämtliche oberirdischen Munitionsmagazine vor der Liquidation. Das jüngste und modernste Magazin unter Tag wurde in den Neunzigerjahren im Jura erstellt. Die rund 250 Meter lange Kaverne im Ausmass einer Autobahntunnel-Doppelröhre beherbergt Hunderte Tonnen Kriegsmunition. Sie ist in drei Abschnitte gegliedert. Im vordersten Teil können Lastwagen vom Eingang her bis zur Verladerampe fahren. Alles Munitionsgut ist palettiert. Hinter dem Umschlagplatz befinden sich Büro, Aufenthaltsraum, Betriebs- und Notstromanlage. Von dort führt ein heller Tunnelgang zur Sicherheitsschleuse. Um sie zu passieren und in die eigentliche Munitionshalle zu gelangen, muss ein 200 Tonnen schwerer Betonklotz – der im Explosionsfall die Druckwelle aufzufangen hätte – mit starker Motorenkraft verschoben werden. Den Sicherheitsvorkehrungen – das beweist diese Schleuse – wird höchste Beachtung geschenkt. An der Belüftungsanlage vorbei ist der Weg für die Zutrittsberechtigten, sofern sie sich mit Namen im Tagesjournal eingetragen haben, offen in den mächtigen Lagerraum. Darin sind die Geschosse in langen und hohen Palettreihen, nach Kaliber und Waffenart sortiert, gestapelt. Die Munitionswarte überwachen die Ein- und Auslagerungen. Sie führen mit SAP die genaue Munitionsbuchhaltung. Beim Güterumschlag geht es vor allem um die Ersetzung alter Munition. Die Zeughausmannschaft prüft auch regelmässig die Alarm- und Notstromanlagen, wartet die Entfeuchtungsgeräte und führt Sicherheitsronden durch. Die Munitions-Kaverne im Jura ist staubtrocken.

Kundenbewusst auch ausserhalb des Zeughauses

Zur ZWA-Belegschaft gehören seit einiger Zeit auch das von Walter Munz geleitete Betriebsteam in der Kaserne mit sieben Vollzeit- und drei Teilzeitbeschäftigten sowie die Equipe um Schiessplatzchef Fredi Binz in der Gehren, die drei Festangestellte und zwei bis vier WK-Soldaten umfasst. Sie erbringen ihre Leistungen ebenfalls nach der Zeughaus-Philosophie: «Wir sind für die Truppe da, nicht die Truppe für uns». Aus betriebswirtschaftlichen Gründen bemüht sich Walter Munz um eine gute Kasernenbelegung: «Wir rechnen in Übernachtungszahlen», erklärt er. Die jährliche Durchführung von drei Rekrutenschulen seit Anfang 2004 kommt ihm da entgegen. Dadurch dürften die im Jahr 2003 registrierten 105 326 Kasernenübernachtungen einen neuen Aufschwung erfahren – das nützt auch den wirtschaftlichen Interessen der Stadt Aarau. In der gut frequentierten Kaserne sei allerdings der Platz für Dritte etwas enger geworden, bedauert der Betriebschef. Immerhin: An Wochenenden steht die Turnhalle auch zivilen Vereinen zur Verfügung. Froh ist Walter Munz um die zusätzlichen beziehungsweise verbesserten Unterkünfte, die mit dem Umbau der Neuen Kavalleriekaserne geschaffen werden sollen. Eigentlich wollte man dieses Gebäude in den zivilen Nutzungsbereich des Kasernenareals transferieren, aber es wird jetzt für das Kompetenzzentrum Militärmusik benötigt. Was ehemaligen Rekrutenjahrgängen in der Kaserne Aarau als traumhafter Luxus vorgekommen wäre, ist heute selbstverständlich: Es darf alle Tage, zu jeder Zeit, geduscht werden. Hygienische Probleme mit den jungen Wehrmännern gebe es eigentlich keine, lobt der Kasernenchef und «Hotelier». Er und seine Equipe tragen das Ihre dazu bei: «Wir bemühen uns, dass es sauber ist in Unterkünften und Nasszellen.»

Fredi Binz – sein Vater war legendärer «Feldpöstler» auf dem Waffenplatz Aarau – setzt sich für einen ordnungsgemässen Betrieb auf dem Schiessplatz Gehren ein. Er besorgt mit seinem Team die Wartung der Schiessboxen, Tankbahn, Trefferzeigeanlage usw. Vor Ort ist er der erste Ansprechpartner für verschiedene Seiten. Er koordiniert die Anliegen des Militärs und des Pächters des Gehrenhofes, beaufsichtigt Sicherheitseinrichtungen wie Barrieren, Schiessballon und nächtliche Warnlichter – im Übrigen ist die Truppe für das Einhalten der Sicherheitsvorschriften auf dem Platz selbst verantwortlich –, und er achtet auf Naturschutzanliegen, wie das Mähen der Magerwiesen zur richtigen Zeit. Dass Grünmaterial, abgemähtes Gras, nicht mehr auf dem Platz verrotten darf, sondern kompostiert werden muss, findet Fredi Binz zwar ein bisschen auf die Spitze getrieben. Aber er tut, was er muss und kann, um das gute Klima rund um die Gehren zu erhalten.

Walter Munz ist sozusagen der Hotelier der Kaserne. Er leitet das Betriebsteam und bemüht sich um eine kundenorientierte Dienstleistung auf dem Waffenplatz.

Ausbildungschance im Zeughaus

Amra Sadic, 17-jährig, ist die Jüngste im 50-köpfigen Zeughausteam. Sie hat in der ZWA-Administration soeben eine zweijährige Bürolehre erfolgreich abgeschlossen. Das Einbürgerungsverfahren für sie und ihren 24-jährigen Bruder ist auf gutem Weg und der Schweizer Pass, auf den sie sich sehr freut, unterwegs. Sie kam als Zweijährige mit der Mutter aus Bosnien in die Schweiz, der Vater arbeitete schon hier. Dass das Zeughaus ihr eine Ausbildungschance gab, schätzt sie hoch ein. Die Kolleginnen hätten gelacht, dass sie in einem Militärbetrieb gelandet sei, und sie wegen der jungen Rekruten und so geneckt. Sie fand in der früheren Lehrtochter Michèle Schüttel, die seit vier Jahren als Sachbearbeiterin in ihrem ehemaligen Lehrbetrieb arbeitet, eine gute Förderin. «Das Betriebsklima ist sehr gut und die Arbeit gefällt mir super», erklärt die aufgeweckte, junge Frau. Sie bediene das Telefon, manchmal den Kundenschalter und erledige Sekretariatsarbeiten. Auch bei Wehrmänner-Entlassungen sei sie dabei gewesen – und bei der Einkleidung von Rekruten. Ihnen war sie punkto militärischen Wissens schon einiges voraus.

Das Zeughaus leistet einen Beitrag zur beruflichen Nachwuchsförderung: Michèle Schüttel (links) betreute in der Administration Amra Sadic während der zweijährigen Bürolehre.

Nach dem Einrücken in die Rekrutenschule werden die neuen Armeeangehörigen sofort im Zeughaus eingeklei-
det und ausgerüstet. Noch während
das Fassen der persönlichen Ausrüstung im Gang ist, beginnt auf dem
Zeughausareal der erste militärische
Unterricht. Schon am ersten Tag lernen
die Rekruten Ruhn- und Achtungstel-
lung, das Grüssen, An- und Abmelden.

Das Militär in einer zivilen Umgebung

Aus der «Flohhütte» in die neue Kaserne

Die Truppe atmete auf, als sie 1849 den vergleichsweise luxuriösen Neubau mit der bisherigen Unterkunft – «der niederträchtigen, winkligen Spelunke und Flohhütte, einem gottvergessenen Loch», wie sie Emil Rothpletz, der spätere erste Kommandant der 5. Division, aus eigener Erfahrung schilderte – tauschen konnte. Die kantonale Militärkommission hatte den Stein für die Sanierung 1841 mit einem Bericht an die Regierung über die miserable räumliche Situation ins Rollen gebracht. Im darauffolgenden Jahr verlangte der Grosse Rat Vorschläge für einen Kasernenneubau. Das Projekt verzögerte sich jedoch durch den langwierigen Standortdisput und Landerwerb und auch, weil der gleichzeitig spruchreife Postneubau den Vorrang bekam. Am 11. Februar 1845 beschloss der Grosse Rat die Errichtung «einer den Erfordernissen entsprechenden Kaserne» auf dem vom Staat angekauften Land neben dem 1814 bezogenen Zeughaus. Der Kostenvoranschlag belief sich auf 126 000 Franken. Die Stadt Aarau beteiligte sich freiwillig mit 20 000 Franken und erlaubte die unentgeltliche Benützung ihrer Steinbrüche.

Projektverfasser war der Badener Architekt Kaspar Joseph Jauch. Für Pläne und Baubeschrieb bekam er 663 Franken. Bevor er mit der Planung begann, besichtigte er Kasernen in Stuttgart, Ludwigsburg, Darmstadt, Mainz, Koblenz, Rastatt, Karlsruhe und Strassburg. Dazu benötigte er 17 Tage; bei den damali-

Vehemente Fürsprecher für den Kasernenbau

Am 11. Februar 1845 stimmte der Grosse Rat dem Kasernenneubau zu. In der hitzigen Debatte ermahnte Grossrat Friedrich Frey-Herosé, der spätere Bundesrat, die Zauderer, endlich die alte, untaugliche Truppenunterkunft im ehemaligen Aarauer Salzhaus zu ersetzen und dafür zu sorgen, «dass die eintretende Wehrmannschaft gehörig bequartiert werden kann». Denn die jungen Milizen fragten sich: «Warum sollen wir in dieser Kloake wohnen, während wir die meisten Opfer für den Staat bringen müssen?» Grossrat Johann Jakob Künzli aus Strengelbach, ein sozial aufgeschlossener Textilindustrieller (und Grossonkel des späteren Arztes, Militärs und Politikers Eugen Bircher), plädierte ebenfalls vehement für einen Neubau, denn die bisherige Kaserne gleiche «eher einem Kerker, einem Stalle als einer Staatsanstalt, wo republikanische Krieger gebildet werden».

Der Waffenplatz Aarau

Aaraus Tradition als Garnison, als militärischer Sammelplatz und Ausbildungsstandort begann 1799, als das ehemalige bernische Salzhaus – an der Nordostecke der Altstadt, in der Nähe des «Bundeshauses», des ersten Sitzes der neuen helvetischen Regierung – in eine Truppenunterkunft umgewandelt wurde. Der junge Kanton Aargau benutzte das Gebäude ab 1803 als Kantonnement für seine Infanteristen, Artilleristen und Kavalleristen sowie für die neue Instruktionsanstalt. Zusammen mit dem von der Stadt als Übungs- und Schiessgelände zur Verfügung gestellten Schachen war damit der Grundstein für den Waffenplatz Aarau gelegt. Die räumlichen und hygienischen Zustände in der alten Unterkunft liessen allerdings zu wünschen übrig. Selbst für den komfortlosen militärischen Alltag wurden die Verhältnisse mit der Zeit unzumutbar. Kanton und Stadt sahen sich zu Sanierungen gezwungen, um die Ausquartierung der Truppen auf andere Waffenplätze zu verhindern. Sie lösten das Problem

Schmalere Betten gegen Platzmangel in der Kaserne

Die Regierung hatte beim Kasernenneubau 1848 Unterkunft für 1200 Mann und 120 Pferde offeriert. Es zeigte sich aber rasch, dass diese Annahme zu übertrieben bemessen war. Es hatten weniger Betten Platz. Das Bettenmanko versuchte man auf listige Art zu meistern, indem man ein Musterbett, schmäler als die üblichen, konstruierte und durch einen «ziemlich beleibten Füsilierrekruten» ausprobieren liess. Sogar zweischläfrige Bettstellen wurden erwogen. Aber die Offiziere erhoben Bedenken wegen Ansteckungsgefahr bei Krankheiten und «weil viele unserer Soldaten eine gewisse Abscheu haben, sich mit einem ihnen völlig unbekannten Menschen ins Bett zu legen».

gen Bahnverbindungen war das wenig. Auch mit der Spesenforderung blieb Jauch mit 16 Franken Tagesentschädigung und insgesamt 85 Franken und 82 Rappen Trinkgeldauslagen bescheiden.

Nebst der neuen Kaserne wurden Ställe und eine erste Reithalle für die Ausbildung der Artillerie- und Kavallerierekruten erstellt. Später kam eine Kantine dazu. Die Arbeiten unter Kantonsbaumeister Ferdinand Karl Rothpletz waren noch nicht ganz fertig, als im August 1849 bereits die ersten 374 Artillerie-Rekruten eintrafen. Trotz des erweiterten Platzangebotes fehlten damals 69 Bettstellen. Einige Rekruten schliefen auf Strohsäcken, die eiligst aus dem Bundesdepot auf der Lenzburg herbeigeschafft wurden. Freundeidgenössische

Sticheleien über das neue, aber zu klein geratene Truppenlager blieben nicht aus. Sie waren nicht ganz frei von Futterneid. Denn was Unterkunft und Übungsplätze anbelangte, galt der Waffenplatz Aarau zu dieser Zeit als komfortabelster militärischer Ausbildungsstandort. Er war dermassen beliebt, dass sich in der neuen Kaserne bald Platzmangel bemerkbar machte.

Verlust der Artillerie, Konzentration auf Infanterie und Kavallerie

Bei der militärischen Belegung des Aarauer Schachens tauchten allerdings Probleme auf. Die Stadt stellte zwar mit Landkäufen und

Diese Postkarte schickte ein Kavallerie-Rekrut 1899 an «Fräulein Marie Ottinger in Wülflingen ob Zürich».

154

Die Fassaden der 1982 renovierten Kaserne sind in toskanischer Gotik gehalten, die auch Münchner Rundbogenstil genannt wird. Der Kasernenbau ist zwar symmetrisch, doch ist keine übermässig betonte Mitte vorhanden.

Enteignungen eine immer grössere Exerzierfläche zur Verfügung, und sie liess zudem den für die Artillerie zu wenig «eleganten» Platz von badischen Flüchtlingen ausebnen. Aber mit der fortschreitenden Waffentechnik stellten sich auf dem Übungsgelände Sicherheitsprobleme: Die Kugeln der leistungsfähigeren Kanonen flogen über die Kantonsgrenze hinaus ins Solothurnische sowie über die Nationalbahnlinie Aarau–Olten hinweg. Die Bahn wurde damit fertig, hingegen beschwerten sich die Solothurner Nachbarn. Die Erhöhung

des Kugelfangs und weitere Sicherheitsmassnahmen beruhigten sie nicht. Sie drohten mit dem Gang ans Bundesgericht. Auch in Aarau selbst beklagten sich besorgte Stimmen über den Schiesslärm. Die Artillerieausbildung im Schachen war nicht mehr zu retten; sie wurde 1872 abgebrochen. Das dürfte den Aarauer Hans Herzog, den damaligen General, besonders berührt haben. Er war der beste Artilleriespezialist im Land. Seine Verbesserungen bei Geschützen und Schiesspulver machten die Artillerie stärker und für den Aarauer Scha-

Als Sitzungen noch einfach anzusetzen waren

Wie einfach und schnell Sitzungen früher anberaumt werden konnten, bestätigt ein kurzer Briefwechsel vom Freitag, 15. September 1933, zwischen Oberkriegskommissär Richner in Bern und dem Aargauer Regierungsrat Emil Keller. Richner schlug eine baldige Besprechung über das anstehende Waffenplatz-Umbauprojekt vor, im Beisein des Waffenchefs der Kavallerie, Divisionär Schué, sowie des aargauischen Zeughausverwalters und des Hochbaumeisters. Und er bat Keller, am darauffolgenden Tag «mir hieher zu telefonieren, No. 61, Hauszentrale No. 522, ob und welcher Tag Dir passend ist». Prompt erhielt Richner am Samstag, 16. September, den Bescheid, dass man sich am Dienstag, 19. September, um 8.45 Uhr, im alten Zeughaus (General-Herzog-Haus) in Aarau treffen könne.

chen «gefährlicher». Die Aargauer Regierung setzte sich aber vehement für das Weiterbestehen des Waffenplatzes als zentralen Ausbildungsort der Infanterie und Kavallerie ein. Dafür nahm sie die Erweiterung der Kasernenanlagen in Kauf. Erwogen wurden die Vergrösserung der Mannschaftsunterkünfte und Stallungen sowie der Bau einer neuen Reitschule mit Theorie- und Fechtsaal.

Im Wintermonat 1875 bewilligte der Grosse Rat 175000 Franken für den Ausbau. Die Staatsrechnungskommission erklärte sich «nicht in der Lage, die Richtigkeit der Berechnungen prüfen zu können»; allein, sie habe «die bündige Zusicherung des Kantonsbaumeisters, dass der Voranschlag nicht überschritten wird». Anderseits zog die Kommission den wirtschaftlichen Nutzen der militärischen Einrichtungen in Betracht: Ohne die neuen Projekte «hört Aarau auf, ein Waffenplatz zu sein». Dann lägen auch die bisherigen Militärbauten dem Kanton «als unfruchtbares, todtes Kapital zur Last». Die Rechnung sei einfach: Mit den neuen Bauten verzinsen sich die alten weiterhin. Also liege die Erhaltung des Waffenplatzes im Interesse des Kantons sowie der aargauischen Dienstpflichtigen, weil sie durch die Möglichkeit, den Militärdienst im Kanton zu leisten, Geld und Zeit sparten.

Dem grossrätlichen Beschluss kam ein finanzpolitisches Hindernis in die Quere: Das Volk hatte den Staatsvoranschlag abgelehnt, worin bereits 100000 Franken für die neuen Bauten vorgesehen waren. Ohne finanzrechtliche Skrupel riet die Staatsrechnungskommission der Regierung, zu prüfen, ob der Aufwand statt über das Budget «ganz oder teilweise aus dem Kapital-Conto», direkt aus

der Vermögensrechnung, zu finanzieren sei. Ein harter Konkurrenzkampf war inzwischen um den Hauptwaffenplatz der neu gebildeten 5. Division entbrannt. Auch Liestal und Solothurn beanspruchten ihn. Die Wegnahme hätte man im Aargau geradezu als Landesunglück empfunden.

Aarau als Hauptwaffenplatz

Der Bund, der durch die Verfassungs- und Militärreform von 1874 für die Ausbildung und Bewaffnung der Armee zuständig geworden war, erklärte sich bereit, bisherige kantonale Waffenplätze fortan gegen Entschädigung zu benützen oder – eher die Ausnahme – zu Eigentum zu übernehmen. 30 Jahre später wendete der Bund für einmal die Eigentumsvariante an, indem er das angrenzende Fleinergut zur Erweiterung der Kasernenanlagen kaufte. Im Dezember 1876 unterzeichneten der Aargauer Landammann Brentano und der EMD-Chef, Bundesrat Welti, den ersten Vertrag für die Belegung des Waffenplatzes Aarau und der Kaserne Brugg. Das Eidgenössische Militärdepartement mietete in Aarau den Exerzierplatz im Schachen sowie im Kasernenareal die Mannschaftsunterkünfte mit Kantine, die beiden Stallungen, die alte und neue Reitschule mit den dazugehörenden Höfen, die offene Reitbahn vor dem General-Herzog-Haus und eine zusätzliche Stallung, die nachträglich im Erdgeschoss der Zeughaus-Werkstätten eingerichtet worden war. Der Kanton Aargau verpflichtete sich zu folgenden Erweiterungen im Kasernenareal: Neue Truppenunterkunft südlich des Zeughauses mit 250 Betten für Offiziere und Mann-

Das Auge des Kantons auf der Militärkantine

Die Kantine im Kasernenareal mit Mannschaftsraum und Offiziersmesse wurde immer verpachtet. Akten im Zeughausarchiv deuten auf etwelche Umtriebe hin. Um Scherereien vorzubeugen, wurden detaillierte Abmachungen getroffen. Gemäss einem Vertrag von 1937 hatte der Pächter seine Preiskalkulation der Militärdirektion vorzulegen. Er wurde verpflichtet, «so viel wie möglich Speisen und Getränke schweizerischer Herkunft in guter Qualität zu verwenden». Speziell wurde ihm «der Ausschank eines guten offenen Bieres, von reellen offenen Weinen und von guten und billigen alkoholfreien Getränken» zur Pflicht gemacht. Mussten in der dienstfreien Zeit Soldaten und Unteroffiziere einen Kasernenarrest absitzen, hatte sie der Kantinier gegen die vom Bund pro Mann und Tag übliche Entschädigung zu verpflegen: Mit Milchkaffee und Brot am Morgen, mit Suppe und Spatz am Mittag, und mit Suppe und Brot am Abend. Dem Pächter war gestattet, «auch Civilpersonen Speisen und Getränke zu verabreichen». Während der Dauer von Schulen und Kursen durften in der Offizierskantine «nur von Offizieren eingeführte Civilpersonen» bewirtet werden.

schaften (später als Alte Kavalleriekaserne bezeichnet), neue Stallungen für 90 Pferde mit Stallwachtzimmern, neue Tränkebrunnen, neuer Theoriesaal mit einem Lokal für Turn- und Fechtübungen (sofern die vorhandene Turnhalle nicht mehr verwendbar wäre), neue Lokale für Hufschmiede und Sattler. Für den Exerzierplatz im Schachen verlangte der Bund eine Erweiterung um acht Jucharten, die Nivellierung des Terrains, eine Aarekorrektion zur Vermeidung von Überschwemmungen, das Roden von Waldlichtungen und die Erstellung eines neuen Schiessstandes mit 22 Scheiben und genügenden Kugelfängen. Das alles sollte bis zum 31. März 1878 fertig sein. Dafür bekam Aarau den Rang eines Hauptwaffenplatzes. Hier wurden jährlich zwei Infanterie-Rekrutenschulen, eine Rekrutenschule mit dem entsprechenden Vorkurs der Kavallerie sowie eine Rekrutenschule des Trains, «soweit es ohne Beeinträchtigung der ökonomischen und militärischen Interessen des Bundes geschehen kann», vorgesehen. Zudem wollte man in Aarau Wiederholungskurse der Infanterie und Kavallerie durchführen, vorzugsweise WKs der aargauischen Füsilierbataillone.

In ständigem Ausbau begriffen

Mit dieser Ausbauetappe waren die Bedürfnisse des Waffenplatzes Aarau für einige Jahre gestillt. Nächstes Erfordernis war ein erweiterter Gefechtsschiessplatz, weil das Schiessen mit schweren Waffen im topfebenen Aarauer Schachen zu gefährlich wurde. Im Juragebiet Gehren, zwischen Erlinsbach und Küttigen, legte der Kanton 1882 mit dem

Erwerb von 7,78 Hektaren Land den Grundstein für eine umfassende und bis heute belegte Truppenübungsanlage. Eng wurde es auch wieder im Kasernenareal, denn das Zeughaus brauchte für das Korpsmaterial der neu organisierten Armee mehr Raum. An Platz mangelte es sowohl im General-Herzog-Haus, das mit Waffen-, Depositen- und Lederwaren-Magazinen gefüllt war, wie in den dahinter liegenden Werkstätten, in denen im Parterre noch die Kavallerie-Küche, im 1. Stock die Militärkanzlei und Zeughaus-Verwaltung und im Dachgeschoss das Kleider- und Schuhmagazin untergebracht waren. Kanton und Bund erwarben 1882 stillgelegte Fabrikationshallen an der Rohrerstrasse in Aarau und nutzten sie zur Erweiterung des Zeughauses.

Wenn Infanterie- und Kavallerie-Rekrutenschulen gleichzeitig stattfanden, waren die Kantonnemente mit 1100 Betten sowie die Pferdestallungen voll belegt. Nebenräume fehlten. Es wurde in Mannschaftszimmern gegessen. Im Jahre 1904 baute der Kanton neben dem General-Herzog-Haus, am östlichen Rand der Kasernenanlagen, ein Offiziershaus, das auch Platz für die Krankenabteilung bot. Heute beherbergt es das Kompetenzzentrum Militärmusik. Durch den Zukauf des Fleinergutes wurde das Militärquartier 1907 auf der Westseite erweitert. In den Liegenschaften brachte man das Kommando der 5. Division, die Soldatenstube und einen Stall für 120 Pferde unter. Nach wie vor hatte die Arrondierung des Waffenplatzes aber einen Schwachpunkt: Die Zeughausstrasse führte als öffentliche Verbindung von der Bahnhofstrasse zur Laurenzenvorstadt mitten durch das Kasernenareal und zwischen den Pferdestallungen hindurch. Das störte den militärischen Betrieb und war auch für die zivilen Passanten nicht ungefährlich, weil die Kavallerie häufig auf dem Kasernenareal exerzierte. Die Zeughausstrasse konnte indes erst in den 1920er-Jahren aufgehoben beziehungsweise als neue Poststrasse an den Ostrand der Kasernenzone verlegt werden. Von da an gehörte der Kasernenbezirk ganz dem Militär.

Hygienische Verbesserungen pressierten nicht

Mittlerweile waren seit den letzten Kasernenumbauten wieder über 30 Jahre verflossen.

Die Mannschaftsunterkünfte zeigten Abnützungen und genügten den hygienischen Anforderungen nicht mehr. Eine eidgenössische Kommission für Kasernenhygiene, die alle Waffenplätze im Land untersuchte, deckte 1909 auch in den Aarauer Infanterie- und Kavalleriekasernen Unzulänglichkeiten auf: Zu schmale und dunkle Treppenhäuser und Gänge, überbelegte Zimmer, keine Essräume, ungenügend ventilierte Küchen, fehlende Lebensmittelmagazine, fehlende Putzräume, Waschgelegenheiten nur im Keller und im Freien, defekte WC-Spülungen, Arrestlokale ohne Frischluftzufuhr usf. Militärdirektor Ringier trommelte eine Kommission zusammen, die mit der Zeughausverwaltung und der Baudirektion Vorschläge für die zu beseiti-

Die 1849 bezogene neue Kaserne beherbergte anfänglich auch die Kavalleristen. Ein Dragoner schickte diese Postkarte 1909 an eine «Chère Mademoiselle Marie» ins Val de Ruz (Neuenburg).

158

«Spätestens in fünf Jahren» haben wir eine neue Kaserne»

Enrico Francchini, der spätere Korps-kommandant und «Alpengeneral» (Kommandant des Gebirgsarmeekorps 3), war als Instruktor auch den Infanterieschulen Aarau zugeteilt. Er trat seinen Dienst in einer Sommer-Unteroffiziersschule als Klassenlehrer an und meldete sich an einem frühen Montagmorgen im Juni 1955 beim damaligen legendären Schulkommandanten Oberst Guido Rigonalli. Nach einem kurzen Gespräch in dessen Büro begaben sich die beiden zu einem Kaffee in die Kantine, wo Rigonalli seinem neuen Mitarbeiter mit grösster Überzeugung versicherte: «Signor capitano, al più tardi fra cinque anni avremo una nuova caserna sulla piazza d'armi di Aarau» («Herr Hauptmann, in spätestens fünf Jahren werden wir auf dem Waffenplatz Aarau eine neue Kaserne haben.») – Das Wunder brauchte einiges länger, wie sich zeigen sollte.

genden Mängel machen sollte. Sie tendierte auf eine «gründliche Remedur», auf die Verbesserung und Erweiterung der Militäranstalt. Doch es passierte nicht viel – ausser, dass der Kanton 1912 das Rössligut an der Rohrerstrasse in Aarau kaufte, um darauf ein neues Zeughaus zu bauen, damit das bisherige Arsenal für andere Zwecke nutzbar wurde. Das Projekt blieb in den Anfängen stecken.

Acht Jahre später – das Oberkriegskommissariat (O.K.K.) war inzwischen wiederholt auf die Missstände in den Kasernen hingewiesen worden – stellte der neue kantonale Militärdirektor Keller im Frühjahr 1920 kurz und bündig fest, alle Sanierungsbemühungen seien bisher vom Bund abgeblockt worden. Nun müssten die Übelstände im Arrestlokal, in den Aborten, den Trocknungsräumen und der Vorratshaltung dringendst behoben werden. Etwas verschnupft vermerkte er, statt Verbesserungsvorschläge einzureichen, führe die Baudirektion angeblich neue Studien durch. Auf diesen Seitenhieb reagierte der Hochbaumeister mit einer langen Liste der seit 1909 in den Kasernen ausgeführten Verbesserungen. Sie erweckte den Eindruck, als ob es an nichts mangle. Die Regierung stimmte den nötigsten Sanierungen zu. Das EMD gab grünes Licht für die Erstellung der Devis. Als es aber um die Verzinsung der ermittelten Sanierungskosten ging, lehnte «Bern» jede Beteiligung rundweg ab. Es dauerte nochmals über ein Jahrzehnt, bis die Erneuerung der Aarauer Militäranstalten endlich spruchreif wurde. Den Weg dazu ebnete 1931 der Grosse Rat mit dem Beschluss, den schon 1912 geplanten Zeughausneubau an der Rohrerstrasse für 600 000 Franken zu errichten. 1933 war der Neubau bezugsbereit. Das schaffte Platz im

Kasernenareal für dringend benötigte zusätzliche Stallungen.

Erste Gedanken über eine Kasernenverlegung

Nach dem Zeughausneubau griff der Regierungsrat das Kasernenumbauprojekt von 1912 wieder auf, nämlich die Komfortverbesserungen und Erweiterungen der Unterkünfte für Mannschaft und Pferde. Die Vorhaben schienen ihm neben ihrer Dringlichkeit auch vom wirtschaftlichen Standpunkt aus, als Notstandsmassnahmen zur Verringerung der Arbeitslosigkeit in den 1930er-Krisenjahren, begründet. Jetzt zögerte der Bund jedoch mit Ausbauten, weil sich die bevorstehende neue Truppenordnung seiner Meinung nach auf die Kasernenbelegung auswirken würde. Im Dezember 1933 unterbreitete die Regierung dem Grossen Rat das weitere Ausbauprogramm. Aufnahme in die dringendste Etappe fanden nur eine neue Reitbahn anstelle der alten Kantonsschulturnhalle im südlichen Kasernenareal, der Abbruch der baufälligen alten Reitbahn und der Bau eines Stallgebäudes für 80 Pferde sowie der Abbruch des alten Stallgebäudes hinter der Kavallerie-Kaserne und der Bau eines neuen Krankenstalles – Kostenvoranschlag: 201 300 Franken.

In die erste Umbauetappe nahm man ebenfalls die Einrichtung von Speiseräumen im 1. und 2. Stock des General-Herzog-Hauses auf, womit die beanstandete Verpflegung in den Kasernengängen und Mannschaftszimmern aufgehoben werden konnte. Geplant wurden im Weitern ein Kesselhaus, das auch für die künftige Zentralheizung in der Infanterieka-

Die 1878 erstellte Alte Kavalleriekaserne mit der ehemaligen Zeughausstrasse, die mitten durch das Kasernenareal führte und Bahnhofstrasse sowie Laurenzenvorstadt in Aarau miteinander verband.

Die Stallordnung in der einstigen Kavallerie-Kaserne.

Das Zeughaus- und Kasernenareal im Jahre 1926

1	Infanteriekaserne
2	Zeughaus, heute General-Herzog-Haus
3	Offiziershaus, heute Trompeterhaus
4	Remise und Garage Kommandant
5	Zeughaus-Werkstätten und Magazine
6	Remise und Schopf
7	Stallungen und Offiziers-burschen-Haus
8	Stallungen und Magazine (gehörte noch nicht zum Zeughaus- und Kasernenareal, sondern zur Meyerschen Villa)
9	Stallungen
10	Kavalleriekaserne
11	Turnhalle
12	Reithalle
13/14/15	Stallungen
16	Kantine
17	Fleinerstall/Krankenstall
18	Schopf für Futter und Stroh
19	Remise zum Fleinergut
20	Fleinergut

🟩 Kantonsareal
🟦 Bundesareal

Dieser Plan von 1926 verdeutlicht, wie viele Gebäude (insgesamt 19) ursprünglich zum Zeughaus- und Kasernenareal gehörten.

Klosettpapier wird Bundessache

Auf Franken und Rappen genau pflegte der Bund jeweils bei den Revisionen des Waffenplatzvertrages nachzurechnen, was er dem Kanton Aargau für die Kasernen und Übungsanlagen schuldig war. Im Frühjahr 1962 zeigte sich das Oberkriegskommissariat spendabel. Die kantonale Militärverwaltung vernahm das nicht auf dem Latrinenweg, sondern in einem hochoffiziellen Schreiben, das als Beilage zum Waffenplatzvertrag klassifiziert war und die Verfügung enthielt: «Ab 1. Januar 1962 übernimmt die Eidgenossenschaft die Kosten für die Lieferung des Klosettpapiers (Makulatur und Rollen) für die in der Kaserne untergebrachten Truppen. Diese Beschaffungskosten gehen somit nicht mehr zu Lasten des Kaserneneigentümers.»

Das Ringen um die Verzinsung der Investitionen

Jedes Mal, wenn der Kanton als Waffenplatzbesitzer bauliche Massnahmen traf, stellte sich die Frage der Entschädigung. Der Bund leistete in der Regel keine direkten Kostenbeiträge, sondern verzinste und amortisierte einen Teil der getätigten Investitionen – freilich nur, wenn ihm sogar kleinste Vorhaben vorher vorgelegt wurden. Die anrechenbaren Kosten und Zinssätze gaben Anlass zu unzähligen Verhandlungen und Schriftwechseln

serne genügen sollte, sowie die Beseitigung von Zäunen innerhalb des Kasernenareals zur Vergrösserung des Kasernenhofes – Projektsumme: 168000 Franken. In die Kategorie «wünschbar» und darum ausser Abschied und Traktanden fielen vorerst eine brauchbare Trocknungsanlage und ein zweckmässiger Duschraum. Keine Rede mehr war auch von einer weiteren Mannschaftskaserne. Sie kam aber schon 1936 wieder zur Sprache. Denn für die gleichzeitige Durchführung einer Kavallerie-Rekrutenschule mit drei Schwadronen und einer Infanterie-Rekrutenschule mit drei Füsilierkompanien und einer Mitrailleurkompanie reichte der Platz nicht aus. So wurden 1937 der Estrich der Infanterie-Kaserne, der «Flöhboden», definitiv zu Mannschaftszimmern ausgebaut und 1938 das seit langem ins Auge gefasste Kompaniehaus, die so genannte Neue Kavalleriekaserne, erstellt. Man überlegte dabei ernsthaft, den Neubau in den Schachen zu stellen. 25 Jahre später wiederholte sich diese Diskussion, diesmal für den gesamten Kasernenkomplex.

zwischen Zeughausverwaltung und Oberkriegskommissariat, der kantonalen Militärdirektion und dem Eidgenössischen Militärdepartement. Die Zinssätze waren unterschiedlich, je nach dem Zeitpunkt der Investitionen. Das verkomplizierte die Verrechnung. Zum Glück blieben die Zeughausverwalter lange im Amt und behielten den Überblick. Besonders beim Schiessplatz Gehren, zu dessen Vergrösserung während Jahrzehnten Landkäufe getätigt wurden, konnte die Bundesabgeltung kaum mehr anhand der vielen Einzelvereinbarungen, sondern nur noch aufgrund der aufdatierten Entschädigungssummen nachvollzogen werden. Die von Zeit zu Zeit revidierten Waffenplatzverträge sorgten wieder für Transparenz.

Kaserne und Zeughaus waren jahrzehntelang personell und administrativ getrennt. Bis zum 31. Juli 1969 führte ein Kasernenverwalter den Kasernenbetrieb weitgehend selbständig – zuletzt war es Major Max Weber. Hierarchisch unterstand der «Kasernier», wie er in alten Akten bezeichnet wird, dem kantonalen Kriegskommissär und Zeughausverwalter beziehungsweise Zeughausdirektor. Laut Reglement des Regierungsrates über die Organisation und Geschäftsführung der Militärverwaltung von 1918 hatte der Kasernenverwalter die Gebäude, das Material und die Belegung der Kasernen mit Truppen und Arrestanten zu beaufsichtigen. Zudem besorgte er die Reinigung der Lokalitäten und des Materials der Kasernen und stellte dafür der Zeughausdirektion Rechnung. Er vollzog schliesslich die «Weisungen des Zeughausdirektors bezüglich die Anstellung, Entlassung und Belöhnung der Kasernenarbeiter». Als Zusatzaufgabe war er für den Einkauf und die Be-

«s Müeti und der Ätti»

Viele Jahre arbeitete das Ehepaar Rosa und Herbert Reuter in der Kaserne Aarau als «Off-» und «Uof-Putz». Sie waren sehr beliebt und wurden einfach «s Müeti» und «der Ätti» genannt. Die beiden sorgten nicht nur für Ordnung in den Offiziers- und Unteroffiziers-Zimmern und für die Reinigung von Schuhen und Kleidern der Kader, sie zeigten sich auch in unzähligen kleinen Taten sehr zuvorkommend, sei es beim «Anbüezen» eines verlorenen Knopfes, beim Zusammenflicken einer zerrissenen Hose oder beim Ersetzen eines kaputten Schuhbändels. Bei aller Gutmütigkeit zeigte das Müeti aber hin und wieder Unteroffizieren, die für eine anständige Zimmerordnung keine Zeit fanden, den Meister – wenn es sein musste, sogar mit dem erhobenen Reisbesen. Die Truppe verehrte sie wie eine Soldatenmutter, weil sie auch manchem «Bürschchen» zuredete, wenn Heimweh oder anderer Kummer drückte.

wirtschaftung von Heu, Stroh und Hafer der Kavallerieschulen verantwortlich. Das Depot dafür befand sich in der «Landi»-Flughalle in Schönenwerd. Auf den 1. August 1969 wurde der Aufgabenbereich des Kasernenverwalters dem neuen Kasernenwart Hans Hodel zugeteilt. Ab 1982 führte man die Organisationseinheiten Kaserne und Zeughaus schrittweise zusammen. Doppelspurigkeiten konnten dadurch ausgemerzt werden. Die neue Regelung ermöglichte einen effizienteren Personaleinsatz zwischen Zeughaus und Kaserne. Mit der Reorganisation «EMD 95» wechselte auch ein Teil der zivilen Waffenplatzmitarbeiter (Schiessplatzpersonal und Motorwagendienst-Mitarbeiter der Infanterie-Rekrutenschule), die bis dahin dem Waffenplatz- respektive Schulkommandanten unterstellt waren, zum zivilen Logistikbetrieb «Zeughaus und Waffenplatz Aarau» (ZWA).

Der Schachen im Blickfeld

Seit der Entstehung des Waffenplatzes teilten sich der Kanton, die Stadt Aarau und – zum geringsten Teil – der Bund in den Besitz. Daran änderte der starke Ausbau der Militäranlagen im Laufe der Jahre wenig. Dem Kanton gehörten im Wesentlichen das 3,8 Hektaren grosse Kasernenareal und die darauf stehenden Bauten, sodann das kantonale Zeughaus an der Rohrerstrasse sowie der Schiessplatz Gehren, der von anfänglich acht Hektaren schliesslich auf 95 Hektaren ausgeweitet wurde. Die Stadt verfügte über das 31 Hektaren grosse militärische Übungsgelände im Schachen samt Schiessanlage und einigen Baracken, die sie der Truppe zur Verfügung

stellte. Der Bund besass hauptsächlich das Fleinergut im Kasernenareal, Zeughäuser an der Rohrerstrasse sowie ein paar Einrichtungen auf dem Schiessplatz Gehren. Ein Teil des Schachens wurde im Zweiten Weltkrieg in Pflanzplätze umgewandelt und Stadtbewohnern für die Nahrungsmittel-Selbstversorgung zur Verfügung gestellt. Aarau nutzte die «Allmend» nach dem Krieg zunehmend auch als Freizeit- und Erholungsgebiet und errichtete hier ein Freibad, eine Sportanlage und Spielfelder. Wiederholt war der Schachen Austragungsort grosser Veranstaltungen – zum Beispiel 1932 und 1972 von eidgenössischen Turnfesten.

Die Motorisierung nach dem Zweiten Weltkrieg änderte auf dem Waffenplatz auch die «hippomobile» Fortbewegung des Instruktionspersonals und der Offiziere: Sie ritten nicht mehr zu Pferd «ins Feld» aus, sondern fuhren nun mit «Pferdestärken der modernen Art» auf die Truppenübungsplätze. In der Kaserne waren darum weniger Stallboxen, dafür neue Garagenplätze gefragt. Wasch- und Serviceanlagen fanden keinen Platz im Kasernenhof. Die Stadt Aarau richtete sie samt Einstellbaracken im Schachen ein. Dabei tauchte 1950 wieder die Frage auf, ob man die Kasernen aus der Stadt verlegen solle. Den Stein richtig ins Rollen brachte 1955 eine Interpellation im Grossen Rat von Dr. Hans Hemmeler, Vorsteher der Aargauischen Industrie- und Handelskammer und späterer Kommandant der Grenzbrigade 5. Der Regierungsrat gab dem Architekten Binder aus Rombach ein Konzept für die Sanierung und Erweiterung der bestehenden Anlagen und, parallel dazu, eine Vergleichsstudie über die Kasernenverlegung in Auftrag. Der Gutachter veranschlag-

Übersicht über das Kasernenareal im Jahr 1956 mit der Hauptkaserne im Vordergrund, der Militärkantine, den zahlreichen Stallungen, Magazinen und der langen Reithalle im Hintergrund.

te die Sanierung auf 7,9 Mio. Franken. Weiter kam er in seiner Arbeit nicht, weil er einem Leiden erlag. Architekt Kurt Fehlmann, Schöftland, übernahm die Fortsetzung und lieferte eine Kostenschätzung von 23,7 Mio. Franken ab. Darauf bildete Militärdirektor Bachmann eine 11-köpfige Kommission für Kasernenbaufragen. Sie startete 1957 mit vier Varianten – später kamen noch mehr dazu –: Kasernenneubau im Schachen (Gemeindebann Wöschnau) oder in der Färbermatten (westlich der alten Badanstalt) oder in der Gehren

(östlich von Obererlinsbach) – oder Sanierung am alten Standort, was die Kommissionsmitglieder für abwegig hielten. Damit war eine Diskussion lanciert, die 30 Jahre lang die kantonale Militärpolitik bewegte, bald auf diese und auf jene Seite kippte, sich in mehrere Sackgassen verirrte, die Gemüter erhitzte und die Weiterexistenz des Waffenplatzes Aarau infrage stellte.

Die «Kasernenschlacht» im Aargauer Jura

Naheliegenderweise rückte der Schachen als erster Verlegungsstandort ins Blickfeld. Der Stadt Aarau gefiel das: Sie hielt die Verlegung der Kasernenanlage zwar nicht für zwingend, aber für wünschbar; die Garnison wollte sie wohl aus ihrem Zentrum, aber nicht aus dem Gemeindebann weg haben. Im Schachen war

Im Verlaufe der Kasernensanierung wurden die ehemaligen Stallungen und Magazine in der spektakulären Truppenübung «Feuervogel», 1983, «heiss abgebrochen».

Zu Beginn der Sanierung, 1980, wurde die Kaserne vom Parterre bis zum Dachstock ausgehöhlt.

Rechte Seite, nach Abschluss der ersten Bauetappe 1982:

Oben links: Die Feldpost in der Kaserne mit dem legendären Feldpöstler Binz.

Oben rechts: Unteroffiziere zeigen den Rekruten das Einbetten.

Unten links: Kellergang in der Kaserne.

Unten rechts: Arbeit im neuen Kompaniebüro.

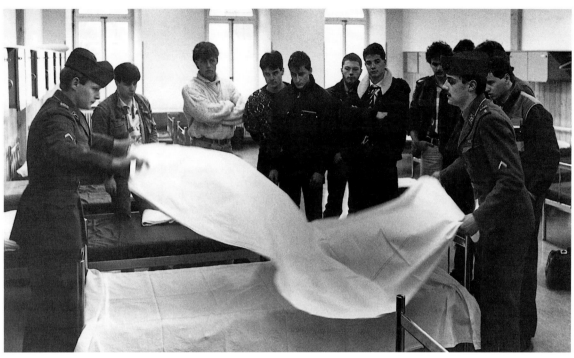

allerdings die vorgesehene Durchgangsstrasse im Auge zu behalten. Und die Stadt tendierte auch auf genügend Entwicklungsraum für die Freizeitanlagen Schwimmbad, Sportplatz und Pferderennbahn. Demzufolge wurde es für das militärische Feld bereits etwas eng. Ausweichen konnte man allenfalls westwärts, in die Wöschnau – auf solothurnischen Boden. Das Solothurner Finanzdepartement erklärte sich 1958 bereit, das 11,2 Hektaren grosse Bauareal im Baurecht abzutreten. Darauf bewilligte der aargauische Grosse Rat 103 000 Franken für einen zweistufigen Projektwettbewerb. An der ersten Stufe beteiligten sich 66 Architekten, an der zweiten Stufe zehn. Obenaus schwang der Vorschlag der Architekten Morell und Nietlisbach, Zürich. Während das Projekt der Infanteriekaserne in der Wöschnau praktisch vorlag – die Kavalleriekasernen wollte man noch am alten Standort belassen –, lehnte es die Solothurner Regierung auf Druck von Naturschutzkreisen ab, ein zusätzlich begehrtes Übungsgebiet auf der Wöschnauer Insel, zwischen der Aare und dem Kanal des Kraftwerkes Aarau, zur Verfügung zu stellen. Und der Ausweichversuch, das gewünschte Ausbildungsgelände im Gemeindebann Eppenberg-Wöschnau zu beschaffen, scheiterte am Widerstand der Einwohner. Darum liess der Bund Ende 1965 die Kasernenverlegung in den Wöschnauer Schachen fallen.

Erneut wurde ein Umbau der bestehenden Kasernenanlagen erwogen. Aber die Stadt und die Regionalplanungsgruppe Aarau forderten die Aussiedlung. Denn eine zivile Nutzung erschien attraktiver. Das Areal gefiel auch den Promotoren eines aargauischen Hochschulprojektes – welches der Grosse Rat

jedoch 1978 «versenkte». Für die Kasernenverlegung suchte man jetzt eine Lösung in Anlehnung an den Schiessplatz Gehren. Im Vordergrund stand der Buechhof-Bläuehof bei Küttigen. Wegen des mutmasslichen Verlustes von 30 bis 40 Hektaren Kulturland und des befürchteten Zufahrtverkehrs erhob sich Widerstand in der Bevölkerung. Das Vorhaben wurde schon im Anfangsstadium fallen gelassen. Auch drei weitere Standorte, mehr oder weniger am Rand des Schiessplatzes, scheiterten rasch. Länger im Gespräch blieb der Plan Gehren-West. Er sah vor, die Kaserne zwischen dem Dorf Erlinsbach und dem Schiessplatz Gehren zu bauen, die infanteristische Ausbildung in das Gebiet Brunnerberg, östlich der Gehren, auszudehnen, sowie in der Bänkerklus als Ersatz für den 300-Meter-Stand im Aarauer Schachen eine neue regionale Schiessanlage zu errichten und sie auch dem Militär zur Verfügung zu stellen.

Erlinsbach war bereit, darüber zu diskutieren: Wenn die Gemeinde schon den Schiessplatz-Immissionen ausgesetzt wurde, wollte sie auch von den wirtschaftlichen Vorteilen des Kasernenbetriebes profitieren. Küttigen hingegen lehnte das Ansinnen vehement ab. Die Gemeinde befürchtete doppelte Nachteile: Von der Ausdehnung des Schiessplatzes Richtung Osten und vom Betrieb der vorgesehenen Regionalschiessanlage. Die Anlage in der Klus störte auch Naturschützer. Ohne dass es jemals offiziell aufgegeben wurde, verschwand das Projekt Ende 1969 in den Schubladen. Als letzte Hoffnung blieb der Rückzug hinter die zweite Jurakette – in das abgelegene Gebiet Friedheim-Hard oberhalb von Erlinsbach. In einer Fernsehsendung «Heute abend in Erlinsbach», im Februar 1972, geriet auch dieser Schiessplatz- und Kasernenstandort unter heftigen Beschuss. Beanstandet wurden die Beeinträchtigung des Erholungs- und Wandergebietes Hard und die befürchteten Lärmeinwirkungen auf die nahe Heilstätte Barmelweid. Gleichzeitig wurde aus Lärmschutzgründen die Stilllegung des 300-Meter-Schiessstandes im Schachen, den das Militär mitbenützte, verlangt. Kanton und Bund resignierten. Das Eidgenössische Militärdepartement kündigte an, die Infanterieschulen Aarau auf Ende 1974 aufzuheben. Die Existenz des Waffenplatzes stand auf des Messers Schneide.

Die Wende «fünf vor zwölf»

Wieder sorgte ein Vorstoss im Grossen Rat, wie 1955, für einen politischen Ruck: Der Aarauer Anwalt Urs Peter Frey, späterer Oberrichter, forderte 1973 die Regierung auf, alles für die Erhaltung der militärischen Ausbildung in der Kantonshauptstadt zu tun. Rasch wurde klar, dass die Rettung nur noch im Kasernenum- und -ausbau am bisherigen Standort liegen konnte. Vier kantonale Militärdirektoren – die Regierungsräte Ernst Bachmann, Ernst Schwarz, Leo Weber und Hans Jörg Huber – hatten versucht, den gordischen Knoten zu lösen. Dem Letzten gelang es: Am 13. No-

An der Einweihung der renovierten Kaserne, am 21. Mai 1982, schritten der damalige aargauische Militärdirektor, Regierungsrat Hans Jörg Huber, und der Ausbildungschef der Armee, Korpskommandant Roger Mabillard, die Rekruten-Ehrenkompanie ab.

**Die Rückkehr des EMD-Chefs
G. A. Chevallaz nach Aarau**

Bundesrat Georges André Chevallaz erinnerte sich als Vorsteher des Eidgenössischen Militärdepartementes bei der Einweihung der umgebauten Infanteriekaserne im Mai 1982 sehr gut daran, wie er 1935 als Rekrut in Aarau den Minenwerferkarren von der Kaserne in den Schachen und zurück ziehen half – «dies alles im Laufschritt und zum Gebrüll des Korporals». Seine Moral sei damals auf dem Nullpunkt gewesen, erzählte der charmante Waadtländer, und er hätte jenen sicher zum Teufel geschickt, der ihm vorausgesagt hätte, dass er 47 Jahre später das EMD führen und in dieser Eigenschaft die komfortabel gewordene Kaserne einweihen würde. In jenen düsteren Rekrutenwochen habe ihn jedoch ein Tag in der Küche mit dem Militär versöhnt: «In der finsteren, feuchtwarmen Küche, die Arme im lauwarmen Wasser, fand ich vor den dampfenden Kochkesseln die Heiterkeit wieder.»

Linke Seite: Die Kasernenbauten nach Abschluss der Renovationsphase Ende der Achtzigerjahre.

vember 1979 genehmigte der Grosse Rat mit 139 zu 0 Stimmen das vom Regierungsrat vorgelegte Konzept über die Renovation und den Ausbau des Infanteriewaffenplatzes. Ebenso einmütig stimmte er dem Projekt für die Umbauten sowie dem Vorprojekt über die vorgesehenen Neubauten zu. Die Kosten des ganzen Ausbaus wurden für den Kanton auf 23,1 Mio. Franken veranschlagt. Im Kasernenareal war jetzt Platz genug vorhanden, denn 1972 war die Kavallerie abgeschafft worden. Es gab in Aarau keine Rekruten- und Unteroffiziersschulen der Leichten Truppen mehr. Zwei Kasernen wurden frei, die ehemaligen Stallungen konnten abgerissen werden. Vom Kasernenareal hoffte man einen Drittel für die zivile Nutzung freigeben zu können.

Die Sanierung wickelte sich in vier Etappen ab. Als Erstes kam die Infanteriekaserne an die Reihe. Dieses Mal wurde sie – nicht wie bei den stecken gebliebenen Plänen von 1912, 1922, 1934 und 1953 – gründlich umgebaut und mit Zusatzbauten für Ausbildungs- und Freizeitbedürfnisse ergänzt. Entgegen den ursprünglichen Annahmen erwies sich die Erstellung der neuen Mannschaftsunterkünfte in den alten Mauern als zweckmässige Lösung. Es herrschte allgemeines Erstaunen, was aus dem «alten Kasten» herauszuholen war. Auch das General-Herzog-Haus, einst Kornhaus und dann Zeughaus, zeigte sich der weiteren Umwandlung in eine moderne Militärküche und in rustikale Esssäle – die heute sogar als öffentliches Restaurant zugänglich sind – gewachsen. Bei der Einweihung der gelungenen ersten Umbauetappe am 24. Mai 1982 fragte niemand mehr, ob es richtig war, die Kaserne am alten Standort, 300 Schritte vom Bahnhof entfernt, zu erhalten und hier,

mitten in der Stadt, quasi unter den Augen der Bevölkerung, weiterhin Bürger in Uniform zu Soldaten auszubilden.

In weiteren Bauetappen entstanden ein neues Lehrgebäude mit einer Dienstwohnung, eine Mehrzweckhalle sowie ein Motorwagendienstgebäude mit Magazinen. Nach dem Umzug des Kommandos der Felddivision 5 ins Säulenhaus an der Laurenzenvorstadt wurde das Fleinergut zu einem Kommandogebäude für die Aarauer Infanterie-Rekrutenschulen umgebaut. Von 18 Gebäuden auf dem Kasernenareal wurden 15 abgebrochen. Auch das 1904 erstellte Offiziershaus war zum Abbruch vorgesehen. Doch nach der Auffrischung der Kaserne und des General-Herzog-Hauses zeigte sich erst recht, dass es in die Häuserzeile der Laurenzenvorstadt gehört. Zudem wurde das Gebäude für die Ausbildung der Rekrutenspiele gebraucht. Es erhielt den Namen Trompeterhaus. Der Kanton liess es in Zusammenarbeit mit dem Bund als zusätzliches Sanierungsobjekt instand stellen. Danach war es für die Funktion als Ausbildungszentrum der Militärmusik bereit. Seine Einweihung, Anfang 1996, bildete den geglückten Abschluss der Kasernensanierung. Die Planungs- und Baukommission für die Sanierung und den Ausbau arbeitete unter der Leitung des Chefs der Militärverwaltung, Richard Widmer, unterstützt durch die Kanonsbaumeister Heinrich Huber und Fritz Althaus sowie Zeughaus- und Waffenplatzverwalter Willy Urech. In diesem Zeitraum investierten Bund und Kanton insgesamt 45,5 Mio. Franken in den Waffenplatz, 31,1 Mio. trug der Kanton und 14,4 Mio. steuerte der Bund bei. Die Investitionen des Kantons werden vom Bund teilweise verzinst und amortisiert.

Rapport über die Folgen eines «Abreagierens»

Wenn in der Kaserne ausserordentliche Schäden entstehen, muss der Sachverhalt in einem Rapport festgehalten werden. Meistens haben die Verursacher den Hergang selber zu begründen. Das tönt dann manchmal heiter bis komisch. In einer solchen Notiz fasste ein Rekrut 1993 einen Vorfall kurz und bündig zusammen: «Nach dem Befehl von Lt Abegglen, ich solle mich abreagieren, ging ich ins Zimmer und schlug das Kästchen ein».

Das Offiziershaus wurde entgegen den ursprünglichen Plänen nicht abgebrochen, sondern 1995 mit viel Charme renoviert und als Trompeterhaus zum Sitz des Kompetenzzentrums Militärmusik gemacht.

172

Von der Militärkantine zum Restaurant «Viva»

Aarau als Garnisonsstadt beherbergt, seit die Kaserne 1849 an der Laurenzenvorstadt in Betrieb genommen wurde, auch eine Militärkantine. Der erste Kantinenwirt war ein Kavallerie-Oberstleutnant Gottlieb Zehnder, der unter anderm durchsetzte, dass die Wände mit Tapeten ausgekleidet wurden, obwohl damit eine Pachtzinserhöhung verbunden war. Elf Nachfolger waren danach für das Wohl unzähliger Offiziere, Unteroffiziere und Soldaten sowie einer nicht unbeträchtlichen zivilen Kundschaft besorgt. Mit der Renovation und dem Ausbau der Kasernenanlagen in den Achtzigerjahren ergaben sich auch für die Militärkantine entscheidende Veränderungen. Die alten, nicht mehr ehrwürdigen Mauern wurden gesprengt und die Kantine in den zweiten Stock des General-Herzog-Hauses verlegt. Seit 1984 bewirten Käthy und Walter Kyburz die Gäste in der Militärkantine, die seit ein paar Jahren «Restaurant Viva» heisst.

Aarau als Ausbildungsort der Durchdiener und Kompetenzzentrum Militärmusik

Nach diesem Effort schien die Existenz des Infanteriewaffenplatzes auf Jahre hinaus gesichert. Doch die aus der Armeereform 95 resultierende Bestandesreduktion, namentlich bei der Kampfinfanterie, und ihre Umlagerung Richtung Schutzinfanterie sowie die Perspektiven der Armee XXI stellten Zahl und Ausbildungsschwerpunkte der Waffenplätze generell und die Zukunft der Militäranstalten Aarau speziell infrage. In der Nordwestschweiz schien ein Infanteriewaffenplatz zu genügen. Darum war zu befürchten, dass sich der Territorialinfanterie-Platz Liestal und der Kampfinfanterie-Waffenplatz Aarau in die Quere kommen könnten. Um Aarau kreisten 1997 Gerüchte als reduzierter neuer Ausbildungsort für höhere Unteroffiziere. Erwiesen sich die seit 1982 getätigten grossen Investitionen in den Hauptausbildungsort der Infanterie plötzlich als vergeblich? Die Sanierung der Kaserne Liestal kam Aarau zu Hilfe: Vorübergehend wurde die dortige Territorialinfanterie-Rekrutenschule nach Aarau verlegt. Die traditionsreiche Infanterie-Rekrutenschule 5/205 verabschiedete sich am 19. Oktober 2001 mit einem Vorbeimarsch von der Aargauer Kantonshauptstadt.

Die Truppenkantine im stilvollen General-Herzog-Haus auf dem Kasernenareal ist auch ein öffentlich zugängliches Restaurant.

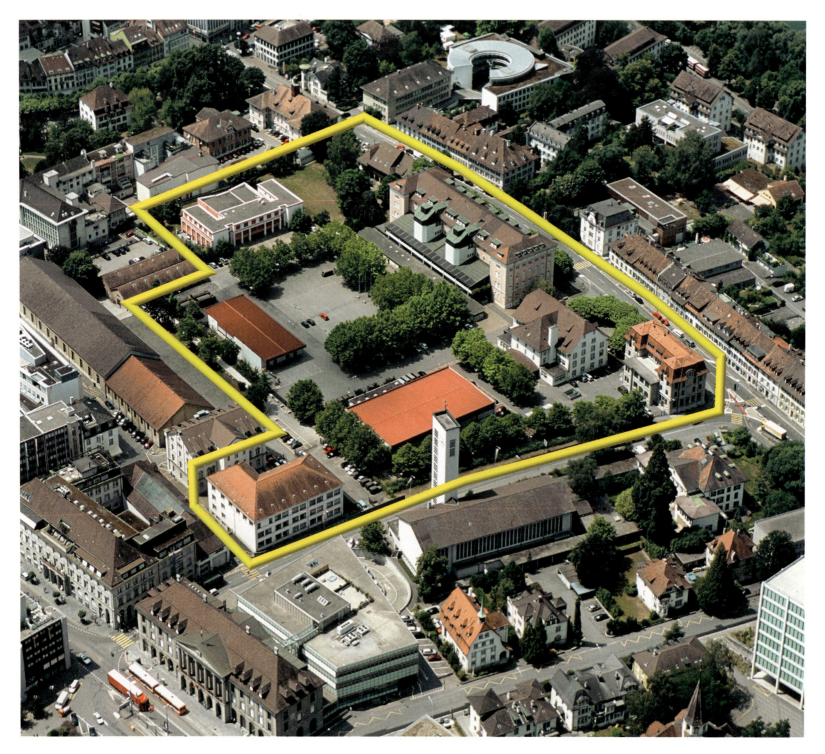

Linke Seite: Das Kasernenareal mitten in der Stadt Aarau. Die Umrandung markiert die heute militärisch genutzten Gebäude und Flächen.

Aus den Konturen der Armeereform schälte sich indes eine neue Form der Ausbildung und Dienstleistung heraus: Das Durchdiener-Konzept – die Möglichkeit, die neue 21-wöchige Rekrutenschule und die nachfolgenden Wiederholungskurse in einem Zug zu absolvieren. Dafür waren gute überregionale Ausbildungszentren gefragt. Hier konnte der Waffenplatz Aarau Trümpfe ausspielen: Seine zentrale Lage im Dreieck Basel-Bern-Zürich, die für die Truppe angenehme Unterkunft mitten in der Stadt und, vor allem, gesicherte Übungsanlagen. Sie bestanden aus dem Kasernenkomplex mit Lehrgebäude, dem Schiessplatz Gehren und dem Übungsplatz

Schachen, aus der 1993 erstellten Regionalen Schiessanlage «Lostorf» Buchs mit ausgezeichneten Schiesstrainingsmöglichkeiten sowie der 2001 erweiterten, musterhaften Ortskampfanlage Eiken. Dank diesen guten Voraussetzungen bekam Aarau die neue Durchdiener-Rekrutenschule 14 zugeteilt. Mit ihrem Start Anfang März 2004 und dem neuen Kompetenzzentrum Militärmusik für die Ausbildung aller Rekruten, Gruppenführer und Offiziere begann ein weiteres Kapitel in der langen und bewegten Geschichte des Waffenplatzes Aarau.

Auf dem Dach der Infanteriekaserne, hoch über der Laurenzenvorstadt, halten alte Kanonen Wache. Sie sind Zeichen der Beharrlichkeit und Festigkeit in der langen und bewegten Geschichte des Aarauer Waffenplatzes.

Die Stadt Aarau, der Waffenplatz und das Zeughaus

**Dr. Marcel Guignard,
Stadtammann, Aarau**

Wehrhafte Städte mit Türmen und Toren hatten schon immer einen Ort, in dem Waffen und Harnische aufbewahrt wurden, so weit die reisigen Bürger (das heisst die im Auszug Pflichtigen) diese nicht zu Hause in Bereitschaft hielten. Die Rede ist hier indessen vom Kantonalen Zeughaus neuerer Prägung. Wirtschaftlich war es zum Beispiel sicherlich für die Eigentümer und die Stadt Aarau günstig, dass Bund und Kanton die Gebäude der ehemaligen Internationalen Gesellschaft für Bergbahnen als Zeughaus übernahmen, nachdem die Gesellschaft im letzten Viertel des 19. Jahrhunderts hatte schliessen müssen (später verkaufte der Kanton seinen Anteil am Zeughaus südlich der Rohrerstrasse an den Bund). Insbesondere im frühen 19. Jahrhundert waren die Militäreinrichtungen von nicht zu unterschätzender wirtschaftlicher Bedeutung für Handel und Gewerbe der Stadt, und auch die Stadtkasse profitierte dank dem von der Eidgenossenschaft bezahlten Pachtzins für den Schachen.

Aber darüber hinaus war und ist das Zeughaus auch als solider, wenn auch für die Stadt Aarau nicht überaus bedeutender Arbeitgeber bekannt. Spezialisierte Handwerker und Magaziner waren und sind mit Unterhalt und Reparatur des eingelagerten Materials beschäftigt. Früher unterhielt das Zeughaus auch eine ganze Reihe von Heimarbeiterinnen und Heimarbeitern weit herum. Diese waren hauptsächlich mit der Anfertigung von Uniformen und Uniformteilen beschäftigt.

Das Zeughaus muss man indessen im Kontext des ganzen Waffenplatzes sehen, und dieser war und ist, wie gesagt, erstens politisch und zweitens wirtschaftlich nicht uninteressant. Der Waffenplatz ist nämlich für den Kanton Aargau – welcher bekanntlich ohne eindeutiges Zentrum ist – ein wichtiger Integrationsfaktor; Mann – und seit etwa 1990 auch Frau – lernt so den Kantonshauptort besser kennen, als nur von flüchtigem Besuch her. Und viele kommen dann gerne wieder.

Es stehen bei der wirtschaftlichen Bewertung nicht nur die angebotenen Arbeitsplätze im Vordergrund, sondern auch der Waffenplatz als Bezüger von Waren und Leistungen. Dazu kommen natürlich all die Franken, welche die Rekruten, Unteroffiziere und Offiziere in der Freizeit in Gaststätten und Läden ausgeben. In Aarau war der Waffenplatz meistens wohlgelitten. Das zeigte sich auch darin, dass dem Verbleib der Kaserne mitten in der Stadt seinerzeit kaum grosse Opposition erwachsen ist.

Die Bedeutung des Waffenplatzes Aarau ist indessen seit dem Zweiten Weltkrieg langsam, aber sicher etwas zurückgegangen. Schon die Abschaffung der Kavallerie im Jahre 1972 stellte einen Einschnitt dar. Mit der

Seit Aarau Garnisonsstadt war, stellte sie der Infanterie, der Kavallerie und eine Zeitlang der Artillerie ihren Schachen zur Verfügung. Der Schachen war allezeit Naherholungsgebiet und Austragungsort grosser Anlässe. Im Ersten Weltkrieg diente er als Flugplatz. Bei den auf dieser Aufnahme von 1939 sichtbaren Ringen handelt es sich um Volten der Kavallerie.

Einführung der Armee XXI und der Neuorganisation der Infanterie-Ausbildung hat sich dieser Trend eher fortgesetzt. Gefreut haben sich die Aarauerinnen und Aarauer, dass dem Waffenplatz nicht nur sein Spiel erhalten geblieben ist, sondern dass auch das Kompetenzzentrum der Militärmusik in Aarau eine Heimat gefunden hat.

Auffällig ist, wie sich die Erscheinung der Armee in den Strassen der Stadt gewandelt hat. Bis 1972 gehörte es in Aarau während der Rekrutenschulen zum täglichen Spektakel, die Kavallerieschwadronen zu Übungen ausreiten zu sehen. Und noch bis vor etwa 20 Jahren zog auch das Rekrutenspiel mit klingendem Spiel durch die Stadt in den Schachen zu

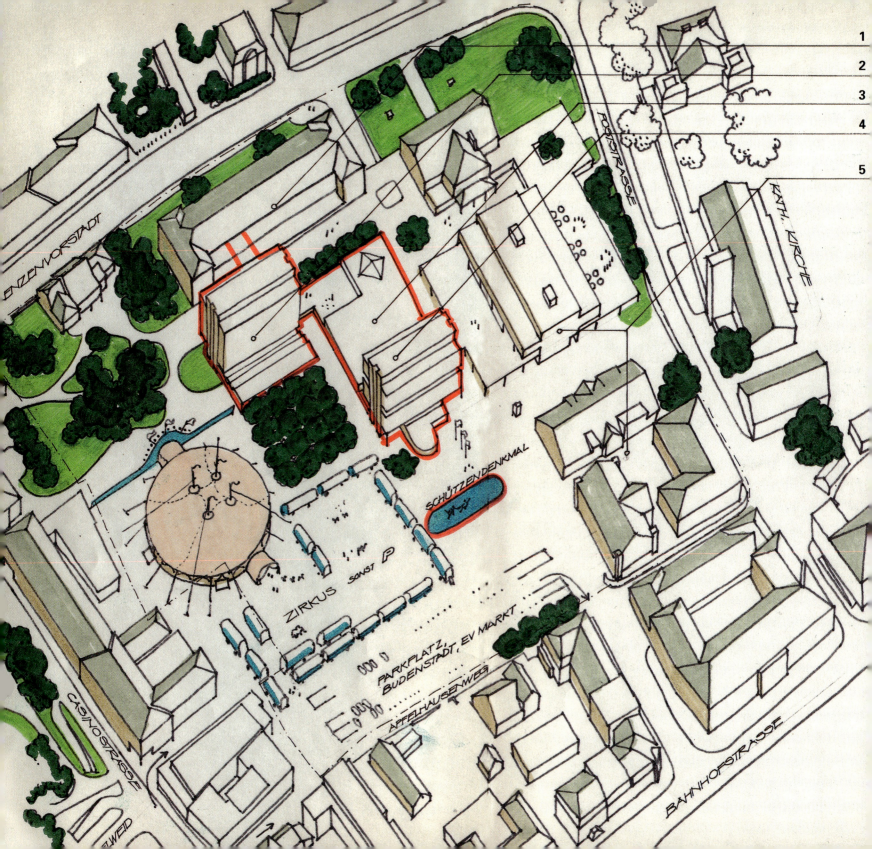

1

2

3

4

5

ENZENVORSTADT

FORSTRASSE

KATH. KIRCHE

SCHÜTZENDENKMAL

ZIRKUS SONST P

PARKPLATZ,
BUDENSTADT, EV MARKT

APFELHAUSENWEG

CASINOSTRASSE

BAHNHOFSTRASSE

WEID

seinen Freiluftübungen. Auch die Infanterie marschierte noch lange Zeit in Viererkolonne und in strammem Marschschritt durch die Stadt. Das Bild der zwischen Zeughaus und Kaserne zum Fassen beziehungsweise Abgeben der militärischen Ausrüstung hin und her pendelnden Kolonnen von Wehrmännern sieht man ebenfalls seltener: Das Material wird oft motorisiert zwischen den beiden Standorten an der Laurenzenvorstadt und der Rohrerstrasse verschoben. Bei schönem Wetter fanden sich gelegentlich auch «alte Kameraden» – Pensionierte – im Schachen ein, um die Übungen der Rekruten fachmännisch zu begutachten. Heute tritt die Armee praktisch nur noch motorisiert oder im «Ausgang» im Strassenbild in Erscheinung. Vielleicht nimmt auch deshalb die Bedeutung des Waffenplatzes in den Köpfen der Bevölkerung eher ab.

So ist nicht verwunderlich, wenn zunehmend konstatiert wurde, dass Kasernenareal und Zeughausgebäude im Weichbild der Stadt Aarau ziemlich viel Platz beanspruchen. Vor einiger Zeit war bereits die Rede davon, dass zumindest der südliche Teil des Kasernenareals in einen «zivilen Schild» überführt werden könnte, und es wurden verschiedentlich Überlegungen angestellt, wie dieser Platz urban genutzt werden könnte. Inzwischen wird dieses Areal, auf welchem u.a. noch die alte Reithalle steht, vorwiegend zivil genutzt. Und in allerjüngster Zeit sind sogar Stimmen laut geworden, welche das ganze Kasernenareal einer zivilen Nutzung zuführen möchten.

Im Wissen darum, dass derzeit beim Bund gesamtschweizerische Planungen im Bereich der Ausbildung (unter anderem Waffenplätze und Kasernenareale) anstehen, deren Resultate offen sind, kommen daher auch die Behörden in Aarau nicht umhin, sich näher mit der Frage zu befassen, wie allenfalls frei werdende militärische Areale anderweitig und mit adäquater Wertschöpfung genutzt werden könnten. Aarau steht indessen seinen Soldaten nach wie vor positiv gegenüber. In einer Stadt wie Aarau mit einem relativ kleinen Gemeindebann, dessen Baugebiet weitgehend ausgeschöpft ist, drängen sich allerdings in eine weitere Zukunft reichende Überlegungen auf – insbesondere, wenn die Militärbauten infolge der Verkleinerung der Armee extensiver genutzt werden.

Zusammenfassend darf also festgestellt werden, dass das Zeughaus und der Waffenplatz die Stadt bis heute in vielerlei Hinsicht prägen und einen beachtlichen Wirtschaftsfaktor darstellen. Die Zeit steht indessen nicht still, und die Zukunft dieser militärischen Einrichtungen beziehungsweise deren Areale wird stark abhängig sein vom künftigen Kurs der Armee.

An der Gehren
kleben mehr
als Erinnerungen

Der kürzeste Weg
zur Lösung eines Strassenproblems

Staatsbannwart Karl Anton Schmid war 1898 mit der allgemeinen Aufsicht über den Schiessplatz Gehren beauftragt. Bei ihm wurde reklamiert, die Strasse vom Rombachtäli Richtung Schiessplatz sei kaum mehr benützbar, weil die Böschungen nach der Erstellung von Strassengräben abrutschten. Der Bannwart fackelte nicht lange, liess das für die Gehren-Verwaltung verantwortliche Kreisforstamt 4 und die für den Truppendienst zuständige Militärdirektion links liegen und wandte sich direkt und schriftlich an den Baudirektor mit der Bitte um einen «Augenschein heute Nachmittag oder morgen, weil ich die Schäden nicht ohne neue Befehle von Ihnen beheben möchte».

Der Truppenschiessplatz
im Aargauer Jura

«Die Gehren»: Generationen von Aargauer Wehrpflichtigen kennen dieses Wort. Sie wissen auf Anhieb, wer damit gemeint ist – der Truppenschiessplatz in der Juralandschaft zwischen Erlinsbach und Küttigen. In die Soldatenseele kerbte dieses Gebiet eh und je drei Begriffe ein: Marschieren, Exerzieren, Putzen. Die ersten Gehrentage in der Rekrutenschule machten einen nudelfertig, bis man an die Fussdistanz von der Kaserne zum Schiessplatz gewöhnt war. Aber die anfänglichen Strapazen erwiesen sich als hervorragendes Konditionstraining: Bald halbierte sich die anfänglich einstündige Marschzeit, und die Verschnaufpause am Stutz im Rombachtäli war nicht mehr nötig. Der Rückmarsch wurde in der Vorfreude auf das Hauptverlesen und den abendlichen Ausgang sowieso rascher und ohne Zwischenhalt bewältigt, obschon man bei feuchtem Wetter mit zusätzlicher Last zurückkam. Denn an Schuhen und Kleidern klebte der berüchtigte Gehrendreck. Er war das beste Mittel, mit dem einem der Feldweibel das gründliche Putzen beibrachte. Der Schiessplatz hatte auch seine lauschigen Ecken. Zum Glück kaufte der Staat nicht nur offene Parzellen, bis das Übungsgelände über 90 Hektaren gross war, sondern auch etliche Waldgrundstücke. Diesen schattigen Teil schätzte jeder und hier exerzierte man, wenn im Talkessel und am Gegenhang mit schwerem Geschütz geschossen wurde. Gelegentlich konnte man sich da sogar ein wenig verstecken oder «verschlaufen», wie man es nannte.

Wie das bewegte Schicksal der Kaserne mitten in der Stadt ist auch die Geschichte des entlegeneren Schiessplatzes von vielen Facetten, Hindernissen und Wendungen geprägt. Die Mehrzahl der im Zeughausestrich archivierten Schriftstücke über die Gehren handelt nicht von reinen militärischen Bedürfnissen, sondern von hundert anderen Dingen wie Landkäufen und Enteignungsverfahren, Strassenunterhalt und Wegrechten, Flurschäden, Entwässerungen, Gebäudesanierungen und unendlich vielen Absprachen, gelegentlich auch Kontroversen mit Pächtern und Wirten, die sich auf dem Übungsgelände um die Pflege des Landes und das leibliche Wohl der Wehrmänner bemühten. Militärdirektion und Zeughausverwaltung wurden mit land- und forstwirtschaftlichen Problemen konfrontiert. Laufend hatten sie auch mit dem Oberkriegskommissariat zu tun. Denn wenn der Kanton den Schiessplatz wieder um ein paar Aren oder Hektaren erweitern konnte – was Dutzend Mal geschah –, waren die Mietzinse neu zu regeln. Gehren-Geschäfte lagen wiederholt auch auf dem Tisch von Regierungsrat und Grossem Rat, Eidgenössischem Militärdepartement und Bundesrat.

Der Schiessplatz Gehren umfasst eine Fläche von über 91 Hektaren offenes Gelände und Wald. Im Gelände sind Schiessanlagen für verschiedene Distanzen und Waffen sowie Truppenübungsplätze verteilt; ferner sieht man auf dem Bild das Mehrzweckgebäude und das Restaurant Waldhaus (links vorne), dahinter den landwirtschaftlichen Pächterhof und weiter oben Scheune und Scheibenmagazin des Gehöftes Roggiswil. Links vom Schiessplatz liegt die Gemeinde Erlinsbach, rechts Küttigen.

«Gruss vom Militär-Schiessplatz Gehren». Auf den Ausschnitten dieser 1903 abgestempelten Postkarte sind das Waldhaus («Schanz») und ein Aussichts-Pavillon dargestellt.

Parzelle um Parzelle zusammengekauft

Die Einführung wirksamerer Waffen mit grösserer Schussdistanz in der 1874 neu formierten Schweizer Armee bedingte bessere Kugelfänge für das Schul-Schiessen. Diesen Ansprüchen genügte der Aarauer Schachen, das anfängliche Übungsgelände für Flach- und Bogenschusswaffen, immer weniger. Fehlschüsse verletzten sogar Zivilisten in der Umgebung. Die Stadt Aarau und der Kanton sahen sich darum nach einem geeigneteren Gefechtsschiessplatz um. Nicht zufällig stiessen sie auf die Gehren. Dort schien seit Jahrzehnten eine Geschützanlage vorhanden zu sein. Jedenfalls vermerkte Samuel Kyburz, Feldmesser von Erlinsbach (vereidigter Geometer), in einem im «Septembris Anno 1827» aufgenommenen Plan im Gebiet Gehren eine «Schanz» für vier Geschütze. Die Erdwälle befanden sich im Bereich des heutigen Gehren-Restaurants, das im Volksmund noch als Schanz bezeichnet wird. Ein eigentliches abgegrenztes Schiessgelände gab es damals nicht. Die Existenz des Schiessplatzes begann 1882, als 47 Grundeigentümer von Erlinsbach dem Staat Aargau in der Gehren 7,68 Hektaren Land für 20 Rp./m² verkauften. Auf dem Areal wurde gleichzeitig eine Zeigerhütte erstellt. Die Schweizerische Eidgenossenschaft und der Kanton Aargau regelten die Nutzung in einem Vertrag. Der Bund entrichtete «alljährlich im Laufe des Monats Dezember» für das Gelände 360 Franken, «zahlbar an das Kantonskriegskommissariat».

Aus Sicherheitsgründen musste die Schusslinie bald verlängert und der Schiessplatz darum vergrössert werden. 1894 erwarb der Kanton eine weitere Fläche von 21,4 Hektaren für 28 Rp./m². Die kleinen, nicht arrondierten, kaum erschlossenen Parzellen, auf denen vielfach Dienstbarkeiten wie Fahr-, Schlepp- und Holzweg- oder Quellrechte eingetragen waren, erschwerten die Erweiterung des Übungsgeländes. Jedenfalls gaben die Handänderungen auch der federführenden Urkundsperson – das war meistens der langjährige Gemeindeschreiber von Erlinsbach – und dem Grundbuchamt viel Arbeit. Da sich bei den Grundstücken noch etwas Wald befand, kam die Regierung auf die Idee, zunächst dem Kreisforstamt IV die Verwaltung über die land- und forstwirtschaftliche Nutzung des Schiessplatzgebietes, samt Wegunterhalt und dergleichen, zu übertragen. Die Zeughausdirektion betreute die militärischen Belange. So tangierten Gehren-Vorlagen zeitweise die Kompetenzbereiche dreier Departemente: Der Direktion des Innern (Forstwesen), der Baudirektion (Strassen) und der Militärdirektion. Kreisoberförster Heusler hatte es mit seiner Aufgabe nicht leicht. Viele Details hielten ihn in Trab. Hin und wieder gab es sogar Gerichtssachen. Er und sein Nachfolger Brunnhofer sahen Aufwand und Nutzen ihrer Tätigkeit in einem Missverhältnis: «Die Gehrenverwaltung gibt mehr Arbeit als der grösste Staatswald». 1895 ersuchte beispielsweise Pächter Karl Anton Schmid um eine Pachtzinsstundung, weil er das Heu und Emd des Vorjahres, 300 bis 400 Zentner, nicht verkaufen konnte, vier bis fünf Jucharten Wiesen für Kugelfänge hergeben musste und das Gras von den Zeigern zertrampelt sah. Er habe zudem 25 Obstbäume durch Schussschäden verloren und sei von einem Unwetter betroffen worden. Man erliess ihm für zwei Jahre die Hälfte des Pachtzinses, je 500 Franken. Ein

Landankäufe in der Gehren im Jahre 1898.

Kauf N°	Name.	Wohnort	Hect.	Aren.
	Freiwillige Käufe.			
825	Sam. Lüthi „Knopp, Landwirt	Erlinsbach	–	41,52
826	Joh. Dubs , Fuhrmann	Küttigen	–	16,82
827	Joh. Graf	"	–	8,32
828	Joh. Weberli	"	–	8,21
829	Rud. Haller, Mechaniker & Wirthschafte	Ob. Erlinsbach	1	20,86
880	Jh. Dubs Bäcker	Küttigen	–	15,20
881	Joh. Birches, Dubs, Rudolfs	"	–	12,20
882	Wernli geb. Schmid "	Ob. Erlinsbach	–	11,36
	Expropriirte Erwerbungen.			
1.	Gebr. Dubs , Müller	Aarau	–	24,21
2.	Herm. Schmid , Postbote	Erlinsbach		0,15
3.	Gottfrid. Schmid , Steinbrecher	"		8.45
4.	Gottl. Schmid , Mechaniker	"		10,20
5.	Wͤ͞ Schmid ,	"		11,36
6.	Rud. Kyburz Z'mann	"		22,21
7.	Wͤ͞ Bächler	"		24,16
8.	Andreas Schmid „Graf	"		214,02
9.	Jh. Schmid , Weberli , Glaser	"		49,62
10	Joh. Bodmer, Z'mann	"		18,24
11	Hunziker, Kleiner	Aarau	1	48,12
	Fertigung vom 4. Novb. 1898. Freiwillige Käufe.			
907	Wͤ͞ Elisabeth Kyburz geb: Brunel	Erlinsbach	–	14,68
908	Joh. Kyburz , Linus	"		
	Wohnhaus N° 94 im Selbach			
	" " 95 in Roggiswyl			
	Umgelände		6	40,61
	Summa		44	27,83

1898 erweiterte der Kanton die «Staatsdomäne Gehren» bedeutend, entweder durch freihändigen Landkauf oder durch Expropriation (Enteignung).

Für den Unterhalt des Schiessplatzes Gehren war längere Zeit das Kreisforstamt 4 zuständig. Strassenarbeiten wurden im Akkord vergeben.

Keine Auswahl bei der Kiesfuhre

Für das Bekiesen der Gehrenstrasse suchte Kreisoberförster Brunnhofer 1919 Fuhrleute, Pferde und Arbeiter. Niemand meldete sich. Deshalb wurde der Auftrag im Akkord ausgeschrieben. Gehren-Bannwart Karl Roth empfahl den einheimischen Fuhrhalter Heinrich Frey, zur Mühle, für den Kiestransport ab Grube zu 16 Fr./m³, aufladen inbegriffen. «Ich muss wohl oder übel mit der Offerte einverstanden sein, aber man hätte auch noch Fuhrmann Hochuli in Küttigen und Bäcker Blattner daselbst anfragen können», monierte Brunnhofer. Gereizt machte er zur Bedingung: «Frey hat die Fuhren alle selbst zu besorgen. Ich dulde nicht, dass ein anderer Fuhrmann mitwirkt, sonst zahle ich bloss 10 Franken die Fuhre. Beim Aufladen muss Frey alles selbst besorgen. Man rüste einen genügenden Haufen und bezeichne ihm die Stelle, wie das Kies abgelagert werden muss.»

Rechte Seite: Der Katasterplan von 1901 über die «Staatsdomäne Gehren» wies bereits eine Fläche von über 42 Hektaren auf. Sie war aus vielen kleinen Parzellen zusammengekauft worden.

andermal wollte ein Landbesitzer die Gebühr für ein Fahrwegrecht von fünf auf drei Franken reduziert haben. Entnervt von den Umtrieben, den unscharfen Kompetenzabgrenzungen und Doppelspurigkeiten – «niemand weiss, wer in der Gehren Meister ist» – schlug der Kreisoberförster vor, die Verwaltung ganz in militärische Hand zu legen.

Viel Aufwand um Trinkwasser- und Stromversorgung

1898 erweiterte der Kanton auf Wunsch des Eidgenössischen Militärdepartementes den Schiessplatz erneut um 10,29 Hektaren. Das dazu notwendige Land wurde verschiedenen Eigentümern abgekauft. Wer dazu nicht freiwillig bereit war, wurde in einem Enteignungsverfahren zum Verkauf gezwungen. Mit dem Erlinsbacher Landwirt Johann Kyburz, der die in den Schiessplatzperimeter gerückten Höfe Roggiswil und Selbach bewirtschaftete, wurde ein Pachtvertrag abgeschlossen. Der Bund erstellte auf eigene Kosten gegenüber den Gebäuden des Pächters Sicherheitsblenden und erhöhte die Jahresmiete auf 5400 Franken. Am 18. August 1898 schlossen Bund und Kanton einen zweiten Schiessplatzvertrag ab. Er legte ein Servitut auf das Übungsgelände, «dass hier beliebig exerziert und manövriert werden darf». In einem Zusatzvertrag von 1907 verpflichtete sich der Kanton, die Quelle zwischen Schiess- und Scheibenstand zu fassen und das Wasser in zwei Brunnen zu leiten. An die Kosten von 3200 Franken zahlte der Bund die Hälfte. Das wurde im Vertrag ausdrücklich vermerkt, damit der Aargau auch wirklich nur für seinen

eigenen Kostenanteil Zins verlangte. Rudolf Hunziker löste 1909 Pächter Kyburz ab. Es wurden ihm 31 Hektaren Gehrenland für 800 Franken Pachtzins anvertraut. Die mittlerweile 11 Hektaren grosse Waldfläche bewirtschaftete der Kanton.

Die Häuser Roggiswil und Selbach benützte man auch als Scheibenmagazin. Nach Hunzikers Tod führte seine Witwe die Höfe bis 1920 weiter. Sie bat 1919 um die Einrichtung des elektrischen Lichts. Der Militärdirektor lehnte die Investition ab, weil sie «nur dem Pächter, aber nicht dem Schiessplatz nützt». Diese Haltung erzürnte den Gemeinderat Erlinsbach. Er schrieb dem Regierungsrat: «Heute geniesst schon der letzte Proletarier in den primitivsten Verhältnissen im entlegensten Talwinkel den Segen der elektrischen Lichteinrichtung.» Dem nächsten Pächter Fritz Lüthi-Roth wurde das Elektrische anstandslos bewilligt, denn er benötigte Strom für landwirtschaftliche Maschinen. Ihm machte indes 1922 das Trinkwasser Sorgen. Die Zuleitung im Selbach war verunreinigt.

Schon 1918 hatte die Sanitätsdirektion bei Emil Erb im Gehren-Restaurant «Schanz» chemisch und bakteriologisch sehr schlechtes Trinkwasser festgestellt. Er behauptete, der Staat habe seine Quellfassung bei Bauarbeiten verschmutzt. Der Regierungsrat lehnte jede Haftung ab. Als der Kanton die Wasserversorgung auf dem Schiessplatz 1935 mit neuer Fassung, Brunnstube und Reservoir gründlich sanierte, wurde der Anschluss der Wirtschaft Erb erwogen. Die Verhandlungen scheiterten an der schroffen Haltung des Wirts. Hierauf verbot der Schulkommandant aus hygienischen Gründen Rekruten und Kadern den Besuch der Gehrenbeiz.

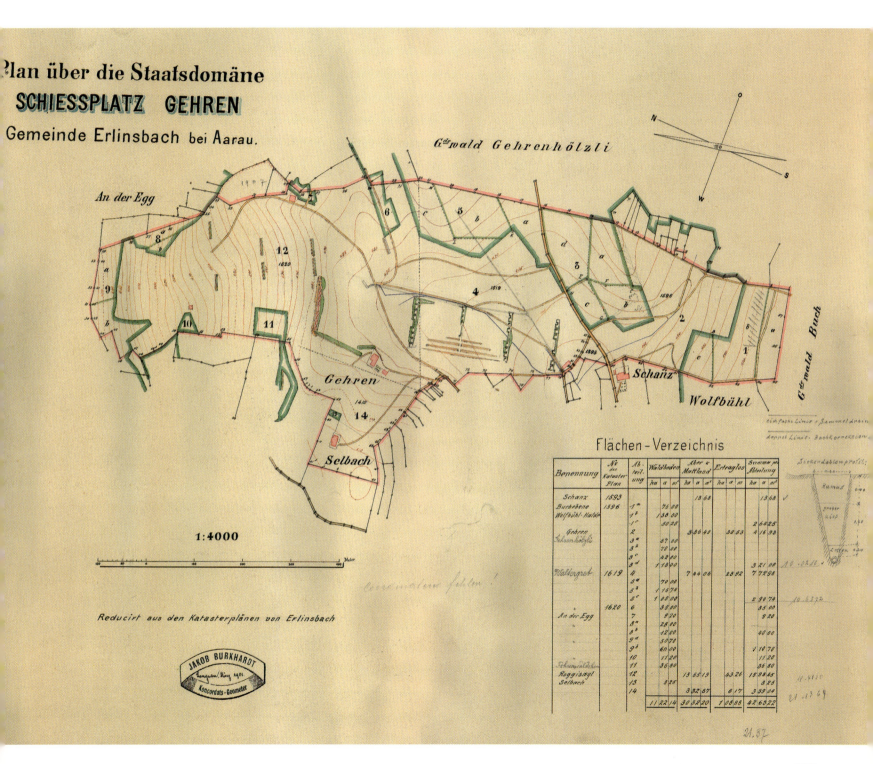

Plan über die Staatsdomäne

SCHIESSPLATZ GEHREN

Gemeinde Erlinsbach bei Aarau.

An der Egg

G.^{de} wald Gehrenhölzli

G.^{de} wald Buch

1:4000

Reducirt aus den Katasterplänen von Erlinsbach

JAKOB BURKHARDT
Koncordats-Geometer

Flächen-Verzeichnis

Benennung	N.^o des Kataster Plan	Ab- teil- ung	Waldboden ha a m²	Aker u. Mattland ha a m²	Ertraglos ha a m²	Summe pr. Abteilung ha a m²
Schanz	1593	1ª		13 68		13 68
Buchebene	1596	1ᵇ	76 00			
Wolfbühl-Halde		1ᶜ	138 00			2 64 25
			50 25			
Gehren		2	3 86 40		30 53	4 16 93
Gehrenhölzli		3ª	57 00			
		3ᵇ	78 00			
		3ᶜ	42 00			
		3ᵈ	1 13 00			3 21 00
Waltergrab	1619	4		7 44 06	28 92	7 72 98
		5ª	70 00			
		5ᵇ	1 15 74			
		5ᶜ	1 05 00			2 90 74
	1620	6	35 00			35 00
An der Egg		7	9 20			9 20
		8ª	28 00			
		8ᵇ	12 00			40 00
		9ª	50 74			
		9ᵇ	60 00			1 10 70
		10	11 20			11 20
		11	36 80			36 80
Schanzwäldchen		12		15 55 19	43 26	15 98 45
Roggismyl		13				3 25
Selbach		14		3 32 87	6 17	3 39 04
			11 22 14	30 32 20	1 08 88	42 63 22

Schiessdemonstrationen mit Folgen

Bei einem Demonstrationsschiessen in der Gehren detonierte 1935 eine Kriegsmine 250 Meter neben dem Pächterhaus. Eine seit 28 Wochen trächtige Kuh erschrak dermassen, dass sie eine Frühgeburt erlitt. Das Tier musste geschlachtet werden. Der Pächter machte 300 Franken Schaden geltend. Aber der Kanton lehnte «der Konsequenzen wegen» jede Vergütung ab. Denn nach Waffenplatzvertrag sei der Bund für unmittelbare Folgen der Schiessplatzbenützung haftbar.

1956 gab es in der Gehren ein Schiessen mit Venom-Kampfflugzeugen. Die Leuchtspurmunition setzte das dürre Gras im Zielhang in Brand. Sofort wurde die Staffel nach Payerne zurückbeordert und eine Kompanie zur Löscharbeit eingesetzt. Mehrere Soldaten erlitten dabei Verbrennungen. Das Zeughaus hatte beschädigte Uniformen zurück zu fassen.

Der berüchtigte Gehrendreck aus lehm-und mergelhaltiger Erde lehrte die Rekruten das Kleiderputzen.

Wenn Schiessplatzwart Fredi Binz den Schiessballon aufzieht, heisst das: In der Gehren wird scharf geschossen.

Schwere Waffen brauchten mehr Platz

Mit dem Einsatz neuer, schwerer Infanteriewaffen stiegen die Anforderungen an die Gehren abermals. Die Vergrösserung des Schiessplatzes ging weiter: Zwischen 1928 und 1935 wurden für 42 000 Franken Landkäufe getätigt; mittlerweile lag der Preis bei 47,5 Rp./m². Die Infanterie-Rekrutenschule benötigte 1935 für Schiessübungen mit der neuen Infanteriekanone längere Gräben. Den Vorschlag, mit deren Erstellung Arbeitslose der Stadt Aarau zu beschäftigen, lehnte der Aargauer Landammann durch Präsidialverfügung ab, weil die Gräben nach Waffenplatzvertrag Sache des Bundes seien. Weil durch Infanteriekanonen- und Minenwerferschiessen grössere Landschäden entstanden, wurde Pächter Lüthi der Zins reduziert. Auch Waldbesitzer im Umfeld des Schiessplatzes klagten über zunehmende Baumschäden. Deswegen trat die Gemeinde Erlinsbach 1939 dem Schiessplatz 14,2 Hektaren Wald für 17 143 Franken ab. Im folgenden Jahr stellte der Gemeinderat Erlinsbach fest, auf dem viel besuchten Aussichtspunkt Egg seien Einschläge von schweren Infanteriewaffen zu verzeichnen. Das Schulkommando reagierte mit Warntafeln: Wenn in der Gehren der rotweisse Ballon aufgezogen sei, gelte der Wanderweg zur Egg als gesperrt.

Mittlerweile tangierte das Übungsgelände auch das Gehren-Gehöft von Karl Roth. Er fühlte sich durch den Schiessbetrieb belästigt und gefährdet. Der Militärdirektor ging der Sache persönlich nach und stellte in Roths Stube fest, dass der Knall der Infanteriekanonen «unangenehm und störend» wirke und der Kachelofen Risse habe. Es sei aber nicht erwiesen, dass sie vom Schiessbetrieb herrührten. 1941 trat Roth dem Kanton – nachdem ihm vorher die Enteignung angedroht worden war – Wohnhaus, Scheune und 3,7 Hektaren Umschwung für 47 000 Franken ab; er blieb als Pächter auf dem Hof. Zwischen 1940 und 1951 wurde der Schiessplatz nochmals um 7 auf insgesamt 91,7 Hektaren erweitert. Die landwirtschaftliche Bewirtschaftung besorgten die Pächter Lüthi und Roth. Kanton und Bund bemühten sich mit verschiedenen Sanierungen um Verbesserungen auf den beiden Betrieben. 1945 löste Karl Stucki den Pächter Roth ab. Sie waren beide darauf erpicht, zusätzlich erworbenes Land für den Schiessplatz bewirtschaften und so ihre Betriebe vergrössern zu können.

Aus Sicherheitsgründen mussten 1959 die Wohngebäude Roggiswil und Selbach geräumt werden. Sie lagen im Schussfeld neuer Waffen wie Raketenrohren und Panzerabwehrgeschützen. Das langjährige Pachtverhältnis mit Fritz Lüthi wurde aufgelöst. Die beiden Gehren-Pachten legte man in einen Betrieb, den Hof Stucki, zusammen. Er wurde später als landwirtschaftliche Siedlung an den Rand des Truppenübungsplatzes verlegt und von den nächsten Generationen der Familie Stucki weitergeführt. 1961 kaufte der Kanton auch das Gehren-Restaurant. Gewirtet wird in der Gehren seit 1890. Erster Wirt war Emil Erb, der «Schanz-Puur». 1941 kaufte Sophie Bolliger von der Erbengemeinschaft Erb das Restaurant «Schanz», wirtete selbst bis zu Beginn der Fünfzigerjahre, verpachtete den Betrieb anschliessend und verkaufte ihn schliesslich dem Kanton. Dieser verpachtete seither die Wirtschaft, die inzwischen ihren Namen auf «Waldhaus» wechselte, als militärfreundliche Gaststätte sowie Dorf- und Ausflugrestaurant.

Widerstand und Einigung

Mit über 91 Hektaren erreichte der Schiessplatz seine Maximalgrösse. Jetzt ging es um die Anpassung der Übungsanlagen an die neuen Waffen. Im Wesentlichen wurden sechs Schiess- und Exerzierplätze konzipiert: Tankbahn; Mg-Krete mit Häuser-Ruinen, Feldunterständen, HG-Wurfmauer sowie automatischen Trefferanzeige-Scheiben; 200-m-Wall mit Feldunterstand und automatischen Trefferanzei- ge-Scheiben; Selbach mit Kurzdistanzschiessanlage für Raketenrohr und Pistolen-Combat-Anlage; 300-m-Wall mit offenem Feldschiessstand und Zugscheiben; Stelliloch mit zwei Kurzdistanzanlagen 30 m, Anschlaggarten sowie Panzernahbekämpfungspiste.

Der Umbau und Ausbau des Schiessplatzes, die vermehrte Belegung sowie der Einsatz stärkerer Waffen und die damit verbundene Lärmzunahme gaben in Erlinsbach kritischen Stimmen Auftrieb. Sie wurden noch durch Gerüchte über eine Neuausrichtung des Waffenplatzes genährt. Die Verlegung der Kasernen aus der Stadt Aarau stand zur Diskussion, Standorte im Umfeld der Gehren schienen

Seit 1945 wird der Gehrenhof von der Familie Stucki bewirtschaftet, heute in dritter Generation. In den Jahren 1977 bis 1984 baute der Kanton ein neues Ökonomiegebäude und ein neues Wohnhaus.

Auf der 1931 verschickten Militärpost-karte von der Gehren-Wirtschaft wurde der Ort «Erlinsbach b. Aarau» aus Geheimhaltungsgründen gestrichen. Die im Jahre 1879 erbaute Liegenschaft war 1904 mit einem Saal erweitert worden. Seit dem Jahre 2003 wird das Restaurant Waldhaus von Tommy und Eline Li geführt.

nicht ausgeschlossen. Eine mögliche Umwandlung vom Infanterie- zum Panzerabwehr-Übungsplatz wurde erörtert – Panzer waren schon zu Demonstrationsschiessen aufgefahren und hatten Landschaden verursacht. Das alles sowie der Eindruck bei Bewohnern und Behörden Erlinsbachs, «das Militär mache, was es wolle», förderten den lokalen Widerstand. Man verlangte nach einer kompetenten, ansprechbaren Aufsichtsinstanz für den Schiessplatz und Mitsprachemöglichkeit bei der Nutzung. An Konferenzen und Gemeindeversammlungen wurden die Anliegen thematisiert. Der versprochene neue Schiessplatzvertrag, erstmals mit der Gemeinde als drittem Vertragspartner, liess seit 10 Jahren auf sich warten. Das Klima verschärfte und verhärtete sich. Den ihm vorgelegten Schiessplatzvertrag wies der Gemeinderat am 1. August 1980 als unannehmbar zurück. Erlinsbach werde den Vertrag nur abschliessen, «wenn der Lärm eingedämmt wird». Den Einsatz von lärmintensiven Waffen während 120 Tagen im Jahr und das ganze übrige Jahr hindurch Schiessplatzlärm ertrage die Bevölkerung nicht mehr.

Für Feinschmecker und Naturfreunde

1981 beruhigte sich die Lage: Die Kasernenfrage war gelöst, die Sanierung des Waffenplatzes im Gang und der Bund zum Abschluss eines neuen Vertrages bereit. In dessen Gefolge kam zwischen «Bern», «Aarau» und der Gemeinde Erlinsbach 1982 eine Vereinbarung «betreffend die Belegung und den Betrieb des Schiessplatzes in der Gehren» zustande. Alsdann wurde die Strasse vom Dorf zum Schiessplatz und weiter Richtung Küttigen zum Teil verlegt und ausgebaut. Der Bund errichtete neben dem Gehren-Restaurant ein neues Mehrzweckgebäude mit Theorie-, Aufenthalts- und WC-Räumen. 1984 investierte der Kanton über 700 000 Franken für eine gründliche Renovation der Wirtschaft und Wirtewohnung. Daraus entstand eine gediegene ländliche Gaststätte, die von Militärpersonen in Arbeitspausen ebenso geschätzt wird wie von Wanderern für Rasthalte, von Vereinsvorständen und Kommissionen für Sitzungen – und von Liebhabern einer vielseitigen Küche, die heute vom Zobigplättli bis zum Abendessen mit chinesischen Spezialitäten aufwartet.

In den letzten zehn Jahren wurde den Umweltschutzbelangen auf dem Schiessplatz, unter Beizug von Fachleuten, ein zusätzlicher Stellenwert eingeräumt. Ziel ist es, die trockengebietstypischen Lebensräume der hier am Jurasüdfuss charakteristischen Pflanzen- und Tierarten zu erhalten und gezielt zu fördern. In diesem Gebiet von nationaler Bedeutung sollen die einzelnen Lebensräume verschiedener Tierarten qualitativ aufgewertet werden. Bestmöglich schützen will man auch die artenreichen Magerwiesen mit weit über 50 gefährdeten Pflanzen. Mit einer sanften Umgestaltung des Zielhanges und verschiedenen Bewirtschaftungs- und Pflegekonzepten werden unterschiedliche Ansprüche von Militär, Umweltschutz und landwirtschaftlicher Nutzung in sinnvoller Weise unter einen Hut gebracht. So verbinden sich mit der Gehren nicht mehr nur dumpfe Rekrutenerinnerungen von Schweiss und Dreck, sondern auch kulinarische Eindrücke und naturkundliche Entdeckungen.

Max Tschiri,
Gemeindeammann, Erlinsbach

Für den Schiessplatz Gehren
Flagge zeigen

«Die Gehren hat wohl einen grösseren Be-
kanntheitsgrad als die Gemeinde selber», vermutet Max Tschiri, Gemeindeammann von
Erlinsbach. Ihm macht das keine Mühe, und
er kann auch mit dem heutigen Schiessplatz-
betrieb gut leben: «Unsere Kontakte mit den
zuständigen militärischen Instanzen, dem
Zeughaus und dem Waffenplatz waren sehr
gut. Ich bemühe mich, das unter anderem
durch meine regelmässige Teilnahme an den
militärischen Besuchstagen der Aarauer Rekrutenschulen zum Ausdruck zu bringen. Bei
solchen Gelegenheiten wünschte ich mir
manchmal eine deutlichere Präsenz der Aarauer Stadtbehörden. Denn der Schiessplatz
Gehren ist mit dem Schicksal des Waffenplatzes verknüpft, und dieses hängt wesentlich
von der Haltung der Stadt Aarau ab.»
Für die Anwohner sei der Schiessplatz heute
eine bedeutend kleinere Lärmplage als früher, bestätigt Max Tschiri: «Es wird nicht mehr
mit Minenwerfern und Kanonen geschossen,
die Schiesszeiten sind geregelt, und es kommen häufiger lautlose Laser-Zielgeräte zum
Einsatz.» Die Gehren sei ein beliebtes Naherholungsgebiet geworden, stellt der Ammann fest: «Da wird an schönen Wochenenden gewandert, gebikt, grilliert und ge-
pläuschelt.» Die Gemeinde erliess im Zonen-
plan Land- und Naturschutzbestimmungen,
die sogar auf den Perimeter des Schiessplatzes übergreifen. «Unsere Natur- und Land-
schaftsschutzkommission hat ein wachsames
Auge auf Trockenstandorte und schützens-
werte Pflanzen, die sich in der Gehren sehr
gut mit dem Militär vertragen.»

Max Tschiri weiss, dass es auch andere Zeiten
gab. Gerade jetzt kommen ihm frühere Kon-
frontationen zwischen Erlinsbach und dem
Militär in den Sinn, weil der Gemeinderat zur-
zeit über einen neuen Schiessplatzvertrag
verhandelt: «Die Kriegsstimmung von einst
ist verflogen, wir können heute sachlich und
konstruktiv miteinander verhandeln.» Der Gemeindeammann ist überzeugt, dass eine für
beide Seiten akzeptable Vereinbarung getroffen werden kann: «Im Grunde sind wir uns ei-
nig, wir diskutieren noch über gewisse Ab-
geltungen.»

Funktionierendes Neben- und Miteinander von Militär und Zivilbevölkerung

**Bruno Vogel,
Gemeindeschreiber
Erlinsbach**

Rechte Seite: Die Besuchstage der Rekrutenschulen auf dem Schiessplatz Gehren begegneten eh und je grossem Interesse. Die Besucher wurden in den Achtzigerjahren in die Vorführungen einbezogen.

Spricht man von Erlinsbach, denkt man gleich auch an die «Gehren» und umgekehrt. Welche Gemeinde kann schon für sich in Anspruch nehmen, in Stadtnähe, am Jurasüdfuss, mitten in prächtiger Natur, einen Militärschiessplatz beherbergen zu können? Müsste man vielleicht sagen «zu dürfen» oder gar «zu müssen»? Soll man dies hervorheben oder besser verschweigen? Es gäbe wohl weit Attraktiveres als einen Schiessplatz mit Immissionen und Verkehr. Damit lässt sich kein Standortmarketing machen. Welche Vorteile möchte man auch aufzählen? Aber die tausend und abertausend Offiziere, Unteroffiziere und Soldaten oder Angehörigen der Armee (AdA), wie man sie heute bezeichnet, die Vielzahl von Teilnehmenden an den Besuchstagen der Rekrutenschule – die Väter pflegen hier ihren Söhnen von eigenen militärischen Erlebnissen unter weit härteren Bedingungen, auch in der Gehren, zu erzählen – sie alle kennen Erlinsbach. Das Dorf ist mit dem Schiessplatz untrennbar verbunden. Man hat sich im Laufe der Jahre an ihn gewöhnt. Die Gehren gehört einfach dazu, zu Erlinsbach eben, einem durchaus militärfreundlichen Dorf, wie auch die Resultate von Armeeabstimmungen der letzten Jahre belegen. Immer zeigte man sich der Armee wohlgesinnt. Sicher keine Selbstverständlichkeit für eine Gemeinde, die seit über 100 Jahren einen Militärschiessplatz in ihrem Bann hat, aber letztlich Ausdruck einer gelebten Toleranzbereitschaft für die Anliegen der sich in einem stetigen Wandel befindenden Armee.

Militär gehört(e) zum Dorfbild

Die Anfänge des Schiessplatzes gehen auf das Jahr 1882 zurück. Im gleichen Jahr wurde übrigens das Schulhaus Kretz erstellt. Seither gehört das Militär zum Dorfbild von Erlinsbach, die Truppen auf dem Schiessplatz und die Einquartierungen in der Mehrzweckhalle Kretz. Diese Affiche allerdings hat sich in gleichem Masse mit dem Wandel der Armee verändert. Einquartierungen gibt es seit langem keine mehr. Auch seit Jahren nicht mehr gesichtet werden im Dorf die verschwitzten Füsilier-, Mitrailleur- und Minenwerferrekruten, abgekämpft, in Einerkolonne marschierend, von ihren Vorgesetzten mehr oder weniger «freundlich» zum Durchhalten bis in die Gehren aufgefordert. Die Truppe verschiebt sich heute vorwiegend motorisiert zum Schiessplatz Gehren, mit Hin- und Rückfahrt durch Erlinsbach. Der Durchgang für militärische Fahrzeuge von der so genannten Gehrenhöhe ins Nachbardorf Küttigen ist untersagt. Mit Fug und Recht also zählt man den Schiessplatz Gehren allein zu Erlinsbach, auch wenn

die Nachbargemeinden die eine oder andere Immission zu gewärtigen haben.

und wenn nötig konsequent durchgesetzt. Das Klima hat sich entspannt.

Gutes Einvernehmen, aber…

Zwischen der Gemeinde und den Schiessplatzverantwortlichen herrscht ein gutes und kooperatives Einvernehmen. Das war nicht immer so. Ein Militärschiessplatz verursacht Immissionen, betroffen davon ist die Bevölkerung. In zähen Verhandlungen konnten Kompromisse ausgehandelt sowie betriebliche Einschränkungen erreicht und umgesetzt werden. Das heisst aber nicht, dass man nicht doch ab und zu einschreiten musste (und manchmal auch heute noch muss). Beispielsweise, wenn ein übereifriger junger Kompaniekommandant im Bestreben, seinen Instruktor oder gar den Schulkommandanten zu beeindrucken, den Schiessplatzbefehl und dessen Vorgaben kurzzeitig aus seinem Gedächtnis verlor oder eine Waffe zum Einsatz gelangte, die gemäss Vertrag nicht zulässig war.

Der Schulkommandant brachte den Fehlbaren jeweilen rasch wieder zur Räson. Böser Wille war es wohl nie, eher das Vergessen, dass sich in unmittelbarer Nähe des Schiessplatzes ein Dorf befindet, dessen Bevölkerung vom Schiesslärm betroffen ist. Die Erlinsbacher aber haben ein gutes Gehör und können unterscheiden zwischen statthaftem und unzulässigem Schiesslärm zur Zeit und zur Unzeit. Kaum einmal gab es eine Reklamation, die nicht berechtigt war. In den letzten Jahren allerdings sind solche Vorkommnisse eher zu einer Seltenheit geworden. Die vertraglichen Vorgaben werden diszipliniert eingehalten

Seit jeher alles vertraglich geregelt

Im Jahre 1882 wurde der erste Vertrag «betreffend den Infanterie-Schiessplatz in der Gehren» zwischen der Eidgenossenschaft und dem Kanton Aargau abgeschlossen: «Unter gegenseitigem Ratifikationsvorbehalt», wie man sich damals ausdrückte. Die Gemeinde wurde dazu nicht begrüsst. Der Vertrag hält fest, dass das Areal in einer Ausdehnung von 76843 Quadratmetern der Eidgenossenschaft «zur Benutzung als Infanterie-Schiessplatz für die Militärkurse des Waffenplatzes Aarau» zur Verfügung gestellt werde. Im zweiten Vertrag, 1898 abgeschlossen, erhielt die Eidgenossenschaft auf dem Platz ein «unbedingtes Schiessservitut für den Waffenplatz Aarau und den militärischen Vorunterricht Stufe III, bei beliebigem Exerzieren und Manövrieren». Für Nutzungen ausserhalb des Militärs waren die Kadettenkorps und freiwillige Schiessvereine zugelassen, aber nur, wenn der Schulkommandant die Zustimmung gab. Der erste Vertrag wurde zwischenzeitlich mehrmals überarbeitet und neu abgeschlossen, selbstverständlich dann auch unter Anhörung und Mitwirkung der Gemeinde. Im Jahre 2003 wurden die Verhandlungen für eine weitere Neufassung aufgenommen. Das Werk beinhaltet eine gute Abwägung der Interessen aller Beteiligten und ist angepasst an die neuen Ausbildungsbedürfnisse der Armee. Man versteht sich heute als Partner, respektiert sich und zeigt Verständnis für die Anliegen und Bedürfnisse des Andern.

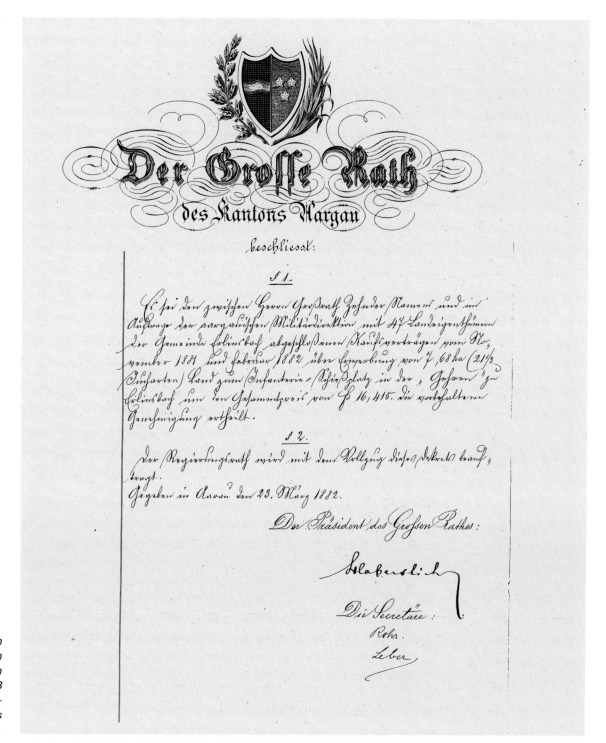

Dem ersten Schiessplatzvertrag von 1882 lag der Grossratsbeschluss vom 23. März 1882 zu Grunde, mit welchem dem Erwerb von 7,68 Hektaren (21,3 Jucharten) Land von 47 Grundeigentümern in der Gehren zum Gesamtpreis von 16 415 Franken zugestimmt wurde.

Die Kaserne wäre des Guten zu viel gewesen

Die Gehren ist seit jeher ein Infanterieschiessplatz. Allerdings gibt und gab es immer zugewandte Mitbenützer. In früheren Jahren die Fliegertruppen – schon etwas ältere Mitbürger erzählen noch heute von den Flugzeugen über dem Dorf und den «Angriffen» auf Fliegerziele in der Gehren – sowie auch Mechanisierte und Leichte Truppen. Dazu kamen Handgranaten, Sprengrohr und Minenwerfer sowie die weiteren Waffen der Infanteristen. Das gab doch einigen Betrieb auf dem Schiessplatz, Zittern von Fensterscheiben im oberen Dorfteil und dumpfen Schiesslärm, weit in der Region hörbar.

Seit Jahren ist auch die Kantonspolizei Aargau mit ihrer Schiessausbildung in der Gehren beheimatet. Als Bund und Kanton sich dann vor Jahrzehnten anschickten, die mitten in der Stadt gelegene Kaserne auszusiedeln, war natürlich ein Standort in Erlinsbach der erste Gedanke. Das EMD sah als Möglichkeiten das Gebiet Buchhof (Familie Bürgi) und den Bläuenhof (Familie Anderegg) vor. Der Gemeinderat seinerseits war davon gar nicht angetan und favorisierte, «wenn schon denn schon», das Gebiet an der Küttigerstrasse zwischen dem Selbachweg und dem Schiessplatzareal, in der Meinung, Schiessplatz und Kasernenareal sollten eine Einheit bilden. Diese Haltung wurde auch von der Regionalplanungsgruppe Aarau und Umgebung unterstützt, bei welcher der Gemeinderat ein Gutachten in Auftrag gegeben hatte. Die Wogen gingen in diesen Jahren hoch, sowohl bei den Politikern als auch bei der Bevölkerung. Sogar eine Fernsehsendung wurde dem Thema gewidmet: «Heute Abend in…» gastierte in Erlinsbach, und die ganze Schweiz konnte an den Sorgen der Gemeinde Anteil nehmen. Gekommen ist dann alles anders, die Kaserne blieb in Aarau und der Schiessplatz Gehren blieb einfach der Schiessplatz Gehren. Die Bauten und Anlagen wurden saniert und bedürfnisgerecht erweitert.

Die Natur ist zurückgekehrt

Die Gehren ist ein weitläufiges Schiessgelände, auch wenn man das nicht von jedem Standort aus auf den ersten Blick sieht. Die Natur hat auf dem Areal, unter professioneller Anleitung und mit Unterstützung von Militär, Kanton und Gemeinde, ihren Platz (zurück)erhalten. Zu den Abendstunden, mit Ausnahme bei Nachtübungen, und am Wochenende ist der Schiessplatz mit seinem stattlichen Gutsbetrieb und dem Restaurant Waldhaus ein beliebtes Naherholungsgebiet. Mit den Bewilligungen für zivile Nutzungen – Gesuche gibt es jedes Jahr unzählige und für alle möglichen und unmöglichen Aktivitäten – ist man sehr zurückhaltend und respektiert die Ruhebedürfnisse der Bevölkerung ausserhalb des militärischen Tagesbefehls.

Der Schiessplatz Gehren ist ein Teil von Erlinsbach, ein funktionierendes Neben- und Miteinander von Militär und Zivilbevölkerung, Naturschutz, Land- und Forstwirtschaft. Für die Einen ist er ein Erholungsgebiet, für die Anderen ein temporärer Arbeitsplatz zur Erlernung und Anwendung des militärischen Handwerks.

Die Armee
hat viele Standbeine
im Aargau

Brugg als naturgegebenes
Ausbildungszentrum
der Genietruppen

Die kantonale Militärordnung von 1817 bezeichnete die Pontoniere als neue Truppengattung. Gestützt darauf stellte der Aargau seine erste, 81 Mann starke Pontonierkompanie auf. Ihr Material lagerte bis 1842 in Zürich, ehe es nach Brugg-Königsfelden verlegt wurde. Der Oberinstruktor der Genietruppen bewilligte ab 1848 die Durchführung von Instruktionskursen in Brugg. Das war der Anfang des Pontonier- und späteren Geniewaffenplatzes. In den ersten Jahren logierten die Pontoniere in Privathäusern. Der «Familienanschluss» blieb gelegentlich nicht ohne Folgen. Die Bürger forderten eine öffentliche Truppenunterkunft. 1856 wurde das von den Bernern im Jahre 1700 erbaute Kornhaus in der Hofstatt in eine Kaserne umgewandelt. Sie stand neben der ursprünglichen «Stadtwohnung» der Habsburger, dem späteren Salzhaus, am grössten Platz in der Brugger Altstadt. Die Angehörigen des Adelsgeschlechtes stiegen meistens hier ab, wenn sie in der Gegend zu tun hatten. Auf dem Stammsitz, der

Habsburg, schauten derweil Dienstleute zum Rechten. In der Hofstatt erreichte beispielsweise 1273 Rudolfs Gattin Elisabeth die Kunde, ihr Mann, Graf Rudolf von Habsburg, sei zum König gekürt worden. Die Hofstatt hatte auch eine militärische Vergangenheit: Sie war 1386 Besammlungsort des österreichischen Ritterheers, das nachher von den Eidgenossen in der Schlacht bei Sempach vernichtend geschlagen wurde.

Brugg war am Gedeihen des Waffenplatzes sehr interessiert und zeigte sich, hauptsächlich aus wirtschaftlichen Gründen, allzeit militärfreundlich. Die Stadt erstellte auf eigene Kosten ein Pontonhaus und ein Materialmagazin (Ländihaus). Aber der kleine Gemeindebann engte die Entwicklung ein. Der Schiess- und Exerzierplatz musste auf die Reutenen nach Windisch verlegt werden. Darum kauften die Brugger Ortsbürger der Nachbargemeinde 1877 den Geissenschachen zwischen Aare und Strängli ab und stellten ihn der neu organisierten Schweizer Armee für die Ausbildung der Genietruppen zur Verfügung. Es drängte sich auch eine neue Kaserne auf. Die Ortsbürgergemeinde schenkte dafür das Land. Der Bau wurde im Frühjahr 1898 bezogen. Ein Vertrag des Militärdepartementes mit der Stadt bestimmte Brugg endgültig zum eidgenössischen Waffenplatz. Die Wahl war nicht unbestritten, andere Städte bewarben sich ebenfalls um die Übernahme der Genieschulen. Dank seiner günstigen Lage am Zusammenfluss von Aare, Reuss und Limmat setzte sich Brugg durch.

In Brugg wurden Pontoniere und Sappeure, später Mineure und schliesslich alle von den Genietruppen benötigten Spezialisten ausgebildet. In dieser Waffengattung mit dem vie-

Brugg ist seit 1848 Ausbildungsort der Genietruppen. Oberes Bild: Der Waffenplatz mit Kasernen, Verwaltungs- und Theoriegebäuden sowie Mehrzweckhalle, Magazinen, Armeemotorfahrzeugdepot und Filmsaal Ländi. Unteres Bild: Das 1986 erstellte Zeughaus im Aufeld bei Brugg gilt als schweizerisches Kompetenzzentrum für Geniematerial.

len technischen Gerät riefen Veränderungen in Ausbildung und Ausrüstung oft nach mehr Platz. Die Stadt Brugg liess 1937 eine zweite Kaserne bauen. Für die Militärbetriebe und die dem Mobilmachungsplatz Brugg zugeteilten Truppen erstellte der Bund eine Vielzahl dezentraler Munitions- und Sprengmitteldepots, vor allem aber auch Zeughäuser und Korpsmaterialhallen in Brugg und Mellingen, Frick, Kaisten, Leuggern, Döttingen und Schneisingen, wieder in Brugg, dann in Windisch, Remigen und Würenlingen und schliesslich zuletzt nochmals in Brugg. Die Verwaltung des Zeughauses Lenzburg wurde 1952 Brugg unterstellt. Dieses Zeughaus wurde 2002 geschlossen. Der Geniewaffenplatz erlangte mit den ausgedehnten Motorfahrzeugeinstellhallen und Reparaturwerkstätten zusätzlich die Bedeutung eines Armeemotorfahrzeugpark-Depots. Wartung und Reparatur der neuen Schlauchbootbrücke 61, Leichtmetall-Brückenteile, Aussenbordmotoren, Kunststoff-Schiebeboote usw. bedingten weitere Werkstätten. Ausgebaut wurden auch die Schiessanlage Krähtal in Riniken, der Truppenübungsplatz Läumli bei Linn und – trotz Widerstands – der Schiess- und Sprengplatz Eichwald bei Zeihen. Im Stäglerhau bei Mägenwil erhielten die Genieschulen einen Übungsplatz für Baumaschinen. Auf dem Kasernenareal wurden auch Verwaltungs- und Theoriegebäude sowie eine Mehrzweckhalle errichtet.

Brugg war wiederholt Austragungsort nationaler und internationaler Militärsport-Wettkämpfe sowie grosser militärischer Anlässe. Zum Beispiel der Schweizerischen Unteroffizierstage 1975. Sehr stimmungsvoll war die Überbringung der Zentralfahne des Schweizerischen Unteroffiziersverbandes in der Hofstatt. An diesem dominantesten Platz in der Brugger Altstadt standen ursprünglich auch die erste Kaserne und das Zeughaus des neu geschaffenen Geniewaffenplatzes.

Der Waffenplatz Brugg stiess wiederholt an Kapazitätsgrenzen, zumal die Bestände der Genietruppen mit der Truppenordnung 1951 erweitert wurden. Schon 1952 wurde ein Teil der Rekrutenausbildung in einen Filialbetrieb nach Bremgarten verlegt. Daraus entstand 1963 ein selbständiger, zweiter eidgenössischer Waffenplatz für die Genietruppen. Ein markanter nächster Schritt war der Zeughausneubau mit Lager- und Einstellhallen, Werkstätten und Verwaltungsräumen auf einer sieben Hektaren grossen Parzelle im (hochwassergefährdeten) Aufeld bei Brugg-Lauffohr, zwischen Aare und Bruggerberg. Für die Anlage bewilligten die eidgenössischen Räte 38,8 Millionen Franken. Der Bau wurde im Herbst 1986 vom damaligen EMD-Chef Bundesrat Jean-Pascal Delamuraz eingeweiht. Die dritte Sanierungsetappe – für 40 Millionen Franken von 1996 bis 1999 – umfasste den Umbau der Kasernen. Das Platzangebot wurde aber nicht grösser. Für starke Rekrutenjahrgänge mussten noch Unterkünfte in Aussengemeinden bezogen werden. Seit Anfang 2004 erhalten in Brugg alle Genie-Rekruten bis zur 13. Dienstwoche ihre allgemeine Grundausbildung und Funktions-Grundausbildung; nachher werden sie zur Verbandsausbildung nach Bremgarten verlegt. Beide Waffenplätze, die heute unter einer Gesamtleitung stehen, sind als Ausbildungsorte für Genietruppen prädestiniert. Bei der im Zuge der Armeereform XXI lancierten Diskussion über die Zentralisierung auf drei bis fünf Armee-Logistikbasen kann sich das Zeughaus Brugg, das seit 1990 unter der Leitung von Willi Baumann steht, als bereits existierendes schweizerisches Kompetenzzentrum für das Geniematerial einbringen.

Aus der Filiale wurde ein Waffenplatz und Bremgarten zur Garnisonsstadt

Auf der Suche nach einem Entlastungsstandort für den Geniewaffenplatz Brugg stiess man in den Fünfzigerjahren nicht zufällig auf Bremgarten. Das Gelände beidseits der Reuss, in der Au und im Kesselboden, sowie die Brückenbaustellen oberhalb und unterhalb von Bremgarten eigneten sich gut für die Ausbildung von Sappeuren und Pontonieren. Das bestätigten erste Versuche mit Rekruten-Detachementen. Ab 1957 wurden in Bremgarten im Frühjahr und Sommer Genie-Rekrutenschulen durchgeführt. Die Stadt Bremgarten stellte die Unterkünfte mietweise zur Verfügung. Sie war daran interessiert, Garnison zu werden. Die Ortsbürgergemeinde verkaufte dem Bund 1961 das nötige Land für eine Kasernenanlage. Am 1. Januar 1963 wurde der Waffenplatz Bremgarten mit eigener Verwaltung selbständig. Massgebend am Aufbau beteiligt waren der Kommandant der ersten Rekrutenschulen, Major Kurt Weber, der nachfolgende Schul- und erste Waffenplatzkommandant Oberst Johann Gaudenz Menn sowie der neue Waffenplatzverwalter Richard Widmer, späterer Chef der Aargauer Militärverwaltung.

Schon 1964 konnten das Truppenlager (Camp) und vier Jahre später die für damalige Begriffe hochmoderne, grosszügige Kasernenanlage in Betrieb genommen werden. An der Einweihung am 7. September 1968 nahmen der EMD-Chef Bundesrat Rudolf Gnägi und viel Prominenz aus Politik und Armee teil. Niemand ahnte, dass an der in Elementbauweise erstellten Konstruktion nach 40 Jahren massive Schäden auftreten würden, die im Jahr

Das 1964–1968 errichtete, für damalige Begriffe modernste Camp des Geniewaffenplatzes Bremgarten. Die offizielle Einweihung fand am 7. September 1967 mit Militärspiel, EMD-Chef Bundesrat Rudolf Gnägi sowie vielen Gästen aus Armee, Politik und Wirtschaft statt. Niemand ahnte damals, dass Jahre später massive Bauschäden auftreten würden, die im Jahr 2003 die vorübergehende Schliessung der Kaserne aus Sicherheitsgründen und ihre Sanierung bedingten.

2003 aus Sicherheitsgründen die Schliessung der Truppenunterkunft und ihre Sanierung für mutmasslich 18 Millionen Franken erforderten. Unbestritten ist der Waffenplatz ein fester Bestandteil Bremgartens geworden. Durch ihn lernten viele junge Schweizer aus allen Landesgegenden die Reussstadt kennen. Beim Bau der Umfahrungsstrasse zur Entlastung der Altstadt Bremgartens nahm der Kanton mit einem Tunnel auf das zusammenhängende militärische Übungsgelände Kesselboden in der Reussschlaufe Rücksicht. Im Zusammenhang mit der Armeereform 95 wurde der Waffenplatz Bremgarten ab 1996 mit dem Waffenplatz Brugg zusammengelegt.

Das Ausbildungskonzept der Armee XXI brachte dem Waffenplatz Bremgarten andere Schwerpunkte: Er übernahm ab 2004 eine dreifache Rolle. Erstens wurde er Ausbildungsort des Lehrverbandes der Genie- und Rettungstruppen für Anwärter-, Unteroffiziers- und Offiziersschulen. Zweitens absolvieren hier die Genie-Rekrutenschulen, im Anschluss an die 13-wöchige Grundausbildung in Brugg, die Verbandsausbildung. Drittens ist in Bremgarten eine Rekrutenkompanie der Verkehr- und Transportschulen aus dem Lehrverband Logistik für die Ausbildung von militärischen Fahrzeuglenkern stationiert. Eine übergeordnete Rolle spielt der Waffenplatz Bremgarten als Zentralholzlager der Armee. Er tritt auch als Austragungsort nationaler und internationaler Militärsportwettkämpfe hervor. Darin zeichnete sich vorher der Waffenplatz Brugg aus, mit einem gewieften Organisator, dem legendären Adj Uof Viktor Bulgheroni. Beispielsweise fanden in Brugg 1975 die Schweizerischen Unteroffizierstage mit 3000 Wettkämpfern statt und, wenig später, noch in der Zeit des Kalten Krieges, die Europäischen Unteroffizierswettkämpfe.

Beim AMP Othmarsingen hat die Armee Gleis- und Autobahnanschluss

Die Anfänge der Motorisierung in der Armee tönen in Anbetracht der heutigen Vollmobilität märchenhaft – es schien zunächst, als ob sich das Automobil nie richtig durchsetzen würde. Zwar wurden 1892 Versuche angestellt, ob sich Motorkraftwagen für militärische Zwecke eigneten, doch kaufte die Eidgenossenschaft erst 1903 das erste Motorfahrzeug. Es wurde dem Chef des Militärdepartementes zur Verfügung gestellt. Bei Manövern mietete man private Fahrzeuge, um die Militärtauglichkeit der neuen Fortbewegungs- und Transportmittel weiter zu testen. Erst während des Ersten Weltkrieges beschaffte das Militärdepartement in grösserem Umfang Motorfahrzeuge. Aber nach dem Krieg verkaufte der Bund einen Teil seiner neuen Saurer- und Berna-Lastwagen wieder – immerhin mit der Auflage, dass sie im Fall einer Kriegsmobilmachung der Armee zur Verfügung zu stellen seien. Das in Luzern – in einer Festhütte – eingerichtete erste Zentralmotorwagendepot wurde 1921 nach Thun verlegt. Eine Zentral-Garage zur Bereitstellung von Fahrzeugen für Bundesräte, höhere Offiziere und Beamte wurde in der Waffenfabrik Bern eingerichtet. Wegen mangelnder Transparenz, wer welche Fahrzeuge verwaltete, wurde im Zweiten Weltkrieg eine Abteilung Heeresmotorisierung geschaffen.

Nach dem Krieg, 1947, riet die Geschäftsprüfungskommission des Ständerates, keine Armeemotorfahrzeuge mehr anzuschaffen, bis Unterbringungsmöglichkeiten vorhanden seien. Daraufhin wurden die Armeemotorfahrzeugparks (AMP) Romont FR, Rothenburg LU und später Hinwil ZH errichtet. Der Truppenordnung 61 folgte eine gewaltige Zunahme von Raupen- und Radfahrzeugen. Sie gipfelte in der Vollmotorisierung der Armee und erforderte weitere Motorfahrzeugparks. 1965 begann man mit dem Bau des AMP Othmarsingen. Man rechnete mit einer Bauzeit von drei bis vier Jahren und Kosten von rund 25 Millionen Franken. Die Bauleute waren in mehrfacher Hinsicht gefordert. Wegen einer wassergesättigten Lehmschicht im Baugrund mussten fünf von sieben Gebäuden auf Betonpfählen abgestützt werden. Die Entwässerung des 126 680 Quadratmeter grossen Areals wurde über einen mächtigen Ölabscheider geleitet. In weiteren Bauetappen mit zusätzlichen Investitionen von rund 8 Millionen Franken entstanden eine Panzerwerkstatt, eine zusätzliche kombinierte Einstell- und Lagerhalle, ein Fahrzeugunterstand sowie ein Gleisanschluss an die SBB-Güterlinie Basel–Chiasso. Der verkehrstechnisch hervorragend platzierte Betrieb verfügt auch über eine Anschlussmöglichkeit an die Autobahn Bern–Zürich.

Haupttätigkeiten des AMP Othmarsingen sind das Bereitstellen, die Abgabe und Rücknahme von Raupen- und Radfahrzeugen bei Dienstleistungen der Truppe; der Unterhalt, die Reparatur und Revision von Panzern und weiteren Armeefahrzeugen im eigenen Betrieb oder durch das Zivilgewerbe; die fachtech-

1965 wurde mit dem Bau des Armeemotorfahrzeugparks (AMP) Othmarsingen auf einem 126 000 Quadratmeter grossen Areal begonnen. Die Verkehrslage dieses Logistik-Centers für Rad- und Raupenfahrzeuge zwischen der Autobahn Zürich–Bern und der Bahnlinie Basel–Chiasso ist hervorragend.

nische Betreuung der Truppe und von Reparaturwerkstätten zugewiesener Zeughäuser und Waffenplätze; die Bewirtschaftung von Ersatzteil- und eigener Betriebsstoff-Lager. Zudem betreibt der AMP Othmarsingen eine regionale Transportplattform des VBS. In Hallen und auf Abstellplätzen stehen über 2000 Motor-, Raupen- und Spezialfahrzeuge bereit. Die Betreuung von über 40 Fahrzeugtypen und eines Ersatzteillagers mit rund 40 000 Artikeln erfordert fundierte Fachkenntnisse der im Reparaturbereich eingesetzten Spezialisten. Der AMP Othmarsingen engagiert sich stark in der Ausbildung. Hier holen sich schon über 200 Personenwagen- und Lastwagen-Mechaniker- sowie Autoelektriker-Lehrlinge ihr berufliches Rüstzeug.

Im Zuge von Rationalisierungsmassnahmen wurde der AMP Rothenburg im Jahr 2002 Othmarsingen als Filialbetrieb angegliedert. Die beiden Betriebe, sie stehen unter der Leitung von Walter Obrist, beschäftigen noch 170 Personen und 40 Lehrlinge. Weitere Straffungen stehen bevor. Die Armeereform, der Abbau der Truppenbestände, die Auflösung bisheriger Verbände sowie technische Entwicklungen führen zur Liquidation ganzer Fahrzeuggruppen. So sollen die in Othmarsingen stationierten Panzer 68/88 abgestossen werden. Fände sich kein Käufer, müssten sie verschrottet werden. Durch die Neuorganisation der Armee-Logistikbasen ist die Zukunft des AMP Othmarsingen und des Filialbetriebes Rothenburg offen. Der AMP Othmarsingen besitzt indes dank seiner Lage – im Einzugsgebiet dreier Waffenplätze (Aarau, Brugg, Bremgarten) und an wichtigen Verkehrsachsen – betriebswirtschaftliche Vorzüge.

Militärische Beteiligung am Schiesssport-Zentrum im Lostorf in Buchs

Für die Schiessausbildung im gezielten Einzelschuss auf 300 Meter und kurze Distanzen steht den Rekruten- und Kaderschulen des Waffenplatzes Aarau seit 1994 die Schiessanlage im Lostorf Buchs zur Verfügung. Der grösste Schiessstand im Aargau war ein Gemeinschaftswerk der Gemeinden Aarau, Buchs und Rohr – mit massgeblicher Beteiligung von Bundesseite für die militärische Mitbenützung. Inzwischen schlossen sich weitere Gemeinden der regionalen Schiessanlage (RSA) an. Sie ersetzt Schiessstände, die aus Sicherheits- oder Lärmschutzgründen aufgegeben wurden. In einer regionalen Schiessanlage können die Umweltschutzanliegen viel konsequenter umgesetzt werden. Vor allem löste sie die Schiessanlage im Aarauer Schachen ab. Diese war wegen Lärmimmissionen und den Interessen anderer Freizeitaktivitäten an diesem Sport- und Naherholungsgebiet seit längerem Zielscheibe der Kritik.

Dem Militärdepartement wäre zwar die Sanierung des Schachen-Standes, als Teil des gewohnten Übungsgeländes, recht gewesen. Aber die Stadt drängte auf die Verlegung der Anlage aus ihrem Gemeindegebiet. Bei einer Vertragsdauer von 50 Jahren kaufte sich der Bund mit 3,5 Millionen Franken in das 6,8 Millionen teure neue Schiesssport-Zentrum ein. Die Anlage verfügt über 32 elektronische Scheiben auf 300 Meter, 20 elektronische Scheiben auf 50 Meter, drei Fünferblöcke über 25 Meter, eine Luftgewehr-Trainingsanlage sowie über grosszügige Nebenräume. Im Lostorf finden regelmässig kantonale und nationale Wettkämpfe statt. Die eigentliche Feuertaufe erlebte die RSA mit dem 26. Aargauischen Kantonalschützenfest 1994. Für die militärische Betriebsbereitschaft des Zentrums sorgt der Zeughaus- und Waffenplatzbetrieb Aarau.

«Militärdorf» im Fricktal mit dem Namen Kiugoka

Das sonderbarste «Dorf» im Aargau heisst Kiugoka. Es steht auf dem Gelände des kantonalen Zivilschutzzentrums Eiken. Da gibt es einen typisch fricktalischen Gasthof Adler mit Gartenwirtschaft, das Gemeindehaus, eine Bank, ein Geschäftshaus, eine Werkstatt mit Tankstelle, ein Mehrfamilienhaus, Doppel- und Einfamilienhäuser sowie eine Tiefgarage. Dieses Ortsbild mit Dorfplatz, Haupt- und Nebenstrassen ist die massstabgetreue Nachbildung eines Ortsteils, der von Armee, Zivilschutz, Polizei und Feuerwehren zu Übungszwecken benutzt wird. Die militärische Nutzung geht voran, wie der Name Kiugoka andeutet: Er ist die Abkürzung für «Kampf in überbautem Gebiet/Ortskampfanlage». Das Militärdorf kommt Bedürfnissen der neuen Durchdiener-Rekrutenschule Aarau entgegen. Denn zum Tagesgeschäft der modernen Mehrzweckinfanteris-

Auf dem Gelände des Zivilschutzzentrums in Eiken steht eine Ortskampfanlage, die Armee und Polizei als wertvolles Übungsfeld dient. Das 2001 erweiterte «Militärdorf» verfügt über massstabgerecht nachgebildete Haupt- und Nebenstrassen, einen Gasthof, ein Gemeindehaus, ein Bankgebäude, einen Gewerbebetrieb, eine Tankstelle, eine Tiefgarage sowie verschiedene Wohngebäude.

Divisionär Rudolf Witzig war von 1992 bis 1995 Kommandant der Territorial-Zone 2 und von 1995 bis Ende 2003 Kommandant der neu geschaffenen Territorialdivision 2. Diese setzte sich aus rund 16 000 Armeeangehörigen der Kantone Aargau, Solothurn, Luzern, Basel-Stadt und Baselland zusammen. Bei der Armeereform 95 wurde die Infanterie als zahlenmässig stärkste Waffengattung in Kampfinfanterie und Territorial- beziehungsweise Schutzinfanterie aufgeteilt. Für die Schutzinfanterie gehörte die Ortskampfausbildung zum «Kerngeschäft». Witzig, der als bodenständiger Troupier und Querdenker in der Generalität galt, freute sich an der Einweihungsfeier im Mai 2002, dass der Armee und besonders seiner Truppe mit der erweiterten Ortskampfanlage in Eiken ein ausgezeichnetes Übungsgelände zur Verfügung gestellt wurde.

ten gehören auch der Schutz, das Bewachen und Sichern von Gebäuden. Die Anlage wird durch den Zeughaus- und Waffenplatzbetrieb Aarau (ZWA) bedient.

Bereits im 1983 eröffneten Zivilschutzzentrum Eiken existierte ein militärisches Revier mit vier schlichten Wohnhaustypen für eine begrenzte Ortskampfausbildung. Man rechnete wegen der zunehmenden Überbauungsdichte mit einer vermehrten Orts- und Häuserkampf-Wahrscheinlichkeit bei kriegerischen Handlungen. Die Kampftruppen lernten, militärische Aufträge in überbautem Gelände, inmitten der Zivilbevölkerung, zu erfüllen: Gebäude zu erobern, zu säubern und zu verteidigen. Im heutigen Bedrohungsbild liegen Aktionen der Sicherheitskräfte «unterhalb der Kriegsschwelle» näher – etwa Einsätze gegen Terrorismus, Geiselnahmen und dergleichen. Sie stellen hohe Anforderungen an Kader und Mannschaften. Damit Übungen während des ganzen Jahres in einem mit der Realität vergleichbaren Umfeld möglich wurden, baute der Bund 2001 für 4,8 Millionen. Franken die Ortskampfanlage aus. Die Übungstruppen finden seither originalgerechte Stockwerk- und Raumeinteilungen vor. Statt mit scharfer Munition wird mit Laser «geschossen». Durch moderne Simulationstechnik lassen sich verschiedenste Kampfabläufe inszenieren. Elektronische Trefferanzeigen geben Aufschluss, wie getroffen wurde. Kiugoka gehört zu den besten Ortskampf-Trainingscamps der Armee. Auch Polizeigrenadiere sowie Angehörige privater Sicherheitsdienste trainieren auf dieser multifunkionalen Anlage. Sie ist ein Sicherheits-Kompetenzzentrum, das lehrt, wie man sich auf veränderte Bedrohungen wappnen muss.

Das Festungswachtkorps in Brugg und seine (einst) geheimen Anlagen

Nach der Neuorganisation der Armee, 1874, setzte sich die Schweiz auch mit der Landesbefestigung auseinander. In militärischen Fachkreisen und Vereinen, politischen Gremien und schliesslich in der Gesamtbevölkerung wurden Sinn und Zweck, Aufwand und Nutzen von Befestigungsanlagen intensiv diskutiert. Ihre Bedeutung erkannte das Ausland rasch. So trafen Italien und Deutschland neue Dispositionen, als sie merkten, dass mit dem Baubeginn der Gotthardfestung, 1886, die Nord-Süd-Achse durch die Schweiz wirkungsvoll geschützt wurde und im Kriegsfall nur mit grossen Opfern zu erkämpfen wäre. Zur Bedienung der Werke wurden Festungstruppen gebildet. Für den Unterhalt und Schutz der Anlagen schuf man das professionelle Festungswachtkorps.

Neben den Alpenfestungen wurden in Grenzregionen und an Verkehrsachsen im Landesinnern unzählige Sperren, Bunker und Festungen errichtet. Mit artilleristischen und infanteristischen Waffen ausgerüstet, verstärkten sie die Feuerkraft in wichtigen Gebietsabschnitten. Sie waren besonders im Zweiten Weltkrieg wichtige Stützen des Abwehrdispositivs. Die Überwachung, der Unterhalt und die Verwaltung der Anlagen brauchte Personal. Dafür wurde in Brugg die Festungswachtkompanie 5 (FWK) mit bis zu 120 Vollbeschäftigten stationiert. Sie entsprach als krisenfester Arbeitgeber einem mittelgrossen Gewerbebetrieb und gehörte zum Festungssektor 211, später zur Festungsregion 21 – eine für die Region Brugg militärhistorisch interessante Zahl, die mit der einstigen 21.

römischen Legion von Vindonissa überein-
stimmte. Die FWK-Angehörigen, handverle-
sene Berufsleute wie Schreiner, Mechaniker,
Elektriker, Maurer usw., wahrten strengste
Geheimhaltung über die Objekte, die noch
während des Kalten Krieges ausgesuchte
Spionageziele waren, wie nach dem Fall der
Berliner Mauer die Einsicht in Unterlagen aus
Warschaupakt-Archiven bestätigten.

Waffentechnische und gefechtstaktische Veränderungen, vor allem der Wechsel von der
statischen zur dynamischen Raumverteidigung, machten zahlreiche Anlagen überflüssig: 15000 Objekte wurden in der Schweiz
nicht mehr benützt, lediglich 10000 blieben
bestehen. Die ausrangierten Werke wurden
aus dem Geheimhaltungscode entlassen, geschlossen, zum Teil zurückgebaut, oder aber
als militärhistorische Zeugnisse zu Anschau-
ungszwecken freigegeben. Der FWK-Stütz-
punkt Brugg, der 1986 im Neubau des Zeughauses Brugg untergebracht wurde, verlor an
Kapazität und Personal. Er gilt mit einer noch
rund 20-köpfigen Mannschaft als Aussenstel-
le der in Emmen stationierten Festungswacht-
korps-Region 4. Das Aufgabenspektrum der
Festungswacht änderte sich in den letzten
Jahren sehr stark. Es wurde in drei Hauptbe-
reiche gegliedert: In das alte Kerngeschäft der
Instandhaltung von weiter benötigten Vertei-
digungs-Infrastrukturen, sowie in die Bereiche militärische Sicherheit und Ausbildungsunterstützung. Die FWK-Aussenstelle Brugg
hat mit der Ausbildungsunterstützung und
militärischen Sicherhei direkt nichts mehr zu
tun. Sie konzentriert sich auf die Verteidi-
gungs-Infrastruktur. Mit diesem Aufgabenbereich wird sie 2005 in die Logistik-Basis der
Armee (LBA) umgeteilt.

**Das Festungsmuseum
Reuenthal / Schweizer Militärmuseum Full
bewahrt militärische Zeitzeugen**

Ausrangierte militärische Anlagen und Geräte als Zeitzeugen erhalten und der Öffentlichkeit zugänglich machen: darum bemüht sich
im Aargau der 1989 gegründete Verein Festungsmuseum Reuenthal mit grossem Engagement und Erfolg. Er zählt inzwischen
1800 Mitglieder. Ihm gehören neben dem
ehemaligen Artilleriewerk Reuenthal rund 30
ausgemusterte Infanterie-, Panzerabwehr-,
Kommando-, Übermittlungs- und Sanitätsan-
lagen, ein ehemaliges Zeughaus sowie eine
Ausstellungshalle und ein stillgelegtes Fabrikgebäude in Full, das Anfang Juni 2004 als
Militärmuseum eröffnet wurde. Es enthält eine Sammlung von militärischen Grossgerä-
ten, darunter alle Schweizer Panzer vom Pan-
zerwagen 1939 «Praga» bis zum Panzer 68,
alle Schweizer Artilleriegeschütze vom Ende
des 19. Jahrhunderts bis zur 15,5-cm-Panzer-
kanone, viele Fahrzeuge und Fuhrwerke der
Schweizer Armee, alle Exponate der Oerli-
kon-Bührle-Werksammlung sowie ausgewähl-
te Waffen ausländischer Armeen, wie den
russischen Panzer T 34 und die deutsche
Fernbombe V-1, mit der Hitler im Zweiten
Weltkrieg London traktierte.

Rund 10000 Personen besichtigen jährlich
das mittlerweile wieder voll ausgerüstete
ehemalige Artilleriewerk Reuenthal. Ein 210
Meter langer Hauptstollen führt sie zu Ge-
schütznischen, Munitionskammern, Mannschaftsräumen mit ihrer originalen Ausrüstung und Ausstellungen über Themen wie
Aktivdienst, Erster und Zweiter Weltkrieg, Bedrohung durch Rechtsradikalismus und Na-

tionalsozialismus in der Schweiz 1933–1945. Die 1939 der Truppe übergebene Festung und ihre 90 bis 150 Mann starke Besatzung hatten den Auftrag, eine Rheinüberquerung von deutscher Seite oberhalb des Kraftwerkes Albbruck-Dogern zu verhindern. Nach dem Krieg verlor das Werk wegen der rasanten Entwicklung der Waffentechnik und Gefechtstaktik an Bedeutung. 1979 wurden die Geschütze abmontiert, 1988 hatte die Festung endgültig ausgedient. Sie ging an die Gemeinde Full-Reuenthal über, die sie dem neuen Verein Festungsmuseum überliess, der die Anlage mit grossem idealistischem Einsatz der Nachwelt erhält.

Der militärische Start beginnt in Windisch

Neben den Kasernen Aarau, Brugg und Bremgarten, den Zeughäusern Aarau und Brugg, dem AMP Othmarsingen, dem Kompetenzzentrum Militärmusik in Aarau, dem Zentralholzlager der Armee in Bremgarten, den Schiessplätzen Gehren Erlinsbach und Eichwald Zeihen, dem Baumaschinenplatz Stäglerhau Mägenwil, der Ortskampfanlage Eiken sowie den vom Militär belegten Schiessständen Krähtal Riniken und Lostorf Buchs besitzt die Armee seit Mitte 2003 im Aargau ein weiteres Standbein: das Rekrutie-

Als 1979 die beiden Bunkerkanonen aus dem Innern der Festung Reuenthal entfernt wurden, war das militärische Schicksal dieser Anlage, der im Zweiten Weltkrieg im nördlichen Aargau eine Frontstellung zukam, endgültig besiegelt. Doch ihr Geist lebte weiter. 50 Jahre nach der Übergabe an die Truppe übernahm der neu gegründete Verein Festungsmuseum Reuenthal das Werk und machte es als Museum der Öffentlichkeit zugänglich: als Ort, an dem die Waffen und Geräte von einst sowie die Lebensbedingungen der Aktivdienstsoldaten besichtigt werden können. 10 000 Besucher belohnen jährlich den grossen idealistischen Einsatz der Museumsbetreuer. Der Museumsverein mit seinen rund 1800 Mitgliedern hat 2004 eine weitere Höchstleistung erbracht und in einem stillgelegten Chemiebetrieb auf dem Fullerfeld zusätzlich ein Armeemuseum eröffnet.

rungszentrum Nordwestschweiz in Windisch. Die militärische Aushebung ist mit der Armeereform XXI umgekrempelt und auf zwei bis drei Tage ausgedehnt worden. Die Stellungspflichtigen werden differenzierter als früher getestet und im Verlaufe der Aushebung entweder für diensttauglich oder für untauglich erklärt respektive für den Militärdienst oder den Zivilschutz rekrutiert oder den zivilen Ersatzdienst vorgesehen. Es werden auch schon erste allfällige Neigungen und Fähigkeiten für eine nachfolgende Kaderausbildung ausgelotet. Rund 6300 junge Männer und Frauen (diese freiwillig) aus den Nordwestschweizer Kantonen Aargau, Solothurn, Baselland und Basel-Stadt unterziehen sich jährlich in Windisch dem umfassenden Aushebungsverfahren.

Das Rekrutierungszentrum wurde in einem stillgelegten Spinnereibetrieb eingerichtet. Es umfasst eine Zweifachturnhalle, einen Plenumssaal, ein Restaurant mit 180 Plätzen, sechs Theorieräume, zwei Arbeitszimmer mit je 25 PC-Stationen, medizinische Untersuchungsräume, eine Unterkunft mit 172 Betten und eine 400-Meter-Bahn.

Das im Jahr 2003 eröffnete neue Aushebungszentrum für die Nordwestschweiz in Windisch ist das jüngste Standbein der Armee im Aargau. Es ist mit seinen rund 40 Arbeitsplätzen auch ein wirtschaftlicher Faktor.

Nachwort

Urs Müller, Betriebsleiter Zeughaus und Waffenplatz Aarau (ZWA)

«Das Schloss Aarburg ist zum Zeughaus des Kantons Aargau bestimmt. Dieser Bestimmung zur folge sollen ohne Verzug all diejenigen Reperationen und Einrichtungen getroffen werden, welche dieses Schloss Aarburg bedarf, um dasselbe als Zeughaus benützen zu können. Die Aufsicht dieses Zeughauses wird einem Zeughausinspektor anvertraut, dessen jährliche Besoldung auf 400 Franken festgesetzt ist. Neben dem Zeughausinspektor wird ein Zeugwart mit einer jährlichen Besoldung von 400 Franken angestellt. Dem Zeugwart werden zwei Handlanger beigeordnet. Jährliche Besoldung 300 Franken.» Dieser Entscheid des Kleinen Rathes, wie der Regierungsrat damals hiess, legte vor 200 Jahren den Grundstein zum Kantonalen Zeughaus des Kantons Aargau. Den eigentlichen Anstoss zur Gründung hatte im Jahre 1803 ein Bericht des Kriegsdepartementes an den Kleinen Rath gegeben. Artillerie, Munition, Feuergewehre, Säbel, Lederwerk und andere Gerätschaften seien die-

jenigen Kriegsvorräte, welche einer besonderen Aufsicht und Besorgung bedürften, schrieb das Departement in seinem Antrag an die Regierung. Zudem diene ein wohlgeordnetes Zeughaus «sowohl der Sicherheit des Staates, als dass es auch eine wahre Zierde desselben ist».

200 Jahre sind seither vergangen. Das ist nicht nur ein beachtlicher Meilenstein für das Zeughaus Aarau. Es ist vor allem auch 200 Jahre Aargauer Militärgeschichte. Hans-Peter Widmer hat es deshalb nicht dabei bewenden lassen, den Weg des ZWA über zwei Jahrhunderte fundiert darzustellen. Er verstand es ausgezeichnet, das Werden und Sein des Kantonalen Zeughauses mit der Geschichte des Wehrwesens im Aargau und der Aargauer Miliz zu verflechten. Der sehr sachkundige Autor ist seit Jahrzehnten ein aufmerksamer Beobachter und Beschreiber des Aargaus. Fundiertes Wissen und ein gutes Augenmass zeichnen ihn aus. Diese Eigenschaften, gepaart mit der ihm eigenen handwerklichen Sorgfalt, waren gute Voraussetzungen für das Jubiläumsbuch. «Helm auf!», das ist ja nicht nur ein (häufig zackiges) militärisches Kommando, es stellt sinnbildlich auch die Scharnierfunktion eines Zeughauses dar: Die Nahtstelle zwischen Zivil und Uniform, Bürger und Soldat. Es ist damit auch eine Quelle der Erinnerungen für abertausende Armeeangehörige. Die Art und Weise, wie es seine Dienstleistung erbringt, beeinflusst nicht zuletzt auch deren Meinung und Haltung zum Staat und seinen Institutionen.

Auf- und Abrüstungen, neue Waffen, Geräte und Uniformen, Standortsdiskussionen und Platzprobleme, Freuden und Ärger, Nachdenkliches und Trauriges, aber auch mal amüsante Momente – dies alles prägt die 200-jährige Geschichte unseres Betriebes. Diese ist ein Spiegelbild der Gesellschaft, der damaligen Umstände und des Lebens, mit all seinen Höhen und Tiefen. Zu jeder Zeit gab es klügere und weniger sinnvolle Entscheide, fähige sowie schwierigere Vorgesetzte und Mitarbeitende. Es ist ein Leichtes, Urteile zu fällen über eine Zeit, die vergangen ist und die wir nicht miterlebt haben. Die Perspektive von Zeitgenossen ist eine andere. Wir tun deshalb gut daran, nicht in erster Linie mit dem Zeigfinger, sondern mit nicht wertender Einfühlung auf das Früher und damit auch auf die Geschichte eines Betriebes und seiner Menschen zurückzublicken.

Heute, in seinem Jubiläumsjahr, steht der Logistikbetrieb Zeughaus und Waffenplatz Aarau vor einer ungewissen Zukunft. Was seit Jahrzehnten Gültigkeit hatte, ist existenziell in Frage gestellt. Sicherheitspolitik, Wehrwesen und Armee stehen mitten im Wandel, überlagert von einer Finanzpolitik, die zunehmend auch die Sachentscheide diktiert. Finanzpolitische Überlegungen sind zwar unbestritten wichtig, sie dürfen jedoch nicht das letztendlich allein entscheidende Kriterium sein.

Niemand will allen Ernstes bestreiten, dass sich die sicherheitspolitische Lage für einen Kleinstaat im Herzen Europas in den letzten 15 Jahren markant verändert hat. Der politische, technologische und militärische Wandel ist nicht aufzuhalten. Unsere Armee hat nicht die Vergangenheit zu verteidigen, sie muss für Gefahren der Gegenwart und Zukunft gewappnet sein. Was gestern richtig und wichtig war, hat sich heute und morgen den veränderten Gegebenheiten anzupassen.

Das heisst auch – und vor allem –, von lieb Gewonnenem, Vertrautem Abschied zu nehmen. Wir müssen materiell, finanziell und in unseren Köpfen Platz schaffen für die neuen Bedürfnisse. Wesentliche Veränderungen sind fast immer schmerzhaft, vor allem für die direkt Betroffenen. Doch sie können mit Würde und Stolz auf die eigene Vergangenheit umgesetzt werden. Die direkt Betroffenen, hier insbesondere die Mitarbeiterinnen und Mitarbeiter der Militärbetriebe, haben auch sachliche und moralische Rechte. Sie haben ein Recht darauf, nicht nur als unnötiger Kostenfaktor betrachtet zu werden. Den Menschen in den kantonalen und eidgenössischen Betrieben, die häufig während Jahrzehnten gute und sehr gute Arbeit geleistet haben, ist auch in dieser schwierigen finanzpolitischen Situation (die ja kein Naturgesetz ist, sondern weitgehend herbeigeführt wurde) mit Wohlwollen und Respekt zu begegnen. Es können, wenn man will, Lösungen gefunden werden, die sich nicht nur durch sachliche Richtigkeit, sondern auch durch soziale Verträglichkeit, Anstand und gesellschaftliches Verantwortungsbewusstsein auszeichnen. Politik und Armeeführung haben Handlungsspielraum, sie müssen ihn nur nutzen.

Blenden wir zurück: Ein wohlgeordnetes Zeughaus könne eine wahre Zierde des Staates sein. So die Erwartung des Regierungsrates vor 200 Jahren. Wir hoffen, mit unserer Arbeit und unserem Dienstleistungsverständnis diesem Anspruch möglichst gerecht geworden zu sein. Auf dass die Aargauerinnen und Aargauer im Allgemeinen und die Regierung im Speziellen ein bisschen stolz auf ihr Zeughaus sein dürfen. Wir vom ZWA sind es, bei aller Bescheidenheit.

Erwin Bellmont   Alfred Binz   Hans Bolliger   Bruno Borner   Martin Brugger   Gerhard Capaul

Kurt Dietwiler   Valentin Eiholzer   Adrian Fischer   Markus Friker   Walter Furter

Helen Gerber   Beat Gloor   Herta Haas   René Haas   Hans Hächler

Willy Hauri   Karl Haus   Walter Hauswirth   Peter Hegnauer   Herbert Herzog

Martin Hunziker   Ulrich Jost   Jeannette Kaufmann   Urs Kissling   Felix Matthias   Anton Meier   Sanela Miljkovic

Paul Moor

Beat Morgenthaler

Anton Müller

Dieter Müller

Dora Müller

Peter Müller

Urs Müller

Walter Munz

Toni Renner

Hans-Ulrich Richard

Richard Riner

Peter Ryser

Amra Sadic

Hansjörg Sägesser

Roland Sandmeier

Alfred Schilling

Hanspeter Schneider

Michèle Schüttel

Willi Siegenthaler

Lorenz Soliva

Therese Soliva

Karl Steffen

Dario Steinmann

Karl Tüscher

Markus Waltenspühl

Rolf Wernli

Elvira Wölfli

Walter Wyss

Hans-Peter Widmer (*1941) wandte sich nach der Lehre als Schriftsetzer dem Journalismus zu und wurde, 23-jährig, Redaktor beim Brugger Tagblatt, der kleinsten von damals noch sechs existierenden Aargauer Tageszeitungen. Nach der Übernahme des «Bruggerli» durch das Aargauer Tagblatt (AT), 1969, leitete er zunächst das Ressort Brugg-Baden-Zurzach. 1976 wurde er Ressortleiter Aargau und Stellvertretender AT-Chefredaktor. Diese Funktionen behielt er bis zum Zusammenschluss von Aargauer Tagblatt und Badener Tagblatt, 1996, und zum Teil bis 1999. Widmer galt als bestinformierter Beobachter und sachkundiger Kommentator der aargauischen Politik, in der er sich selber von 1973 bis 1993 als Grossrat engagierte. Vorher war er von 1965 bis 1973 Gemeinderat und Vizeammann in Hausen. Ende 2003 verliess er nach 40-jähriger Tätigkeit im Tagesjournalismus die AZ-Redaktion. Seither ist er als freier Publizist tätig. Er schrieb unter anderem den Text für den Fotoband «Brugg und seine Region» (1977) sowie das Kapitel «Manöver Barbarossa» für das Buch «111 Jahre F Div 5 (1985). Im Militär war er als Wachtmeister Mitbegründer und mehrere Jahre Chefredaktor der «Divisions-Nachrichten».

Der Autor bedankt sich für die Unterstützung der Mitarbeiterinnen und Mitarbeiter des Aargauischen Staatsarchivs und der Kantonsbibliothek in Aarau, bei Dr. Jürg Stüssi-Lauterburg, Direktor der Eidgenössischen Militärbibliothek, Anita Schnetzler, Korrektorat, und Urs Müller, Leiter Zeughaus und Waffenplatz Aarau.

Literaturverzeichnis

Die Schweiz, Vom Bau der Alpen bis zur Frage nach der Zukunft, Zürich 1975
Historisches Lexikon der Schweiz
Kanton Aargau im Lichte der Zahlen, Aarau 1954
Das Feldarmeekorps 2 in der 100-jährigen Geschichte der Schweizer Armee, Luzern 1975
100 Jahre Füsilierbataillon 60, Baden 1975
100 Jahre Füsilierbataillon 46, Separatdruck 1975
50 Jahre Füsilierbataillon 55, Zofingen 1924
Gedenkschrift Grenz-Regiment 50, 1939–1945
Allemann Walter, Beiträge zur aargauischen Militärgeschichte 1803–1847, Aarau 1970
Ammann Hektor, Die Aargauer in den ersten Grenzbesetzungen, Aarau 1952
Dürrenmatt Peter, Schweizer Geschichte, Zürich 1963
Eggenberger Peter, Bundesrat Emil Welti, Bern 1972
Erni Victor, Beiträge zur Geschichte der Aargauer Miliz 1848–1874, Aarau 1969
Fuchs Matthias, Infanterieregiment 24, 2003
Gautschi Willi, Geschichte des Kantons Aargau, Band 3, Baden 1978
Halder Nold, Geschichte des Kantons Aargau, Band 1, Aarau 1953
Halter Pierre-Marie/Nüsperli Bruno, Die Fünfte, 111 Jahre 5. Division, Aarau 1986
Huber Hans Jörg, Grenzbrigade 5, 1938–1988, Baden 1987
Jaun Rudolf, Der Schweizerische Generalstab 1804–1874
Linder Arnold, Arnold Keller, Generalstabschef, Aarau 1991
Markwalder, Die schweizerische Kavallerie, Aarau 1906
Rothpletz Emil, Militärische Erinnerungen, Zürich 1917
Senn Hans, General Hans Herzog, Aarau 1945
Staehelin Heinrich, Geschichte das Kantons Aargau, Band 2, Baden 1978
Stüssi-Lauterburg Jürg, Friedrich Frey-Herosé 1801–1873
Landigeist und Judenstempel, Erinnerungen einer Generation 1939–1945, Zürich 2002
Die Limmatstellung im Zweiten Weltkrieg, Baden 1997
Ende Feuer, Die Felddivision 5 verabschiedet sich, Beilage der Aargauer Zeitung, 2003

Bilderverzeichnis

8 Fahnenübernahme: Heinz Fröhlich, Reporter, Schinznach-Bad

10 Uniformen: Vom Brustharnisch zum Waffenrock, Frauenfeld 1968

11 Fenner: Aufklärungsbataillon 5, 1965–1969

12 Grosse Verbände: Rolf Jenni, Fotograf, Baden

13 Beförderung: Heinz Fröhlich

14 Defilee: Heinz Fröhlich

15 Habsburg-Rapport: Heinz Fröhlich

16 Säulenhaus: Divisionär a D Paul Müller

17 Militärische Chargen: Heinz Fröhlich

18 Sattelkammer: Rolf Jenni

19 Kavallerie: Kavallerieschwadron 1972 SKS

21 Bernhard L. von May: Gemeinde Schöftland

22 Kriegseinsatz: Bockenkrieg 1804 Militärakademie ETH, Zürich 2004

23 J.N. von Schmiel: 150 Jahre Allgemeine Aargauische Erspaniskasse, Aarau 1962

24 «Flohhütte»: Archiv Zeughaus- und Waffenplatz (ZWA) Aarau

25 Mediations-Acte: Kanton Aargau, Aarau 1978 Trüllmusterung: 125 Jahre Kriegsmaterial-Verwaltung KMV IMG, Bern 1975

28 Kopfbedeckung: Vom Brustharnisch zum Waffenrock, Frauenfeld 1968

28 Übungslager: Rolf Jenni. Staatsarchiv des Kantons Aargau (StAAG), GS 344-1

29 Schützenfest: Rolf Jenni, StAAG GS 69-2

31 G.H. Dufour: Rolf Jenni, StAAG GPD 001-08

31 Freischarenzug: Grafische Sammlung Schweiz Landesbibliothek/J.J. Ulrich, Bern

32 Sonderbundskrieg: Vom Brustharnisch zum Waffenrock. Frauenfeld 1968

35 Neue Kaserne: Rolf Jenni, StAAG GS 2-2

36 H. Herzog: Rolf Jenni, StAAG FP 040 045-47

37 Internierung: Peter Dürrenmatt, Schweizer Geschichte (Kunsthaus Luzern), Zürich 1963

38 Bourbakidenkmal Birr: Rolf Jenni

39 C.E. Rothpletz: Divisionär a D Pierre-Marie Halter, Die Fünfte, Aarau 1985

40 Fourgeon: 125 Jahre Kriegsmaterial-Verwaltung KMV IMG, Bern 1975

41 «Dreckdefilee»: 50 Jahre Füsilierbataillon 55, Zofingen 1924

42 Motorisierung: Divisionär a D Pierre-Marie Halter, Die Fünfte, Aarau 1985

42 Karabiner 11: Hand- und Faustfeuerwaffen, Frauenfeld 1971

44 U. Wille: Rolf Jenni, StAAG

45 Courgenay: Rolf Jenni, StAAG NL A0185 0003

46 Mobilmachung: Museum Schlössli, Aarau

47 Feldartillerie: Heinz Fröhlich

48 Defilee: Aarau in alten Ansichten, ZWA

49 Grenzbesetzungs-Denkmal: Rolf Jenni, StAAG NLA-0250/0010/05

51 E. Bircher: Brigadier a D Hans Jörg Huber, Grenzbrigade 5 1938–1988, Baden 1988

52 Stellungsbau Aktivdienst: Rolf Jenni Archiv Max Rudolf, Birmenstorf, StAAG

53 Bunker Allmend Baden: Rolf Jenni, Archiv Max Rudolf, StAAG NLA-0250/0006/17

54 Stollen Bergwald Fislisbach: Rolf Jenni, Archiv Max Rudolf, StAAG NLA-0250/0007/19 Militärküchenbetrieb: Rolf Jenni, Archiv Max Rudolf, StAA NLA-0250/0003/04

55 Batteriestellung: Rolf Jenni, Archiv Max Rudolf, Birmenstorf, StAAG. Fliegerlafette: Rolf Jenni, Archiv Max Rudolf, StAAG NLA-0250/0004/16

57 Infanteriekanone 1940: Rolf Jenni, Archiv Max Rudolf, StAAG NLA-0250/0006/39

58 J. Huber: Werner Rings, Die Schweiz im Krieg, Zürich 1974

58 Ortswehr: Werner Rings, Die Schweiz im Krieg, Zürich 1974

59 H. Guisan: Richard Widmer, Bremgarten

60 Kleiner «Krieger»: Heinz Fröhlich

61 Kirchturmsprengung: ASL/W.L.K, Zürich 1965. Gasmasken-Anprobe: Heinz Fröhlich

62 FHD: Heinz Fröhlich

63 Wehrmännerentlassung: 1965, Heinz Fröhlich; 2003, Walter Schwager, Fotograf, Birmenstorf

64 Denkmal für J. Huber: Heinz Fröhlich

65 Manöver «Feuervogel»: Heinz Fröhlich

66 Ausrangierte Tanksperre: Heinz Fröhlich

67 Manöver «Barbarossa»: A. Ernst, Kdt FAK 2, Atomunterstand, Heinz Fröhlich

68 Militärwettkämpfe: Heinz Fröhlich

69 Gipfeltreffen: Vereidigung, Bewachung, Heinz Fröhlich; Präsident Reagan, Divisionär a D Pierre-Marie Halter, Die Fünfte, Aarau 1985

70 «007»/Defilee 1978: Heinz Fröhlich

72 Unwettereinsatz: Heinz Fröhlich OSZE-Inspektion: Infanterie-Regiment 24

73 Radfahrer-Endspurt: Paul Müller

74 Kantonsjubiläum 2003: Rolf Jenni

75 Letzter Auftritt: Paul Müller, Divisionär a D

76   Limmatspitz: Denkmal F Div 5. Rolf Jenni
78   Vue du ville et du château d'Arbourg,
     von Perignon, um 1785
79   General-Herzog-Haus: Archiv ZWA
80   Kantonales Zeughaus: ZWA
82   Alte Zeughauswerkstätten: Otto Hübscher,
     Archiv ZWA
83   Zeughaus-Grundrissplan: Archiv ZWA
85   Winter im Zeughaus: Archiv ZWA
86   Aktennotiz: Archiv ZWA
87   Ecole militaire d'Aarau: Archiv Heinz Fröhlich
89   Ballonstart: Museum Schlössli, Aarau
     Rentabilitätsrechnung: Archiv ZWA
90   Petition Zeughausbelegschaft: Archiv ZWA
92   Gleisanschluss: Museum Schlössli, Aarau
93   Sanitätswagen: Museum Schlössli, Aarau
96– Frühere Arbeitsplätze im Zeughaus:
97   Archiv ZWA
101 Inspektionsfahrzeug Zeughaus: Archiv ZWA
     Letzte Inspektion: Walter Schwager
103 Rekruten-Einkleidung: Heinz Fröhlich
107 Zeughausbau Rothrist: Archiv ZWA
109 Pensioniertentreffen: Archiv ZWA
110 Wirtshausschild Lindenhof: Archiv ZWA
111 Heimarbeit: Heinz Fröhlich
113 175 Jahre Zeughaus: Archiv ZWA
114 Tag der offenen Tür: Archiv ZWA
116 FC Zeughaus: Archiv ZWA
117 Zeughaus-Feuerwehr: Archiv ZWA
118 Munitionsmagazine: Archiv ZWA
119 Flugbild Zeughaus: Schweizer Luftwaffe
120 Kastanienbaum: Archiv ZWA
121 Zeughaus-Chefs: Archiv ZWA
122– Partner und Kunden des Zeughauses:
125 Hans-Peter Widmer, Hausen
126– R. Zoller: Rudolf Zoller,
134 Korpskommandant a D, Oberentfelden
131 Letztes «Ruhn!»: Archiv ZWA
137 Persönliche Ausrüstung: Kundenbedienung,
     ZWA; Rückwärtiges, Rolf Jenni
139 Zeughaus-Shop: Waffenregistratur und
     Waffenvitrine, Rolf Jenni
141– Waffenwerkstatt: Waffenmodelle und
142 Sturmgewehr-Zerlegung, Rolf Jenni
143 Musikabteilung: Instrumentenreparatur, ZWA;
     Uniformenpflege, Rolf Jenni
144– Truppenmaterial: Lagerbewirtschaftung
145 und Materialkontrolle, ZWA
147 Munitionswart: ZWA

148 Betriebsdienst/Ausbildungsunterstützung: ZWA
150 Leiter des Betriebsteams Kaserne: ZWA
151 Berufliche Ausbildung: ZWA
152 RS-Beginn: Archiv ZWA
154 Soldatengruss: Richard Widmer, Bremgarten
155 Renovierte Kaserne: Baudepartement/ZWA
158 Kasernenhof: Richard Widmer, Bremgarten
160 Kavallerie: Richard Widmer, Bremgarten
164 Kasernenareal: Edition Beier, Zürich/ZWA
165– Kasernen-Sanierung: Abbruch alte Magazine,
166 Aushöhlung Kaserne, Heinz Fröhlich
167 Kasernenbetrieb nach Umbau: Heinz Fröhlich
169– Einweihung: Militärdirektor, Ausbildungschef
171 und EMD-Vorsteher, Heinz Fröhlich
170 Kasernenareal: Baudepartement/ZWA
172 Trompeterhaus: Baudepartement/ZWA
173 Kasernenkantine/Restaurant: Heinz Fröhlich
174 Kasernenbezirk: Schweizer Luftwaffe
175 Kasernenschmuck: Heinz Fröhlich
176 M. Guignard: Marcel Guignard, Aarau
177 Schachen-Flugbild: Museum Schlössli, Aarau
178 Projektskizze: Archiv ZWA
181 Gehren-Flugbild: Schweizer Luftwaffe
182– Gruss aus der Gehren mit Restaurant:
189 Richard Widmer, Bremgarten
183– Gehren-Landerwerb / Katasterplan über
185 die Staatsdomäne Gehren, Archiv ZWA
186 Gehrendreck: Heinz Fröhlich
187 Schiessplatzwart: Rolf Jenni
188 Gehrenhof: ZWA
190 Combat-Schiessstand Gehren: Rolf Jenni
191 M. Tschirri: Hans-Peter Widmer, Hausen
192 B. Vogel: Bruno Vogel. Erlinsbach
193 Besuchstag: Heinz Fröhlich
195 Grossratsbeschluss: Archiv ZWA
198 Waffenplatz Brugg: Schweizer Luftwaffe
199 SUT 75 Brugg: Heinz Fröhlich
201 Kaserne Bremgarten: Schweizer Luftwaffe;
     Einweihung 1967, Heinz Fröhlich
203 AMP Othmarsingen: Schweizer Luftwaffe
205 Ortskampfanlage: Archiv ZWA
206 R. Witzig: Archiv ZWA
208 Eingang zum Festungsmuseum:
     Verein Festungsmuseum Reuenthal
209 Rekrutierung: Aushebungszentrum Windisch
210 U. Müller: Urs Müller, Kaisten
212– Zeughaus-Belegschaft: Peter Hegnauer,
213 ZWA
214 HPW: Hans-Peter Widmer, Hausen